民事检察工作指导

最高人民检察院民事检察厅/编

中国检察出版社

图书在版编目（CIP）数据

民事检察工作指导 . 2024 年 . 第 2 辑 / 最高人民检察院民事检察厅编 . -- 北京 : 中国检察出版社 , 2024. 7.
ISBN 978-7-5102-2827-8

Ⅰ . D925.104

中国国家版本馆 CIP 数据核字第 20245TM044 号

民事检察工作指导（2024 年第 2 辑 · 总第 10 辑）

MINSHI JIANCHA GONGZUO ZHIDAO

最高人民检察院民事检察厅　编

责任编辑： 王伟雪
技术编辑： 王英英
美术编辑： 徐嘉武

出版发行： 中国检察出版社
社　　址： 北京市石景山区香山南路 109 号（100144）
网　　址： 中国检察出版社（www.zgjccbs.com）
编辑电话：（010）86423797
发行电话：（010）86423726　86423727　86423728
（010）86423730　86423732
经　　销： 新华书店
印　　刷： 唐山玺诚印务有限公司
开　　本： 710 mm × 960 mm　16 开
印　　张： 18.25
字　　数： 216 千字
版　　次： 2024 年 7 月第一版　　2024 年 7 月第一次印刷
书　　号： ISBN 978-7-5102-2827-8
定　　价： 60.00 元

《民事检察工作指导》
编 委 会

通讯编辑：（按姓氏笔画排序）

王　飞	王　帅	王晓东	王紫云	方丽丹
朱光美	任喜花	刘　卉	刘志宇	刘　昀
刘　恒	刘儒铭	许世蓉	许庆涛	孙晓娟
杨　宏	李大扬	李亚楠	李　昱	李晓杨
李　霆	肖　准	吴粤海	补　春	张艺馨
张传广	张　旸	张勇利	阿依坐克然·亚森	
陈炜彤	陈美治	陈惠滨	林小帅	周进军
冼春宇	赵多丽娜	赵　格	胡春霞	袁　源
贾晓芳	郭勇辉	唐　盼	龚家熹	崔玉翠
鹿　雪	韩金达	雷明月	颜良伟	戴哲宇
魏格羚				

目　录

【典型案例】

【规范性文件】

民事检察工作白皮书（2023）

前 言

民事检察是人民检察院对人民法院的民事诉讼活动进行法律监督、保障民事法律统一正确实施的重要手段，是中国特色社会主义检察制度的组成部分。习近平总书记指出，要加强民事检察工作，加强对司法活动的监督，畅通司法救济渠道，保护公民、法人和其他组织合法权益。为落实好习近平总书记的指示，最高人民检察院新一届党组提出，民事检察重在提升自身能力水平，加大监督力度，更加注重监督质与量的统一，实现有效监督。民事检察始终坚持以人民为中心，践行司法为民宗旨，不断满足新时代人民群众更高需求，通过对民事诉讼的全流程监督，不断拓宽监督的广度和深度，体现监督力度，注重监督质量，实现有效监督，坚决维护司法公正。

2023 年，全国检察机关始终坚持以习近平新时代中国特色社会主义思想特别是习近平法治思想为指导，认真贯彻落实《中共中央关于加强新时代检察机关法律监督工作的意见》，以“高质效办好每一个案件”作为履职办案的基本价值追求，以专业化建设为基础，以提升办案能力和水平为目标，认真贯彻实施民法典，扎实推进民事生效裁判监督、审判活动监督、执行活动监督、支持起诉、虚假诉讼监督等各项工作，在完善案卷调阅制度、民事再审检察建议制度、促进社会治理等方面取得新进展新成效。

一、民事检察工作基本情况

2023 年，全国检察机关民事检察监督规模进一步扩大，全流程监督格局逐步完善，总体发展保持均衡态势。全年共受理各类民事检察案件 33.29 万件，案件数量持续上升。其中，民事生效裁判案件占受理总数的 25%，民事执行活动监督案件占 23%，民事审判活动监督案件占 21%，民事支持起诉案件、民事虚假诉讼监督案件等其他类案件占 31%（图 1）。

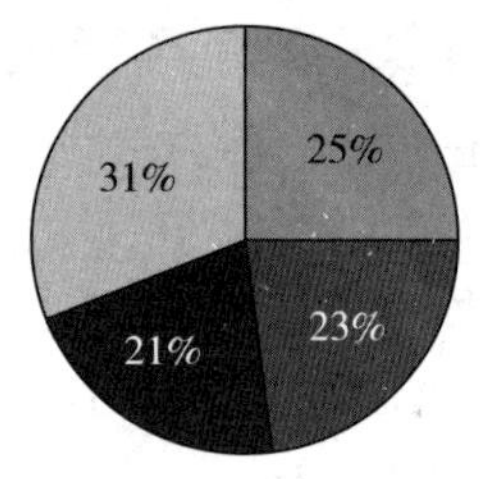

图 1　2023 年民事检察案件类型占比情况

（一）民事生效裁判监督案件逐步实现有效监督

民事生效裁判监督案件办案数量上升，提出监督意见数量总体平稳。2023 年，全国检察机关共受理民事生效裁判监督案件 8.38 万件，同比上升 20.1%；审结民事生效裁判监督案件 7.5 万件。对于审结的案件，共提出监督意见 1.4 万件。民事生效裁判案件监督率为 19.1%，监督力度不断加大。对 5.5 万件不支持监督申请案件强化释法说理，依法维护审判权威。

民事生效裁判监督案件抗诉改变率、再审检察建议采纳率有所提高。法院同期审结抗诉案件3368件，其中，抗诉改变[①]3115件，民事抗诉改变率92.5%。对于再审检察建议法院裁定再审9728件，民事再审检察建议法院采纳率92.4%（图2）。

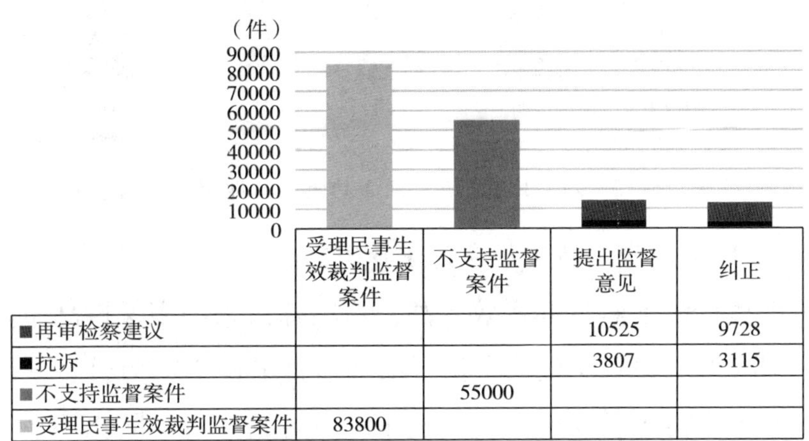

	受理民事生效裁判监督案件	不支持监督案件	提出监督意见	纠正
■再审检察建议			10525	9728
■抗诉			3807	3115
■不支持监督案件		55000		
■受理民事生效裁判监督案件	83800			

图2　2023年检察机关办理民事生效裁判监督案件情况

（二）民事审判活动监督力度加大

2023年，全国检察机关共受理民事审判活动监督案件6.94万件，同期审结6.96万件（含积存）。提出检察建议6.47万件，同比上升5.1%，占审结案件数的93%，同比增加4.2个百分点。对提出的检察建议，法院同期采纳6.46万件，检察建议采纳率达99%（图3）。一些地区通过开展专项监督，加大办案力度，提高办案效果，推动民事审判活动监督向深层次违法监督转变。

---

① 抗诉改变包括改判、发回重审、调解、和解撤诉。

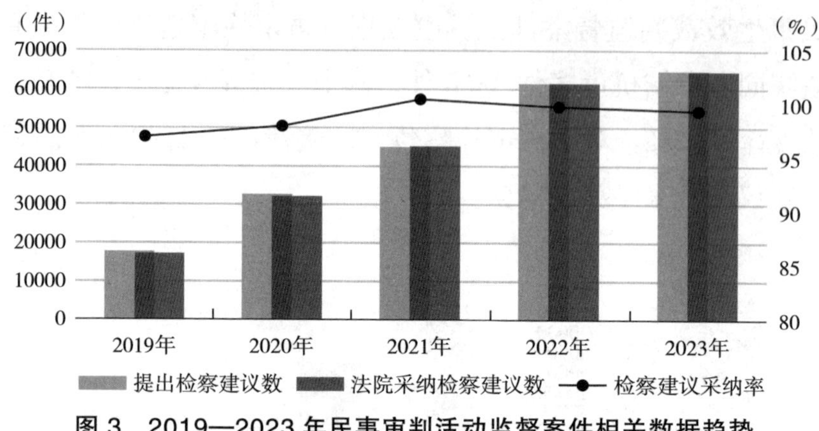

图 3　2019—2023 年民事审判活动监督案件相关数据趋势

（三）民事执行活动监督意见质量较高

民事执行活动监督办案效率高，检察建议采纳率保持高位。2023 年，全国检察机关共受理民事执行活动监督案件 7.73 万件，审结 7.72 万件。提出检察建议 6.49 万件，占审结案件的 84%，同比持平。对提出的检察建议，被监督单位同期采纳 6.48 万件，民事执行监督检察建议采纳率达 99%（图 4）。

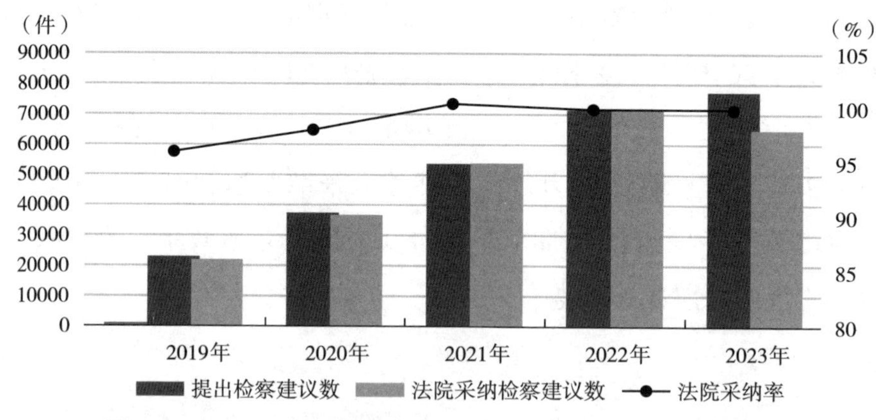

图 4　2019—2023 年民事执行活动监督案件相关数据趋势

（四）虚假诉讼监督工作成效明显

2023 年，全国检察机关提出涉及虚假诉讼的民事检察监督意见

9359件，2021年、2022年分别为8829件、9731件，这三年始终保持高位（图5）。从监督类型看，针对民事生效裁判监督案件提出抗诉1366件，法院再审判决1418件（含积存），其中再审改变1377件，抗诉采纳率97.1%；提出再审检察建议5611件，法院裁定再审5580件，再审检察建议采纳率99.4%。针对民事审判活动违法提出检察建议1334件，针对民事执行活动违法提出检察建议1048件，民事审判、执行检察建议采纳率均达到100%，涉虚假诉讼监督意见质量总体较高。

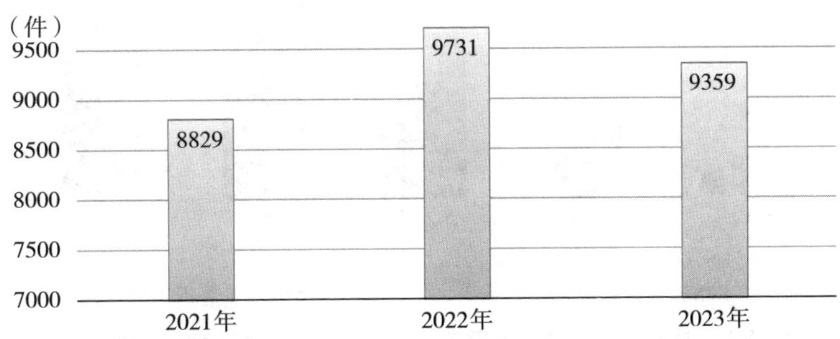

图5　2021—2023年检察机关提出涉及虚假诉讼的民事检察监督意见情况

从虚假诉讼监督案由看，借款合同纠纷（占52.8%）、劳动合同纠纷（占10.8%）、买卖合同纠纷（占8.2%）合占七成以上，是民事虚假诉讼监督的主要办案类型。随着办案能力提升，虚假诉讼监督向其他领域拓展，如针对保险纠纷涉及的虚假诉讼案件提出监督意见60件，针对侵权责任纠纷提出153件等。

检察机关积极开展惩治知识产权恶意诉讼专项工作，2023年全国检察机关审结涉知识产权虚假诉讼监督案件463件，提出监督意见421件，其中提出抗诉15件，法院已再审改判4件；提出再审检察建议406件，法院已裁定再审397件。

（五）民事检察其他重点工作不断加强

一是民事支持起诉数量上升较快。2023年，全国检察机关共受理民事支持起诉案件 10.14 万件，同比上升 13.9%，审查后支持起诉 7.73 万件，其中支持农民工起诉 5.08 万件（图 6）。从案件类型上看，主要以劳动争议（占 43.9%）、合同纠纷（占 33%）、婚姻家庭纠纷（占 6.7%）为主。

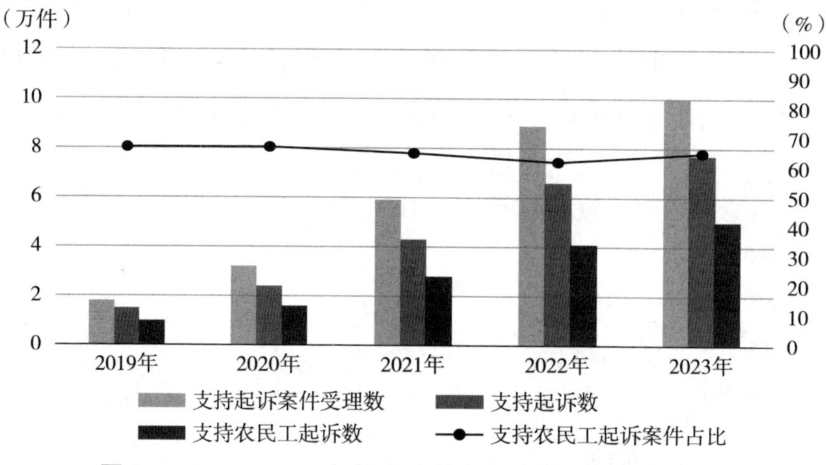

图 6　2019—2023 年民事支持起诉案件相关数据趋势

二是调查核实职能强化，促成和解案件明显上升。办理民事检察监督案件中，共开展调查核实近 16 万件，同比上升 21.5%，占办案总数的 70.6%，同比增加 11.7 个百分点，呈逐年上升趋势，调查核实职能持续强化（图 7）。民事检察监督案件共促成和解 5300 余件，同比上升 45.9%。

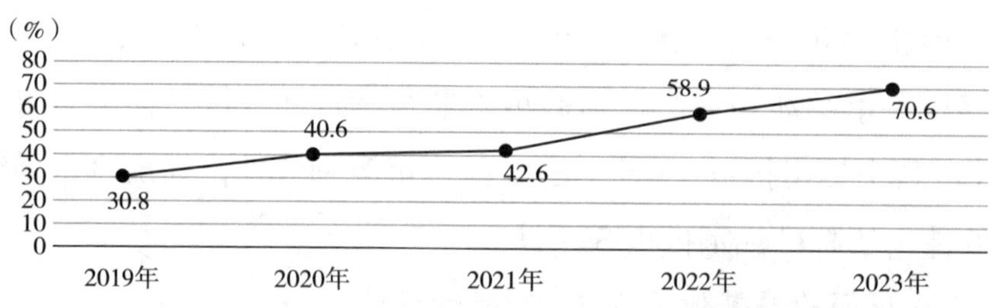

图 7　2019—2023 年检察机关开展调查核实案件占比变化趋势

三是知识产权民事诉讼监督办案效果持续凸显。2023 年，全国检察机关共受理知识产权民事检察案件 2293 件。其中，涉知识产权与竞争纠纷的民事生效裁判、调解书监督案件 1397 件，同比上升 2.3 倍，为近年来最大涨幅。审结 1137 件，提出监督意见 726 件，同比上升 8.1 倍；提出抗诉 27 件，法院已改判 6 件；提出再审检察建议 699 件，法院已裁定再审 659 件。从地区看，提出监督意见较多的地区有广东（491 件）、北京（98 件）、浙江（54 件），合占 88.6%。受理涉民事审判活动监督案件 696 件，审结 693 件，其中提出检察建议 657 件，已采纳 653 件。受理涉民事执行活动监督案件 200 件，审结 187 件，其中提出检察建议 161 件，已采纳 157 件。检察机关在依法保护知识产权权利人合法权益，促进公平竞争，优化科技创新法治环境和构建法治化营商环境方面等发挥了重要的作用。

四是未成年人民事检察成效显著。2023 年，检察机关共受理涉未成年人支持起诉案件 7769 件，审查后支持起诉 6936 件，主要集中在婚姻家庭、继承纠纷、人格权纠纷、侵权责任纠纷、监护权案件等类型。检察机关结合办案，向涉案未成年人的监护人制发“督促监护令”5.7 万份，针对性督促、引导监护人切实有效履行监护职责，筑牢家庭保护防线。

五是民事申诉矛盾化解扎实有效。全国检察机关深入推进信访法治化，畅通受案渠道，严格按照受案标准审查受理民事申请监督案件，及时回复、告知、分流，努力做实“件件有回复、事事有着落”。积极开展民事申诉信访矛盾化解工作，对不符合受理条件和经审查不支持监督申请的民事申诉信访案件加强释法说理，把矛盾化解在控申窗口。2023 年，开展民事信访听证 6340 件次，对道路交通事故等民事侵权行为受害人开展司法救助 2520 人次，引导检察和解，促进案结事了。

二、助力营造法治化营商环境

检察机关立足服务党的中心工作和国家发展大局，通过依法履行民事检察监督职责，维护经济秩序、稳定社会预期、提振发展信心。

（一）促进民营经济发展壮大

民营经济是推进中国式现代化的生力军，是高质量发展的重要基础。2023年，最高检发布民事检察促进民营经济发展壮大典型案例，引导各级检察机关在监督办案中深化落实平等保护理念，加大对涉民营企业民事生效裁判和执行案件的监督力度，切实保护企业产权和企业家合法权益。山西、湖北、湖南、陕西等地检察机关开展涉企民事执行专项监督，重点针对企业反映强烈的违法查封、扣押、冻结及怠于执行、违法终结本次执行等进行监督，助力民营企业及时摆脱债务困境，盘活企业资产，有效降低经营风险。各地检察机关还加强与工商联的沟通配合，形成民营企业保护合力。北京市检察院与市工商联就成立“民营企业合法权益保护”民事检察工作室达成共识，重点围绕民营经济发展司法保障和法治宣传等开展工作，加强民商事纠纷预防和化解工作。

（二）助力防范和化解系统性金融风险

检察机关强化民事检察监督，积极服务保障金融高质量发展。一是高质效办理涉金融民事纠纷案件。检察机关加强对借贷纠纷和与公司、证券、保险、票据等有关的民事纠纷案件的监督。近两年来，全国检察机关受理与公司、证券、保险、票据等有关民事纠纷类案件4800余件，提出抗诉240余件，提出再审检察建议270余件。重点加大对金融领域逃废债、职业放贷人、“砍头息”、“套路贷”等违法行为的审查，强化对金融消费者合法权益的司法保护，维护公平诚信的金融市场秩序。二是通过发布指导性案例（检例第155号），引导各级检察机关加强对小额贷款公司等金融组织违规发放贷款引发诉讼的监督，纠正违法融资行为，维护金融秩序和金融安全。三是积极开展类案监督，协同防范和化解重点领域金融风险。福建省泉州市检察院就银行不规范经营问题向中国银行保险监督管理委员会泉州监管分局制发检察建议，促进银行业加强经营监管。四是充分利用数字手段，助推金融领域民事检察监督向纵深发展。针对金融审判领域存在的虚假律师费问题，江苏省泰州市检察机关创建运用虚假律师费监督模型，加大对金融消费者合法权益的保护力度；北京市检察机关研发应用“违法发放房产抵押经营贷”大数据法律监督模型，有效识别并移送大量法律监督线索。

（三）加强知识产权保护服务保障创新驱动发展

检察机关持续加强知识产权民事检察工作，重点加大对关键核心技术、新兴产业领域的知识产权保护力度。2023 年，最高检印发《人民检察院办理知识产权案件工作指引》，上海等地出台工作办法，完善办案体系机制。部署开展惩治知识产权恶意诉讼专项工作，取得显著成效。某文化传媒公司假冒音乐电视作品著作权人，以 KTV 经营者侵权为由，批量提起虚假诉讼 5800 余件，最高检挂牌督办，指导广东、山东、陕西等 9 个省市检察机关同步依法监督法院再审，将涉嫌犯罪线索移送公安机关立案侦查，批准逮捕 5 名犯罪嫌疑人。

（四）以法治服务国家更高水平对外开放

最高检积极参加“保护知识产权　打击侵权假冒国际合作”虹桥论坛、“中国—东盟打击侵权假冒合作发展论坛”、中欧知识产权工作组和合作项目会谈等国际交流，介绍中国知识产权检察工作成效。为服务中国—东盟自由贸易区建设，广西等地检察机关会同有关部门出台办法，促进形成涉外民商事多元解纷工作合力。为保障“一带一路”

倡议实施，陕西省检察机关重点加大对涉及“走出去”和“引进来”企业债务纠纷、股权分配、知识产权、劳动争议等案件的法律监督，黑龙江省绥芬河市检察院发挥连接东北亚和走向亚太地区的“黄金通道”优势，开展“检企共建”活动周，及时了解企业法律需求，与有关部门就保障企业合法权益成立联合协调小组并共同签署方案，进一步畅通涉外法律保护绿色通道。

三、着力解决人民群众“急难愁盼”

检察机关坚持以人民为中心的发展思想，把践行司法为民融入民事检察工作全过程，让人民群众可感受、能体验、得实惠，厚植党的执政基础。

（一）加大民事支持起诉力度，依法保障公民享有实质意义上的平等诉权

一是支持农民工讨薪，维护劳动者合法权益。全国各级检察机关积极参加根治欠薪专项行动，保障被拖欠农民工工资优先、及时、足额支付。江西省检察院就农民工工资支付问题向江西省人力资源和社会保障厅制发检察建议，促进纠正相关问题。湖南省常德市鼎城区检察院帮助指导 74 名农民工讨薪 207 万元，使长达 7 年的“讨薪马拉松”落下帷幕，赢得好评。北京市平谷区检察院聚焦新业态领域外卖骑手等户外劳动者开展“高温津贴”支持起诉专项活动，帮助 210 名外卖骑手依法领取高温补贴 8 万余元。

二是稳妥拓展民事支持起诉案件领域，将支持起诉的范围由劳动者维权向未成年人保护、老年人诉请支付赡养费、受家暴妇女维权等更多领域拓展。湖北省宜昌市葛洲坝检察院办理的刘某珍（77 岁）与吕某（刘某珍继子）赡养纠纷支持起诉案，促成双方和解，吕某当场

支付当年赡养费，助力“老有所养”。四川、新疆等地检察机关在办理被家暴离婚纠纷支持起诉案时，注重联合当地有关部门做好被家暴妇女心理疏导、司法救助等工作，并支持被家暴妇女向法院申请人身安全保护令。贵州省贵阳市花溪区检察院通过支持起诉助力解决某小区廉租房电梯故障问题，切实保障 238 户居民的出行安全。

三是探索民事支持起诉跨区域、多部门协作机制，进一步做实做优支持起诉工作。上海、江苏、浙江、安徽等 12 个省级检察院会签关于加强民事支持起诉跨区域协作框架协议；山西长治、江苏南京、浙江宁波等 10 个市级检察院会签加强民事支持起诉跨区域协作机制实施意见，为更多特殊群体寻求司法保护提供便利。江苏、辽宁等地检察机关会同相关部门建立关于农民工工资支付工作协调机制，推进欠薪问题在法治轨道上依法治理。甘肃、河北等地检察机关会同有关部门开展规范农民工工资支付、管理的各类专项活动，全力做好农民工欠薪问题的源头治理和综合治理。

（二）强化对残疾人、老年人、未成年人和妇女等特定群体的司法保护力度

一是破除落后观念和陈规旧俗，维护妇女合法权益。针对限制、排除外嫁妇女获取土地收益的问题，广东省珠海市检察院在二审法院两度以不干涉村民自治为由驳回外嫁妇女诉讼请求的情况下，提请广东省检察院抗诉并获改判。二是针对残疾人、老年人等胜诉案件执行不到位问题，检察机关积极履行监督职能，最高检发布“维护弱势群体合法权益民事执行检察监督典型案例”，选取 8 件涉妇女、未成年人、残疾人等特定群体案件，展现做实司法公正“最后一公里”的检察情怀。三是认真落实未成年人保护法和家庭教育促进法，加强对未成年人的保护。促进规范适用“督促监护令”，为涉案未成年人创造良好

的家庭成长环境，推动筑牢未成年人家庭保护第一道“防线”。聚焦事实无人抚养儿童保护、校园安全等问题，利用大数据赋能促案件办理。

（三）关注民生福祉，积极回应人民群众的司法需求

持续做实各项为民实事，让人民群众真切感受到党的温暖、法治的温度。广西、江苏、浙江等地检察机关综合运用询问、鉴定、勘验现场等多种调查手段，核实涉生态环境和资源保护民事纠纷案件中土地边界、产权归属、价值评估等事实问题，精准提出检察监督意见。上海市检察院第二分院在办案中发现案涉河道受到污染，就相关问题向负有保护水资源职能的政府机关制发检察建议并得到采纳，案涉河道的水质污染情况得到及时有效治理。福建三明、永安检察机关依法妥善办理系列商品房销售合同纠纷案，促成37套房屋顺利交付，维护了购房者合法权益，帮助企业挽回损失180万余元，有效助力化解楼市风险。

四、高质效履行民事检察监督职责

检察机关始终坚持问题导向，聚焦社会治理中的痛点、难点和堵点，积极运用法治力量服务中国式现代化。

（一）持续开展虚假诉讼监督，维护司法公信力和权威性

民事虚假诉讼是侵入法治肌体的“毒瘤”，当前仍处高发态势，严重危害公共利益和司法秩序。《中共中央关于加强新时代检察机关法律监督工作的意见》明确提出，要健全对虚假诉讼的防范、发现和追究机制。2023年，全国各级检察机关持续加强对民事虚假诉讼的检察监督，取得新的进展和成效。

一是深入研究虚假诉讼发生的规律性特点，促进综合施策。检察办案发现，民事虚假诉讼案件类型多样，涉及领域广泛，社会危害严重。民事虚假诉讼常常涉及民间借贷、离婚财产分割、公司分立或合

并、企业破产、劳动争议、知识产权保护、保险等，其中民间借贷是虚假诉讼的高发易发领域。有些民事虚假诉讼，如涉及社保医保基金、农村“三资”、住房公积金的虚假诉讼案件，侵吞巨额国有财产和公共资金，破坏经济社会管理秩序。有些虚假诉讼行为还向仲裁、公证等非诉程序延伸，严重危害国家法治秩序。

二是构建工作机制，促进各部门联防联治、共同发力。2023 年，最高检在进行大量调查研究工作的基础上，对近年来全国检察机关开展虚假诉讼监督情况和存在的问题进行总结分析，提出扎实推动虚假诉讼多元共治和标本兼治的工作建议，构建常态化联防联控工作机制，统一司法理念，解决争议问题，完善相关制度，组织开展虚假诉讼专项惩治行动，促进政法各单位落实好部门责任，按照法定职责，分工负责、协作配合，坚决遏制民事虚假诉讼不断增多蔓延的态势。

三是积极参与社会治理，促进社会诚信建设。各地检察机关针对虚假诉讼案件反映的社会管理漏洞提出检察建议，实现由个案监督到类案监督再到系统治理的递进式工作目标。山东省检察机关针对办案中发现的医护人员篡改病历协助骗保以及交通事故中驾驶员“顶包”等情形，通过走访调研，系统梳理管理漏洞，及时向有关部门提出检察建议，促进了相关问题解决。

（二）强化民事执行监督，着力破解“执行难”

“执行难”是长期以来影响人民群众司法获得感和满意度的司法实践难题。各级检察机关立足职责，始终将监督的职责扛在肩上，助推人民法院进一步做好执行工作。一是突出工作重点和监督效果。紧盯不当终结本次执行、消极执行、不依法采取保全措施，以及违法采取强制执行措施等严重侵害当事人实体和程序权利的违法行为，不断加大监督力度。二是针对专门问题强化法检协作。河南、浙江等地针对车辆“执行难”问题与法院等有关部门出台意见，积极协调共享相关执行信息，打破执行信息壁垒，形成工作合力。三是部署开展专项监督活动。专项活动是找准监督“切口”、提升监督质效的有力抓手。各地检察机关结合本地实际开展专项活动，浙江省检察机关部署开展网络司法拍卖民事执行监督专项活动，切实发挥民事检察监督职能，推动人民法院规范网络司法拍卖执行行为，有力维护当事人合法权益，实现政治效果、法律效果、社会效果的有机统一。

（三）积极开展类案监督，助推人民法院统一裁判尺度

法律适用不规范、裁判尺度不统一，是司法实践的难点。检察机关在监督实践中，通过对大量同类案件的研究分析，能够较为精准地发现司法裁量权行使中存在的问题。北京市检察机关连续两年聚焦大标的额民商事案件自由裁量权不当问题开展类案监督，全市检察机关共受理审查大标的额民商事案件593件，经审查对246件提出监督意见，占41.48%，收到法院回复或再审结果215件，全部采纳监督意见，采纳率100%，发现并移送相关刑事案件线索101件，针对自由裁量行权不当问题制发类案检察建议5份，取得良好效果。最高检向全国检察机关推广这项工作经验。

（四）优化破产等新类型案件监督机制，提高办案质效

检察机关加强对破产案件的监督，推动“僵尸企业”有序出清，助力困境企业重整重生。浙江、黑龙江、广西、山东等地检察院加强与法院协作，共同出台规范破产案件办理意见，建立协调联动长效机制。江苏省苏州市相城区检察院发现法院在宣告企业破产后未删除失信信息等问题，发出检察建议，帮助50余名企业家撤下负面标签，推动以法治方式保障信用修复和失信约束，以法治力量促进社会诚信建设。积极推动证券、票据等新领域案件的办理，加强对互联网法院、金融法

院、海事法院等专门法院民事诉讼案件的监督，确保不留监督空白。

五、推进民事检察高质量发展

检察机关不断健全工作机制，完善民事检察监督制度体系，强化矛盾纠纷实质性化解，加快推进民事检察工作现代化，助推民事检察工作高质效发展。

（一）完善案卷调阅制度，提升民事检察监督的精准性

完善正、副卷一并调阅制度是政法领域全面深化改革的明确要求，是加强民事检察监督机制建设的重要内容，有利于强化民事检察调查核实权的行使，提升监督的有效性。2023 年 6 月，最高检与最高法会签《关于调阅民事、行政诉讼和执行案件卷宗副卷有关问题的规定》，在全国范围内正式建立这项制度，为进一步加强人民法院和人民检察院的协作配合、共同维护司法公正和提高司法效率提供了制度保障。

（二）完善同级监督方式，增强监督质效

2023 年 11 月，最高检与最高法联合印发《关于规范办理民事再审检察建议案件若干问题的意见》（以下简称《意见》）。《意见》聚焦民事领域检察监督与审判监督工作新形势新要求，着眼于解决实践中存在的检法两院程序衔接不畅、再审检察建议实质纠错作用发挥不充分等突出问题，对检察院制发再审检察建议的标准与程序、对法院审查与处理再审检察建议案件的程序、强化检法两院之间的协作配合等问题作出重点规定，进一步完善人民检察院法律监督与人民法院内部纠错衔接机制，实现再审检察建议案件化、规范化办理，共同维护司法公正和司法权威，努力让人民群众在每一个民事案件中感受到公平正义。为配合《意见》落地实施，与最高法达成共识后，最高检还发布“民事再审检察建议典型案例”，指导各级检察机关高质效办理民事生

效裁判监督案件，持续提升民事再审检察建议案件办理质效和影响力。

（三）践行“枫桥经验”，以法检联调促进矛盾纠纷的实质性化解

2023年是毛泽东同志批示学习推广“枫桥经验”60周年暨习近平总书记指示坚持发展“枫桥经验”20周年。为探索深入践行新时代“枫桥经验”，最高检与最高法组成联合工作组，直面问题和困难，对检察机关提出抗诉的多起“硬骨头”案件进行听证座谈，争取地方党委和政府支持，协调四级法检机关共同开展矛盾纠纷实质性化解工作。如田某华土地承包合同纠纷案，法检工作人员通过认真耐心的思想工作，解开当事人十几年的心结，消弭了双方对立，落实了国家公益林保护政策，为当地社会稳定和环境保护作出了贡献。

最高检还指导地方各级检察机关积极融入“大调解”工作格局，主动向地方党委汇报，邀请听证员参与研究案情，加强各部门协同配合和社会力量广泛参与，协同人民法院、行政机关、人民调解组织等在内的多元主体，通过释法说理，让当事人判断对错、分清是非，在法律框架内找到利益平衡点，促进矛盾纠纷实质性化解。

结　语

2024年，全国检察机关将深入学习贯彻习近平法治思想和习近平总书记对政法工作、检察工作的重要指示精神，加强民事检察政治建设、业务建设、队伍建设、基层基础建设，突出“高质效办好每一个案件”工作主线，加大民事检察监督力度，进一步实现有效监督，持续推进民事检察工作理念、体系、机制、能力现代化，以高质效民事检察监督更好服务经济社会高质量发展，以民事检察工作现代化更好服务中国式现代化。

Zhuangao
专稿

民事检察理论研究现代化助推民事检察工作现代化发展

——2023年民事检察理论研究综述

冯小光　刘　恒*

2023年，民事检察工作以全面贯彻党的二十大精神为统领，扎实开展学习贯彻习近平新时代中国特色社会主义思想主题教育。在习近平法治思想的指引下，民事检察理论研究以民事检察工作现代化为主线，从民事检察工作理念、体系、机制、能力现代化四个方面深入研究，为民事检察工作现代化发展提供了强有力的理论支撑。

一、民事检察理念现代化研究

（一）落实“三个善于”，高质效办好每一个案件

最高检新一届党组明确提出，要着力培养、提高检察人员运用法律政策的能力，善于从纷繁复杂的法律事实中准确把握实质法律关系，善于从具体法律条文中深刻领悟法治精神，善于在法理情的有机统一中实现公平正义，防止就案办案、机械办案。应勇检察长强调：“要加强法律监督，坚持高质效办好每一个案件，努力实现办案质量、效率与公平正义的有机统一，既要通过履职办案实现公平正义，也要让公

* 冯小光，最高人民检察院原检察委员会委员、民事检察厅厅长；刘恒，最高人民检察院民事检察厅三级检察官助理。

平正义更好更快实现，还要让人民群众真正、切实‘感受到’公平正义，这应当成为新时代新征程检察工作的基本价值追求。”就理解“三个善于”方面，有论者认为“三个善于”是在司法办案中对党的二十大报告中提出的“坚持系统观念”这一基础性思想和工作方法的具体阐释。善于从纷繁复杂的法律事实中准确把握实质法律关系是基础，善于从具体法律条文中深刻领悟法治精神是关键，善于在法理情的有机统一中实现公平正义是目标。就落实“三个善于”，高质效履行民事检察监督职责方面，有论者提出相对于人民群众日益增长的民事诉讼监督需求，民事检察工作还存在跟不上、不适应的问题，特别是对民事生效裁判和执行活动的监督还比较薄弱，需要加大监督力度，实现有效监督。做到质量与数量并重，关键要“重自强”。① 有论者认为基层检察院在“三检合一”的框架体制下，应强化案件办理一体化、团队建设一体化、线索管理一体化、支持保障一体化，有机整合检察资源，提高整体民事检察监督效能。②

（二）精准监督

精准监督是高质量发展这一时代命题催生的民事检察新要求，是对片面追求数量、粗放式办案的告别。③ 就精准监督的价值意义，理论界与实务界达成普遍共识，认为新时代民事检察工作的基本价值追求，就是要以精准监督理念“高质效办好每一个民事检察监督案件”。落实民事检察精准监督，要优先选择在司法理念方面有纠偏、创新、

---

① 元明、冯小光、田凯：《落实三个“善于” 高质效办好每一个案件》，载《人民检察》2023年第13期。

② 靳素兰、谢禅、张民星：《民事检察工作现代化的基层样本分析》，载《中国检察官》2023年第19期。

③ 于潇：《面向中国式现代化不断健全民事检察监督机制》，载《检察日报》2023年2月17日，第2版。

进步、引领价值的典型案件，力争抗诉一件解决一个领域、一个地方、一个时期司法理念、政策、导向问题，通过优化监督实现强化监督，真正把精准监督落到实处。[①] 有论者结合习近平法治思想，对精准监督理念进行了理论分析，其认为以人民为中心是精准监督的理论基础，公正司法是精准监督的具体目标，国家治理现代化是精准监督的发展方向，建设法治社会是精准监督的实现路径。[②] 就精准监督的落实方面，有论者提出民事检察应当注重调整工作重点、合理配置司法资源，加强对民事诉讼过程中重点问题的研判，以最小的司法成本实现监督效果最佳状态。[③] 有论者认为目前多数检察机关面临的共性问题是民事检察监督线索来源不畅，很难在少量的监督案件中找到能体现“精”字标准的典型案件，制约了精准监督的实际成效。破解精准监督定位不准、发力虚弱的难题，需要监督者以敏锐的眼光去捕捉审判领域中的热点难点焦点问题，以类型化案件为突破口，注重选择在司法理念、政策导向、社会道德风尚、公众价值观引领等方面有影响力的案件线索作为监督的重点。[④] 有论者认为做到精准监督需要办案人员对民事案件进行深入研究，全面理解案件中存在的事实认定和法律适用问题，充分了解不同类型案件的特性，确定案件的监督重点方向。[⑤]

---

① 冯小光:《在第一届全国检察机关民事检察业务竞赛暨全国民事检察工作座谈会上的总结讲话》，载《民事检察工作指导》2023 年第 3 辑。

② 李大扬:《习近平法治思想指引下民事检察精准监督的实现与发展》，载《民事检察工作指导》2023 年第 2 辑。

③ 王毓莹:《新时代民事检察监督体系完善的路径》，载《人民检察》2023 年第 17 期。

④ 杜豫苏:《民事诉讼精准监督的可行性路径》，载《人民检察》2023 年第 5 期。

⑤ 单平基:《以精准为要提升民事生效裁判检察监督质效》，载《人民检察》2023 年第 11 期。

二、民事检察体系现代化研究

（一）民事生效裁判监督

民事生效裁判监督是民事检察监督中最为基础、最为核心的一项业务。针对再审检察建议监督质效问题，有论者认为目前上级检察机关对下级法院的生效裁判提出抗诉是民事检察监督采取的主要方式，同级监督以再审检察建议对同级法院进行监督实际上具有一定的局限性。[①]司法实践中，为规范人民法院、人民检察院办理民事再审检察建议案件程序，推进落实《中共中央关于加强新时代检察机关法律监督工作的意见》，提升法律监督质效和司法公信力，促进司法公正，2023年11月，最高人民法院、最高人民检察院联合印发了《关于规范办理民事再审检察建议案件若干问题的意见》（以下简称《意见》）。《意见》明确了办理民事再审检察建议案件的基本原则；规范了检察机关提出民事再审检察建议的范围、程序和相关材料；规范了人民法院办理民事再审检察建议案件的程序；明确提出探索建立和完善人民法院和人民检察院常态化工作联系机制；对于常态化实质性化解纠纷，统一法律适用，提升司法质效，进一步完善审判监督工作机制，具有现实意义。理论界与实务界关注的再审检察建议受“柔性监督”属性束缚导致不能充分发挥同级监督效率优势，偏离了立法初衷的问题在《意见》出台后将会有所改善，再审检察建议监督质效将有效提升。[②]

在结合民法典贯彻实施与民事生效裁判监督方面，有论者撰文，其以最高检发布的第三十八批指导性案例为研究对象，从民间借贷案

① 王毓莹：《新时代民事检察监督体系完善的路径》，载《人民检察》2023年第17期。

② 刘雷：《民事再审检察建议适用相关问题及对策》，载《中国检察官》2023年第17期。

件相关证据的审查与认定，高利贷的司法认定与法律规制，“一房二卖”纠纷中可得利益损失的司法认定与自由裁量权的规制，房屋租赁纠纷中权利瑕疵担保责任的司法认定与合同解除权的行使四个方面，着重分析了事实认定、法律适用、证据审查等内容，彰显了以人民为中心的司法理念、促进开展民事检察精准监督以及保障民法典统一正确实施的重要意义。[①]就提升民事生效裁判监督质效方面，有论者认为应从牢固树立生效裁判精准监督理念，进一步提升办案专业能力，坚持对生效裁判实体和程序双重监督，科学选择适当的检察监督方式，充分重视数字检察的重要作用五个方面做出努力。[②]有论者从以实体监督为标准，加强分类指导；以监督质效为引领，注重繁简分流；以同级监督为基础，强化程序接力；以检务公开为支点，提升公众参与四个方面优化民事检察办案机制，充分发挥检察一体化优势，构建科学合理的工作格局，形成四级检察机关工作重点明确、合理分工的统一监督格局。[③]有论者提出民事生效裁判监督要在加强对民间借贷、买卖合同、建设工程施工合同、租赁合同、劳动争议等民事案件监督的同时，积极推动涉物权、人格权、婚姻家庭、继承及侵权纠纷等非合同领域案件的监督，积极推动公司、证券、保险、票据、破产等商事领域案件的监督，促进统一裁判标准。[④]

---

① 冯小光、滕艳军:《从最高检第三十八批指导性案例谈民事生效裁判监督》，载《国家检察官学院学报》2023 年第 3 期。

② 单平基:《以精准为要提升民事生效裁判检察监督质效》，载《人民检察》2023 年第 11 期。

③ 王毓莹:《新时代民事检察监督体系完善的路径》，载《人民检察》2023 年第 17 期。

④ 滕艳军:《从程序到实体：民事检察监督与民法典实施的契合与共进》，载《检察日报》2023 年 5 月 24 日，第 3 版。

（二）民事执行检察监督

2023年最高检工作报告提出，强化民事诉讼活动监督。民事执行检察监督是民事诉讼活动监督的重要组成部分，加强民事执行检察监督是践行习近平法治思想、促进民事检察监督高质量发展的重要一环。就司法实践中民事执行检察监督存在的问题，有论者认为依职权监督比例畸高；个案监督数量庞大，类案监督明显不足；瑕疵类问题监督居多，深层次违法监督不足；各地发展不平衡，上级检察机关对下指导有待加强四个方面的问题。[①] 有论者从依职权开展民事执行检察监督角度提出依职权监督存在受案范围和效力边界模糊，程序设置个性化不突出，监督手段刚性不足，调查核实权配套机制不健全四个方面的不足。[②] 就提升民事执行检察监督质效方面，有论者认为应从找准依法履职着力点，把握好精准监督的内涵和外延，运用好数字化思维方式三个层面持续发力。[③] 有论者单就数字赋能民事执行检察监督提出要深刻转变监督理念、重塑办案模式、提升办案能力，推动检察履职融合发展，助力提高社会治理水平。[④] 有论者从优化依职权开展民事执行检察监督角度提出要结合依职权监督特点完善细化相关制度机制，如细化依职权监督案件的受理范围，多措并举拓展执行监督案件线索来源渠道，明确依职权监督定位及完善相应配套措施，进一步建

---

① 滕艳军:《民事执行检察监督之检视与改进》，载《人民检察》2023年第5期。

② 白晶、宁晓颖、胡雪乔:《民事执行检察监督的优化——以依职权监督为视角》，载《人民检察》2023年第5期。

③ 滕艳军:《民事执行检察监督之检视与改进》，载《人民检察》2023年第5期。

④ 方晗等:《数字赋能民事执行监督的检察实践》，载《人民检察》2023年第5期。

立执行监督方式多元化体系，优化案件管理和考核机制。[①]

（三）民事支持起诉

为深入践行以人民为中心的发展思想，维护农民工等弱势群体的合法权益，让人民群众有实实在在的获得感。2023年11月，在最高检民事检察厅统筹指导下，上海、江苏、浙江、安徽、福建、山东、河南、广东、重庆、四川、贵州、云南12个省级院和10个市级院在四川泸州召开检察机关民事支持起诉跨区域协作座谈会，签订《加强民事支持起诉跨区域协作框架协议》及相关实施意见，建立支持起诉跨区域协作机制，在案件管辖、线索移送及协作调查机制、联合办案机制、定期会商及信息共享机制等方面达成共识，共同构建弱势群体维权合力。[②] 理论界与实务界对民事支持起诉的关注点较为集中，就检察机关民事支持起诉存在的问题方面，有论者提出存在立法缺位，法律规范体系不完善；案件类型单一，特殊群体保护不全面；支持起诉启动较为随意；工作开展被动，公众知晓度低四个方面的问题。[③] 有论者提出除支持起诉法律规定不完善外，还存在检察机关支持起诉介入程度不统一，支持起诉参与诉讼机制不健全的问题。[④] 有论者结合本地检察机关开展民事支持起诉工作遇到的现实困境提出存在思想认识高度不足，办案工作方式不一；外部宣传联系欠缺，内部职能分

---

① 白晶、宁晓颖、胡雪乔：《民事执行检察监督的优化——以依职权监督为视角》，载《人民检察》2023年第5期。

② 《检察机关民事支持起诉跨区域协作座谈会在川召开》，载“四川检察”微信公众号，2023年11月24日。

③ 刘月娥、郭雅洁：《检察机关民事支持起诉的实践考察与完善》，载《人民检察》2023年第11期。

④ 蔡杰倚：《检察机关民事支持起诉的实践考察及优化进路》，载《湖南警察学院学报》2023年第4期。

工交叠；民事办案力量薄弱，经验总结提炼不足三方面的困境。[①] 就检察机关民事支持起诉应遵循的原则方面，有论者提出严格把握处分原则、谦抑性原则、补充性原则，以促进原告诉权实现为目标，而不是大包大揽、替代起诉。[②] 有论者认为检察机关民事支持起诉应遵循自愿原则，必要、有限介入原则，尊重法院独立审判原则。[③] 落脚到完善检察机关民事支持起诉的建议方面，有论者认为应从加强立法，完善支持起诉制度顶层设计；规范检察机关民事支持起诉方式与限度；发挥检察一体化优势，完善支持起诉配套制度；加强检察机关外部协作，增强工作合力四个方面进行优化。[④] 有论者从民事支持起诉对象的界定应严格限定为自然人，以"弱势"为核心审慎界定特殊群体的范围；民事支持起诉的条件要求应以当事人有起诉维权意愿为基本条件，将不能、不便、不敢起诉作为一般条件两个层面来规范支持起诉的实践运行。[⑤] 有论者建议从坚持有限介入原则，统一办案标准；进一步优化办案结构，拓展受理范围；探索"支持起诉+小额诉讼"的办案模式；构建多层级的权益保护体系四个方面来加强民事支持起诉

---

① 贵州省人民检察院课题组:《民事检察支持起诉与弱势群体保护研究——以贵州省检察机关开展民事支持起诉工作为例》，载《贵州警察学院学报》2023年第2期。

② 蔡杰倚:《检察机关民事支持起诉的实践考察及优化进路》，载《湖南警察学院学报》2023年第4期。

③ 刘月娥、郭雅洁:《检察机关民事支持起诉的实践考察与完善》，载《人民检察》2023年第11期。

④ 刘月娥、郭雅洁:《检察机关民事支持起诉的实践考察与完善》，载《人民检察》2023年第11期。

⑤ 石瑛、郑进、刘丹:《推进民事检察支持起诉工作的建议》，载《人民检察》2023年第7期。

工作。[①]

（四）民事检察和解制度

2023年是毛泽东同志批示学习推广"枫桥经验"60周年暨习近平总书记指示坚持发展"枫桥经验"20周年。民事检察和解制度体现了检察机关法律监督与解决纠纷双重职能，是践行新时代"枫桥经验"的有力体现。[②]就民事检察和解的性质，有论者认为在民事检察和解程序中，主要存在诉辩双方当事人及居于中立地位的检察机关三方主体，可从当事人之间以及检察机关与当事人之间的不同维度分析民事检察和解的性质。其认为从私法维度来看，检察和解是当事人对自身私权救济的再处分，最终以各方当事人妥协让步所形成的和解协议为目的；从检察机关履行社会治理职能的内在要求来看，检察机关应着眼于人民群众所追求的公平正义，依法履行好法律监督职能，积极融入社会治理，通过办案切实化解社会矛盾和纠纷，促进社会和谐稳定发展。[③]有论者提出民事检察和解，即检察机关在办理当事人申请民事法律监督案件过程中，为达到实质性化解矛盾纠纷目的，引导双方当事人达成和解协议的一种办案形式。[④]有论者认为民事检察和解的性质与执行和解较为相似。检察和解具有私法行为的性质，检察和解协议基于意思自治原则，重新确定当事人之间的权利义务关系，不受他人非法干涉。但鉴于检察和解发生在检察机关审查申诉案件过程中，

---

① 王惠芳、谢祥：《民事支持起诉实践的得失与完善——以B市842起案例为样本》，载《民事检察工作指导》2023年第2辑。

② 衣小慧：《新时代"枫桥经验"视野下民事诉讼监督案件和解制度再思考》，载《理论月刊》2023年第5期。

③ 张艺馨：《民事检察和解制度理论问题探析》，载《中国检察官》2023年第15期。

④ 刘子学、何雪红：《论民事检察和解制度的构建》，载《理论与当代》2023年第4期。

故其应当受到合法原则的制约。[①] 就民事检察和解面临的现实困境，有论者提出存在法律规则供给不足、法律效力不明确、救济程序不明确的问题。[②] 有论者结合当地实践情况认为，存在思想认识不到位，能力素质有待进一步提高；立法空白、规定模糊；适用范围不明确；和解协议的效力不明确等问题。[③] 就适用民事检察和解程序的案件范围，有论者认为从私权救济的角度来看，只要当事人存在和解的意愿，检察机关应当允许当事人对民事实体权及诉权进行再处分。继而反向从不宜适用民事检察和解程序的案件分析，具体包括违反国家法律法规强制性规定，损害国家利益、社会公共利益的；当事人之间恶意串通，损害他人合法权益的（如虚假诉讼）；适用非诉程序、特殊程序、执行程序的案件，婚姻等身份关系确认案件以及其他根据案件性质不宜进行和解的；具有重大社会影响确有必要进行监督的。[④] 也有论者从正面列举了 11 种适用民事检察和解程序的具体情形。概言之，针对确有错误和存在瑕疵的生效裁判，检察机关可以积极引导当事人进行检察和解，达成和解协议，但是对于虚假诉讼和某些确权案件（如婚姻效力确认等），以及损害国家利益、社会公共利益或者他人合法权益等案件，不适用和解。针对生效裁判并无错误的情况，检察机关应耐心细心地做好当事人的心理疏导，通过释法说理，最大化实现息诉结案，

① 衣小慧:《新时代“枫桥经验”视野下民事诉讼监督案件和解制度再思考》，载《理论月刊》2023 年第 5 期。

② 孙祎霖、张晨辉:《能动履职视角下民事检察和解制度司法实务研究》，载《中国检察官》2023 年第 15 期。

③ 刘子学、何雪红:《论民事检察和解制度的构建》，载《理论与当代》2023 年第 4 期。

④ 张艺馨:《民事检察和解制度理论问题探析》，载《中国检察官》2023 年第 15 期。

但是个别情况下仍可引导和解。[①]

三、民事检察机制现代化研究

（一）民事检察类案监督机制

有论者认为民事检察类案监督机制具有两个层面的功能：在宏观层面，从整个民事诉讼体制的架构来看，法院行使司法裁判权以处理法律争端，而司法裁判权的行使必须遵循合法公正原则，以保持国家设立法院行使审判权的初衷；类案监督的功能在于调和这两方面的情况，以保障民事裁判结果公正公平，维护司法权威。在微观层面，民事诉讼涉及法院和诉讼当事人双方，类案监督既能消减当事人的讼累，也可帮助法院从整体把握违法问题情况，并统一裁判标准。[②]有论者从民法典语境下定位类案监督的功能，其具有典型的纠错、预防等功能。[③]就司法实践中民事检察类案监督存在的问题，有论者指出类案监督法律规范缺乏体系性、监督线索不足、监督方式缺乏刚性、监督保障机制缺失、队伍素能有待提升五个方面的问题。[④]就民事检察类案监督机制的完善思路，有论者认为应明确类案监督的判断规则，制定民事检察类案监督指引，构建类案精准监督模型，构建“质效导向、类案为主、数据赋能”检察大数据平台，完善民事检察类案监督考评

---

① 衣小慧:《新时代“枫桥经验”视野下民事诉讼监督案件和解制度再思考》，载《理论月刊》2023 年第 5 期。

② 石晓波、国中兴:《民事检察类案监督的困境及完善进路》，载《中南民族大学学报》2023 年第 6 期。

③ 滕艳军、刘丽娜:《民法典实施与民事检察类案监督机制》，载《中国检察官》2023 年第 3 期。

④ 李郁军:《民事检察类案监督的规范与强化》，载《人民检察》2023 年第 18 期。

机制。[①] 有论者提出构建类案监督规范性法律体系，明确类案监督检索识别方法，完善类案监督程序，健全类案监督保障机制，着力提升民事检察人员业务素能五个方面的建议。[②]

（二）民事检察跟进监督机制

民事检察跟进监督是指开展民事检察监督后，当违法或错误的情形仍然存在时，检察机关可依职权再次监督。有论者认为民事检察跟进监督的价值功能在于发挥检察一体化办案优势，实现民事检察精准监督，增强民事检察监督刚性，提升检察监督能力和水平。[③] 有论者认为，对于初次监督法院未采纳监督意见的情形，民事检察应当注重通过跟进监督，增强监督刚性。[④] 有论者提出借鉴比例原则启动民事检察跟进监督，具言之，如果跟进监督实现的公共利益维护效果相对成本越大，则跟进监督启动的正当性越大；反之，则跟进监督启动的正当性越小。[⑤] 就对何种类型案件开展跟进监督，有论者认为应严格把握两种案件：一是法院审理民事抗诉案件作出的判决、裁定、调解书仍有明显错误的；二是法院对检察建议未处理或处理结果错误的。[⑥] 就提升民事检察跟进监督质效，有论者提出要优化监督办案一体化机

① 滕艳军、刘丽娜：《民法典实施与民事检察类案监督机制》，载《中国检察官》2023年第3期。

② 李郁军：《民事检察类案监督的规范与强化》，载《人民检察》2023年第18期。

③ 朱佩佩、韩彦霞：《民事检察跟进监督机制的完善》，载《中国检察官》2023年第9期。

④ 滕艳军：《推进民事检察工作现代化的十个维度》，载《检察日报》2023年8月16日，第7版。

⑤ 冯小光、纪闻：《比例原则视域下民事检察跟进监督启动的审查思路》，载《人民检察》2023年第8期。

⑥ 冯小光、纪闻：《比例原则视域下民事检察跟进监督启动的审查思路》，载《人民检察》2023年第8期。

制，加强立法保障检察监督后续追责权力，将督促落实作为前置程序，善于借助外力，完善跟进监督工作保障机制。[①]

（三）民事复查制度

2021 年《人民检察院民事诉讼监督规则》（以下简称《监督规则》）在司法解释层面首次确立了民事复查制度。就民事复查制度运行过程中出现的重难点问题，有论者指出，由于《监督规则》仅用 1 个条文对民事复查制度作出框架性规定，准确把握民事复查制度核心要义、切实提升办案规范化水平已经成为紧迫任务。民事检察部门要遵循立法原意，准确理解民事复查制度中受案条件把握、审查与初核工作衔接、申请复查情形甄别、依职权复查程序启动、审查程序适用、结案处理方式、息诉息访等关键性内容，推动民事复查制度高质量发展。[②] 就深入理解民事复查制度，有论者提出了五个层面的认识，即内部监督与诉讼制度的辨析，上抗下与同级监督的矛盾，证明标准与事实认定的相对客观化，司法终局与权力恣意的衡平，制度设计与现实运行的差距。[③] 就民事复查制度的规范问题，有论者认为应从启动程序、初核程序、复查标准三个层面予以严格把握，适用条件必须严格，标准把握必须苛刻。[④]

（四）民事检察依职权监督

民事检察依职权监督案件，主要有生效裁判监督、审判人员违法

① 朱佩佩、韩彦霞:《民事检察跟进监督机制的完善》，载《中国检察官》2023 年第 9 期。

② 颜良伟、徐燕:《民事复查制度实务中的重点难点问题》，载《中国检察官》2023 年第 1 期。

③ 赵辉、常远:《民事复查制度的检视与规范》，载《中国检察官》2023 年第 11 期。

④ 赵辉、常远:《民事复查制度的检视与规范》，载《中国检察官》2023 年第 11 期。

行为监督和执行监督三种。有论者结合全国民事检察有关办案工作进行了调研和分析，发现依职权对审判人员违法行为监督案件和执行监督案件存在忽视依职权监督法定条件的情况，依职权监督的浅层次问题多、深层次问题少，部分检察机关对个案监督与类案监督标准把握不准，检察机关依职权监督的规定有待进一步完善四个方面的问题，进而提出工作建议，建议加强上级检察机关对下业务指导，严格执行《监督规则》关于依职权监督的规定；规范专项工作和通过大数据发现的案件线索；明确个案监督和类案监督的标准及其关系；引导下级检察机关深挖民事案件背后的线索，协同履职，发挥检察监督合力。①

四、民事检察能力现代化研究

（一）虚假诉讼检察监督

2015年5月1日起全国法院全面实行立案登记制改革，基本上解决了“有案不立、有诉不理、拖延立案、抬高门槛”等问题，人民群众反映的“立案难”问题从此成为历史。但是，利之所在，弊亦随之。由于立案门槛大大降低，恶意诉讼和无理缠诉等滥诉行为有机可乘，明显增多，其中最突出的是虚假诉讼。②有论者就虚假诉讼多发领域进行类型化研究，具体就“以房抵债”类虚假诉讼、民间借贷领域虚假诉讼、离婚分割夫妻共同财产类虚假诉讼产生背景、表现形式以及识别认定进行分析，提出要比照类案精准监督模式，对类型化的虚假诉讼实施精准防范和打击。③有论者从民事诉讼制度的角度分析虚假

---

① 肖正磊、阚林、李先伟：《民事检察依职权监督的实证分析及准确运用》，载《人民检察》2023年第2期。

② 胡云腾、周维明：《虚假诉讼罪实体与程序疑难问题研究》，载《法学家》2023年第6期。

③ 冯小光：《把握虚假诉讼发生发展规律 精准防范和制裁虚假诉讼》，载《民事检察工作指导》2023年第1辑。

诉讼的成因，提出法院审判程序中发现难、受侵害的第三人发现难、法院调解时发现更难、证明难、低成本、高收益与低处罚五个方面的制度成因。[①] 有论者分析认为检察监督虚假诉讼具有三个方面的制度优势，即检察监督的地位决定了其对虚假诉讼的打击具有高度权威性；检察监督能够为虚假诉讼的识别和规制提供较为专业、高效的监督；检察监督能够为法院查明并处罚虚假诉讼行为增强外部合力。[②] 有论者指出了虚假诉讼新的发展态势，具体包括新领域虚假诉讼层出不穷；虚假诉讼团伙化、专业化特征明显，监督难度显著增加；虚假仲裁、虚假公证数量不断增加；深层次违法时有发生，联合惩治机制需进一步加强；裁判文书网数据壁垒尚未破解，大数据尚未发挥最大功效。[③] 有论者就虚假诉讼检察监督工作中存在的问题进行分析，提出存在监督意识不强，发现机制呈现较为明显的随机性，监督范围尚未实现全覆盖，调查核实权行使方式不当，对法律监督权与审判权之间的结构关系认识不当五个方面的问题。[④] 就加强虚假诉讼检察监督的举措，有论者提出要从创建虚假诉讼来源多元联动机制；赋予检察建议刚性约束力，加强和完善检察机关调查核实权；检察机关宜区分虚假诉讼的刑民属性，适用不同层次的证明标准；构建民事、行政与刑事制裁“三位一体”协同治理体系四个层面一体提升。[⑤] 有论者从强化调查核实权的角度加强虚假诉讼检察监督提出，从虚假诉讼的调查核实程序

---

① 李先伟:《虚假诉讼的民事诉讼制度原因》，载《民事检察工作指导》2023年第1辑。

② 潘志玉:《虚假诉讼检察监督职能再定位》，载《政法论丛》2023年第2期。

③ 李萍:《关于虚假诉讼发展态势与应对方法的思考》，载《民事检察工作指导》2023年第1辑。

④ 李军:《加强虚假诉讼检察监督工作的思考》，载《中国检察官》2023年第7期。

⑤ 潘志玉:《虚假诉讼检察监督职能再定位》，载《政法论丛》2023年第2期。

运行视角出发，从构建虚假诉讼线索发现机制、证据核查机制、主体协作机制、案件纠正机制与责任追究机制等方面立法，以虚假诉讼为对象强化法律监督的实效。①

（二）具体领域民事检察监督问题

除上述民事检察理论研究外，理论界与实务界开始更多关注到具体领域内民事检察监督问题。就网络治理领域民事检察监督方面，有论者提出检察机关需要明确网络法治领域民事检察监督的理念和定位，确立从案件办理、规则完善到制度建构的监督路径，有效识别民事检察监督的重点领域，推动构建综合监督机制，积极参与网络空间治理秩序和治理体系的构建。其具体提出要构建民事检察监督和其他检察职能的整合机制，与法院建立沟通协作机制，与互联网行业建立沟通和共治机制，面向网络立法和治理体系建构参与和反馈机制。②就涉军民事诉讼检察监督领域，有论者认为为最大限度实现主动监督优势、发挥精准监督效能，未来涉军民事诉讼检察监督工作可采用军事检察机关主动作为、地方检察机关协同的监督新模式。具言之，应明确监督适用范围、细化依职权与当事人意志启动方式、完善听证结构与听证程序，并通过不支持监督与引导和解实现监督分流，以完善涉军民事诉讼“主动作为、协同配合”的检察监督新模式。③就非法金融业务活动民事检察监督领域，有论者提出要完善立法规制，适时制定司法解释、办案指引；横向联动，内部融合，不断提升民事法律监督刚

① 占善刚、张梦智:《虚假诉讼中检察机关调查核实程序研究》，载《理论月刊》2023年第6期。

② 刘晓春:《网络治理领域民事检察监督的重点与路径》，载《人民检察》2023年第13期。

③ 张梦星、唐效云:《关于涉军民事诉讼能动检察的思考》，载《中国检察官》2023年第9期。

性和实效；加强指导性案例、典型案例制度精细化建设工作；加快专业化办案团队建设四点工作建议。[①] 就涉“外嫁女”权益保护民事生效裁判监督领域，有论者认为应对农村集体经济组织成员资格认定是否属于村民自治事项，因农村集体经济组织成员资格受侵害产生的纠纷是否属于人民法院民事诉讼的范围两个方面重点审查；并提出要加大对妇女权益的保护力度，推动法律及相关决策部署落实；按照民事精准监督要求，促进统一裁判标准；注重运用民事检察复查制度，畅通申诉救济渠道三点完善工作建议。[②] 就检察机关平等保护市场主体领域，有论者认为民事检察职能现代化发展应构建包含现代化类型化监督理念、各层面协同体系、数字检察核心支撑、全面型监督链条等监督治理框架，推动法律实施层面整体实现对市场主体的平等保护。[③]

五、2024 年民事检察理论研究展望

应勇检察长指出：“当前和今后一个时期，检察工作的中心任务是以检察工作现代化服务中国式现代化。这同样是新时代新征程检察理论研究的中心任务。”[④]2024 年，民事检察理论研究应更加深入民事检察工作现代化研究，更加关照现实、聚焦民事检察实践，实现民事检察理论研究与民事检察工作的良性互动、发展互促。

一是对标“国之大者”深化民事检察理论研究。党的二十大报告

---

① 郭布红、姚君：《非法金融业务活动民事法律监督之样本分析》，载《中国检察官》2023 年第 5 期。

② 刘小勤、张传广：《涉“外嫁女”权益保护民事生效裁判监督重点及完善举措》，载《中国检察官》2023 年第 8 期。

③ 何莉苹、李智浩：《检察机关平等保护市场主体的框架设计与实现方法研究——基于民事检察职能现代化发展的视角》，载《中国法治》2023 年第 7 期。

④ 应勇：《坚持以习近平法治思想为指引 加强中国特色社会主义检察理论研究》，载《人民检察》2023 年第 13 期。

确定以中国式现代化全面建设社会主义现代化国家的中心任务，首次专章部署全面依法治国工作，强调要“在法治轨道上全面建设社会主义现代化国家”“全面推进国家各方面工作法治化”。民事检察工作是政治性极强的业务工作，也是业务性极强的政治工作。民事检察理论研究要完整、准确、全面贯彻新发展理念，加强对服务构建新发展格局、服务高质量发展、维护国家安全和社会稳定、持续做实检察为民等重点难点问题研究，找准民事检察与“国之大者”的切入点和着力点，更好为大局服务、为人民司法、为法治担当。

二是深层次阐释民事检察运行机理研究。从比较法的角度来看，世界上大部分国家没有规定民事检察监督制度，民事检察监督程序是中国民事审判监督程序的重要组成部分，是中国司法制度的重要特色，也是符合中国实际的一项重要诉讼制度。深化民事检察制度研究，就是要从党的领导政治优势、国家机构设置、为民司法根本属性、民事检察制度发展、配合制约机制等方面进行有力论证，进一步彰显民事检察在中国法治现代化中的重要作用。对民事检察的认识，不能只停留在诉讼领域、司法层面，而要站在政治制度、法律制度的高度来认识分析。民事检察理论研究重在结合民事检察制度发展规律，民事检察职权配置规律和民事检察活动运行规律，从更深层次阐释民事检察制度运行机理。

三是围绕实现“有效监督”做好破题研究。应勇检察长在大检察官研讨班上指出：“民事检察重在提升自身能力水平，加大监督力度，更加注重监督质与量的统一，实现有效监督。”实现“有效监督”，首先要破解基层检察机关在民事检察履职中“不专”“不会”的问题。民事检察理论研究应做好民事实体法与民事程序法的结合文章。民法典的优越性在于表达一种清楚的结构和统筹法律原则与规则，促进法律的内在和谐，民法典的体系化、现代化、协调化应成为民事检察理论研究的重点。民事检察理论研究应先行一步，着眼于推进构建各级检察院各有侧重、密切配合、一体履职的民事检察监督格局提供理论方案，从理论上论证如何在民事检察办案中实现“高质效办好每一个案件”，如何在实体上确保公平正义，在程序上让公平正义更好更快实现，在效果上让人民群众可感受、能感受、感受到公平正义。

Zhuanti：Minshi Shuzi Jiancha

专题：民事数字检察

民事检察现代化的数字理念与监督实践变革 *

——以大数据民事检察监督模型为例证

滕艳军　张勇利 **

摘　要： 法治现代化是推进中国式现代化的重要保障，检察现代化是法治现代化的主要内容，而民事检察现代化是检察现代化的重要组成部分，加快推进民事检察现代化，对实现检察现代化、法治现代化及至中国式现代化至关重要。民事数字检察与维护公平正义、参与社会治理、加强执法司法制约监督等密切相关，具有重要的时代意义和价值。现阶段，数字检察推动民事检察监督模式重塑变革，监督办案凸显精准有效，监督能力得到跨越提升。但民事检察数字化仍存在诸多冲突因素，如数字“决策”对民事检察公正性和正当性产生影响，监督模型构建也存在突出问题。当前亟须把握数字时代要求，明确民事数字检察建设规划目标，规范数字技术应用，提升民事数字检察监督建设的效能。

关键词： 现代化　民事检察　大数据　监督模型

---

* 本文系中国法学会民事诉讼法学研究会 2023 年度研究课题“司法制约监督研究”阶段性研究成果。

** 滕艳军，最高人民检察院民事检察厅办公室主任；张勇利，最高人民检察院民事检察厅三级检察官助理。

党的二十大报告提出“坚持全面依法治国，推进法治中国建设”，充分体现了以习近平同志为核心的党中央对全面依法治国的高度重视，彰显法治在推进和拓展中国式现代化中的重要作用。习近平总书记在对政法工作的重要指示中强调，“奋力推进政法工作现代化”。人民检察院作为我国法律监督机关，承担着通过发挥法律监督职能，服务、保障中国式现代化的重要责任，是中国式现代化的重要推进力量。

自党的十八大以来，习近平总书记多次就数字经济、数字技术、数字中国建设等作出重要指示，为检察机关把握数字化建设加快推进数字检察战略提供了根本遵循。习近平总书记还指出，“要加强民事检察工作，加强对司法活动的监督”。民事检察是我国法律监督的重要组成部分，也是中国民事司法制度的重要特色。同时，在法律监督领域，民事检察也是最早运用大数据法律监督模型、探索数字检察建设。[①] 在数字时代，以数字思维理念指导民事检察监督的实践创新，依托大数据民事检察监督模型的研发和应用，以“模型化”深入推进民事数字检察建设，创新数字检察战略赋能民事检察监督，将对实现检察现代化、法治现代化及至中国式现代化起到重要的作用。

2022—2023年，最高人民检察院连续两年举办大数据法律监督模型竞赛评选活动，民事检察以建模时间早、参选作品数量多、应用领域范围广、检察监督实践效果好为亮点。本文即建立在对130余份包括已经运用较为成熟或者部分创意灵感丰富、预期实践检验效果可能

① 2018年初，浙江省绍兴市检察院首先瞄准民事检察监督领域，探索运用大数据监督办案，解决一直以来存在的虚假诉讼案件线索发现难、查证难、追责难等突出问题。到了2018年中，民事裁判智慧监督系统在绍兴市检察院试运行，取得显著办案成效。2020年9月，最高检在全国检察机关部署开展民事裁判智慧监督系统的试点应用工作，让这一系统在全国范围内发挥更大的作用。

较好的大数据民事检察法律监督模型进行剖析的基础之上，以民事检察数字化建设为向度，从宏观和微观两个层面论证数字化思维对民事检察监督工作现代化的理念引领与监督实践指导功能，亦提供民事数字检察监督相关素材，以期对数字检察工作的现代化思路与路径探索有所“触类旁通”。另外，本文中的“数字化”“人工智能技术”“智慧司法”“大数据法律监督”“（民事）数字检察”“民事检察数字化”等专业术语，从广义上看，数字化为上位概念，主要包括大数据、云计算、人工智能以及区块链技术等，“智慧司法”“大数据法律监督”“（民事）数字检察”“民事检察数字化”等则为数字化在司法场域的具体化、形式化。从狭义上看，“数字检察”等同于“大数据法律监督”，“民事数字检察”和“民事检察数字化”等同于“大数据民事检察监督”。

一、民事数字检察的时代意义与价值

习近平总书记站在中国特色社会主义进入新时代新发展阶段的历史新高度上，以超越性思维和时不我待的紧迫感，擘画了将中国建设成为信息技术领先、网络人才辈出、网络主权完整、网络力量强大、数字经济强盛、网络经济繁荣和数字治理高效的世界一流网络强国。[①]数字检察是数字技术赋能新时代法律监督而形成的检察工作新形态、新模式，也是新时代赋予法律监督更好维护公正、服务大局的新手段，提出的新要求。[②]鉴于新时代新发展阶段的新要求、新战略和新实践，在数字检察战略的变革期和机遇期，加强民事数字检察建设有其必然

① 郑必坚：《网络强国是新时代新发展阶段的大战略》，载《人民日报》2021年4月21日，第12版。

② 王永全：《数字检察：法律监督的时代要求》，载《人民检察》2023年第3期。

性和必要性。①

（一）民事数字检察理念是民事检察维护公平正义的内在要求

首先，中国式现代化是公平正义的现代化。习近平总书记在学习贯彻党的二十大精神研讨班开班式上发表重要讲话强调，“推进中国式现代化是一项系统工程和探索性事业，既要创造比资本主义更高的效率，又要更有效地维护社会公平正义，更好实现效率与公平相兼顾、相促进、相统一”。② 中国式法治现代化新道路是中国式现代化新道路在法治领域的具体体现③，全面依法治国是中国式现代化的内在要求和重要保障，而公平正义是全面依法治国的落脚点，是建设健全法治社会的理念基础，也是依法保障人民群众幸福美好生活的前提，与中国式现代化的重要特征、本质要求、根本立场和重大原则在内涵上完全一致。

其次，民事检察监督是检察机关维护公平正义的发力点和履职点。习近平总书记在全面依法治国工作会议上指出，“公平正义是司法的灵魂和生命”。④ 司法公正不仅是社会公平正义的重要组成部分，也是实现社会公平正义无可替代的重要手段和保障。司法要公正既是对司法本身的内在要求，同时司法也必须着眼于整个社会对于公平正义

---

① 卞建林:《立足数字正义要求，深化数字司法建设》，载《北京航空航天大学学报（社会科学版）》2021年第2期。

② 参见新华社评论员:《推进中国式现代化是一个系统工程——四论深刻领会习近平总书记在学习贯彻党的二十大精神研讨班开班式重要讲话》，载中国新闻网，https://www.chinanews.com/gn/2023/02-11/9951933.shtml，2023年9月25日访问。

③ 胡铭:《全域数字法治监督体系的构建》，载《国家检察官学院学报》2023年第1期。

④ 张天培:《公平正义是司法的灵魂和生命（金台锐评·全面依法治国系列谈④）》，载《人民日报》2020年12月24日，第18版。

的要求。践行以人民为中心的司法理念需要牢牢把握公平正义这一社会主义法治价值追求。民事案件是人民群众天大的事，最贴近人民群众对公平正义的迫切需求。民事案件的司法公正一直是人民群众关心的重点问题。生效裁判不公、执行难、民事虚假诉讼等民生领域的司法问题受到人民群众的持续强烈关注，成为影响人民群众对社会公平正义的期待和对法治信仰信心、决心的重要因素。民事检察监督坚持以维护社会公平正义为核心价值追求，在对法院审判执行公权力监督以及当事人合法权利救济等方面发挥了重要作用。

最后，数字检察是民事检察监督工作的新增量。互联网、物联网、大数据、人工智能、区块链等技术与司法的深度融合孕育了新兴的数字司法时代。[①] 数字司法新时代，把握好数字化发展规律，科学应用数字技术，就能为检察工作高质量创新发展提供强大动力。数字检察的主要范畴重点集中于个案办理、类案监督及社会治理等方面。[②] 民事案件数量多，涉及领域广，事实及法律关系复杂多变，法律适用、争议矛盾解决难度大，但由此也带来了巨大的信息数据量，并呈几何级数增长之势，为民事数字检察有效分析、排查民事案件提供丰富数据基础。在大数据检察监督模型构建中，民事检察监督遵循“小切口”构建模型规律，既注重个案办理，又针对特定民事案件类型，结合民事检察监督办案中的难点、堵点，归纳有效要素特征，精准筛选类案监督线索，有针对性地开展法律监督，再以类案监督促推社会治理，实现由个案监督向类案监督再到系统治理、社会治理的深化与拓展。

① 施珠妹、覃俊清:《数字司法:“技术+司法”的两类应用场域》，载《人民法院报》2022年12月9日，第7版。

② 陈庆全:《以数字检察建设提升法律监督质效》，载《检察日报》2022年11月15日，第2版。

（二）民事数字检察监督是民事检察参与社会治理的重要路径

2022年4月19日，习近平总书记在中央全面深化改革委员会第二十五次会议上作重要讲话时突出强调，“要全面贯彻网络强国战略，把数字技术广泛应用于政府管理服务，推动政府数字化、智能化运行，为推进国家治理体系和治理能力现代化提供有力支撑”。[①] 全国检察机关积极落实数字检察战略，紧紧抓住数字革命这个“新引擎”，努力探索大数据法律监督，全面推进“数字赋能监督，监督促进治理”。

第一，民事检察监督参与社会治理有明确的政策依据和迫切的现实需求。《中共中央关于坚持和完善中国特色社会主义制度 推进国家治理体系和治理能力现代化若干重大问题的决定》明确指出，必须加强和创新社会治理，完善党委领导、政府负责、民主协商、社会协同、公众参与、法治保障、科技支撑的社会治理体系。社会治理体系是一个共同体。[②] 其中，法治保障是国家治理体系和治理能力现代化建设改革总目标的重要组成部分。社会治理进程中的法治保障存在一些困境，在司法公正领域集中体现为民众对社会公平正义的期盼日益强烈，但司法活动还难以完全做到让人民群众在每一个案件中感受到公平正义，不同环节、各种形式的司法错误和执法瑕疵严重影响着民众对司法公正的信仰。[③] 民事检察监督维护社会公平正义是坚持和完善社会治理体系的必然要求和重要选择。同时，随着社会多元化发展，面对

---

① 戴佳、赵晓明:《回眸五年奋斗路——新时代新理念新作为｜检察机关推进数字检察战略提升法律监督质效纪实》，载《检察日报》2023年2月13日，第1版。

② 艾志强、韩宁:《坚持人民性建设社会治理共同体》，载中国共产党新闻网，http://theory.people.com.cn/n1/2020/0117/c40531-31552603.html，2023年9月25日访问。

③ 韩秀桃:《社会治理过程中的法治保障》，载《中国青年报》2014年10月27日，第2版。

的社会治理问题越来越复杂，社会治理的任务也越来越繁重，科技支撑就是要使用现代科技的最新成果，通过大数据、云计算、人工智能等数字技术的增量式赋权和重构式创新，对社会治理数据进行挖掘、收集、整理、转化，实现具体问题与治理主体、解决方案的智能匹配，有效提升社会治理科学性、预测性、精准性和高效性水平①，顺应社会文明发展进步的大趋势。从数字的本质上看，数字技术不仅是科学技术，也可被视为一种智慧的治理技术②，在此宏观背景下，民事检察用好大数据监督的手段，把着眼点放在解决社会治理难点问题、构建社会治理有效机制上，符合社会宏观政策和司法实践的要求。

第二，民事检察在参与社会治理中发挥的作用日益重要。民事检察在监督办案的基础上，不断延伸监督触角，深入剖析民事案件反映的倾向性、普遍性问题，及时发出堵塞漏洞的社会治理检察建议，促进标本兼治。③近年来，最高人民检察院以规范民事公告送达程序、防范和制裁虚假诉讼为主题，先后向最高人民法院发出“二号检察建议”和“五号检察建议”。地方检察机关就促进加强农民工工资支付保障、加强虚假劳动仲裁监管、加强律师和基层法律服务工作者诉讼代理监管、加强小额贷款行业监管等主题，向人力资源和社会保障部门、司法行政部门、金融监管部门等制发检察建议，民事检察参与社会治理职能优势发挥愈加凸显。

第三，大数据的挖掘和运用为民事检察深度参与社会治理提供重

---

① 郭慧丽：《运用案件大数据赋能社会治理》，载《法治日报》2022年7月25日，第4版。

② 罗英：《数字技术风险程序规制的法理重述》，载《法学评论》2022年第5期。

③ 滕艳军：《推进民事检察工作现代化的十个维度》，载《检察日报》2023年8月16日，第7版。

要平台和支撑。习近平总书记强调，“当今世界，信息技术创新日新月异，数字化、网络化、智能化深入发展，为推动经济社会发展、促进国家治理体系和治理能力现代化、满足人民群众日益增长的美好生活需要方面发挥着越来越重要的作用”。[①] 围绕民事检察监督参与社会治理的具体路径，大数据成为民事检察融入社会治理的重要抓手。检察机关在履行民事诉讼监督职责的过程中，通过大数据法律监督模型收集、归纳、筛选有效数据，帮助检察机关发现潜藏在个案之中的社会问题，推动解决深层次问题，促进解决社会治理领域的顽瘴痼疾，使检察监督履职更加深入。同时，在社会治理上，民事案件暴露的深层次问题往往涉及刑事犯罪，需要通过追究刑事责任的方式深化、固化治理成效[②]，而大数据法律监督加强了民事检察与刑事检察的职能融合，直接影响了民事检察监督的力度。另外，在现有的大数据民事检察监督模型中，既有对民事审判执行活动的监督，包括虚假诉讼、金融贷款、民间借贷、劳动争议、建设工程施工、企业破产等诸多方面，也有围绕住房公积金、医保、社保、房地产调控政策等民生重点领域开展的数字化社会综合治理，体现了民事检察参与社会治理的广度和深度，以数字化推动民事检察监督更好服务社会治理。

（三）民事数字检察建设是加强执法司法制约监督的应有之义

第一，加强执法司法制约监督应当树立全局思维和系统思维。改革和建设执法司法制约监督体系，是党和国家监督体系的重要组成部

---

① 习近平：《致首届数字中国建设峰会的贺信》，载《人民日报》2018 年 4 月 23 日，第 1 版。

② 王焰明：《基层检察机关提升民事检察监督质效的探索》，载《中国检察官》2023 年第 3 期。

分，事关社会公平正义，事关国家治理体系和治理能力现代化。[①]应当以系统观念、从全局角度看待执法司法体系中各组成部分之间的关系。例如，在整个执法司法体系中，民事诉讼是极其重要的体系之一，在民事诉讼体系中，检察院与法院是监督与被监督的关系，而在更高层次的法治体系中，检察机关与法院共同承担着维护司法公正和司法权威的责任，而在社会治理体系中，检察机关与法院又共同扮演着解决矛盾纠纷、维护社会稳定的重要角色，是多元化纠纷解决机制中的重要力量。[②]因此，构建完善执法司法制约监督体系离不开执法司法部门之间的良性互动、协同共享，尤其是检察机关的法律监督，一方面聚焦内部监督，筑牢自身防范屏障；另一方面以数字化推动互相监督，强化与审判机关、行政机关的协调支持与制约监督，构建全方位的执法司法制约监督体系。

第二，大数据能够加强对执法司法的信息化全流程智能监督。在数字司法实践中，执法司法部门之间数据共享交换难、汇聚难、共用难，案件跨部门流转办理很大程度上依靠人工，既耗费人力、时间、财力成本，影响执法司法办案效率，也给“暗箱”操作留下了一定空间。而通过运用大数据，加快推进跨部门大数据办案平台建设，能够把智能化作为制约监督的有效载体，推动智慧法律监督、智慧工作管理、智享信息数据、智能动态监测机制并行，以大数据智能监督加快构建上下贯通、系统完备、规范高效的执法司法制约监督体系。民事数字检察即立足于加强对民事司法活动的监督，整合民事检察监督办

---

① 《中央政法委：加快推进执法司法制约监督体系改革和建设》，载中国长安网，http://www.chinapeace.gov.cn/chinapeace/c100007/2020-08/27/content_12388132.shtml，2023 年 9 月 25 日访问。

② 赵苑池：《坚持系统观念 构建良性共赢的新型检法关系》，载《检察日报》2022 年 8 月 31 日，第 7 版。

案资源，以执法司法数据信息互联共享为前提，融合抗诉、再审检察建议等监督力量，综合智能科技手段，使民事检察适时介入民事立案、审判、执行等环节，实现对民事案件办理各环节的监督，坚持执法司法制约监督的系统集成与协同高效机制，呈现整体、规模效应。

（四）民事数字检察思维是民事检察与大数据融合的逻辑起点

第一，民事数字检察的核心和主线是民事检察履职与大数据融合形成信息化系统。实践中，数字检察重要的运用范式是数据驱动的智能决策，也有论者将其称为“数字增益”①，即在已有监督线索或者已查办相关案件的情况下，通过对海量的数据资源进行深入分析和挖掘，将线索由匮乏发展到丰富，将个案发展成类案，从而可以获得更加准确的类型案件趋势，其间数字起到增益放大的作用。大数据与民事检察融合模式是检察机关立足民事检察职能，以检察监督需求为导向，运用大数据思维理念和技术工具，破解民事检察案源发现难、办案难等业务痛点、难点的方式方法，是对民事检察数据汇聚、整合、应用等方面的一定调整、重塑与创新。②具体路径是运用大数据进行筛查、比对、碰撞，对相互独立的信息点进行交集、串联，促使案件线索清晰展现，高效发现深层次的监督线索。③归根结底，民事数字检察是一种信息化系统，不仅仅是数字技术的简单堆砌，而是以民事检察业务流程的重构和优化为基础，通过数字信息技术与民事检察业务的有效融合，在民事检察业务系统内将监督对象、业务流程进行重构和固

① 钱昌夫、赵少岸:《数字检察范式的实践应用》，载《中国检察官》2022年第3期。

② 徐赟、严晓慧:《如何实现大数据和民事检察的深度融合》，载《检察日报》2023年1月11日，第7版。

③ 赵小雨:《以大数据赋能新时代法律监督》，载《检察日报》2022年12月24日，第3版。

化，实现民事检察相关数据信息共享和民事检察业务的高效协同。

第二，运用数字思维准确建构应用监督模型是推进大数据与民事检察融合的重要突破口。大数据法律监督模型，是指从个案办理或数据异常中发现规律性、共性问题，总结归纳特征要素，并转化为机器可以识别的语言或算法，从多元的海量数据中挖掘类案监督检索的一种模式。[①] 在数字检察的当前工作阶段，大数据法律监督模型是数字检察在检察履职中的重要应用形式、实现形式之一，是实现法律监督模式重塑的重要工具和抓手[②]，也是当前数字检察建设的一个重点方面。实践证明，大数据法律监督的本质是要实现主动依法履行监督职能。一个好的大数据民事检察监督模型，一定是精准把握了民事检察监督履职点，清晰体现了民事检察业务规则，符合民事检察监督业务逻辑构造，对于更好履行民事检察监督职能具有重要价值。否则，法律监督模型越过了民事检察监督的功能定位和权力边界，模型的监督点不属于民事检察的正当履职范围，就会造成监督模型相关民事检察工作缺乏依据，进而受到多种因素的掣肘，反而不利于民事检察监督履职。

二、民事数字检察建设的表现与成效

习近平总书记强调，“推动大数据、人工智能等科技创新成果同司法工作深度融合”。[③] 在数字时代，司法体制在不断改革和完善自身的同时，也要注意吸纳科技发展的成果，运用先进的技术和手段以提

① 翁跃强、申云天:《数字检察工作中的十个关系》，载《人民检察》2023 年第 1 期。

② 贾茂林:《创建大数据法律监督模型需理念先行》，载《检察日报》2023 年 5 月 24 日，第 12 版。

③ 习近平:《维护政治安全、社会安定、人民安宁》(2019 年 1 月 15 日)，载习近平:《论坚持全面依法治国》，中央文献出版社 2020 年版，第 248 页。

升和改善司法效能，并促进数字司法建设取得进展和成效。[①] 检察机关运用大数据推动民事数字检察建设、提升检察监督质效的探索得到民事检察监督实践的检验和印证。

（一）民事检察监督模式实现重塑变革

第一，大数据助力民事检察监督实现智慧转型升级。检察大数据以场景化应用为依托，推动了法律监督模式的转变，即由传统的“数量驱动、个案为主、案卷审查”个案办理式监督转变为“质效导向、类案为主、数据赋能”的类案治理式监督，探索具有中国特色的大数据法律监督模式。[②] 目前大数据赋能检察监督的模式主要有两种：一种是“平台化 + 智能化”，强调通过司法人工智能引擎将大数据平台与知识平台相链接，构造智能辅助决策应用系统、智能辅助支持系统、案件管理应用系统等，从而促进司法运行和管理体系的信息化、智能化和现代化；另一种是强调通过智能机器所具有的自动化决策能力来代替司法者进行判断。[③] 从目前的数字检察实践看，所沿循的应是第一种模式，但同时也不可避免地承受着关于第二种模式的质疑。通过利用民事检察监督专业知识、使用与民事检察监督履职相关的数据创建出民事检察监督模型，释放法律监督新动能，推动智慧型民事检察监督转型升级。大数据运用的先进性体现在突破对传统事物关联关系认识上的价值以及大数据技术在海量数据统计、分析上具有明显优势。区别于传统的法律监督模式，民事数字检察体现了大数据法律监督思维和大数据技术开发路线的统一。图 1 是在两届模型竞赛作品中选取

---

① 卞建林：《立足数字正义要求，深化数字司法建设》，载《北京航空航天大学学报（社会科学版）》2021 年第 2 期。

② 马建刚：《检察监督大数据应用探析》，载《人民检察》2023 年第 5 期。

③ 郑智航：《“技术—组织”互动论视角下的中国智慧司法》，载《中国法学》2023 年第 3 期。

的大数据民事检察监督思维导图和监督模型技术开发基本路线。

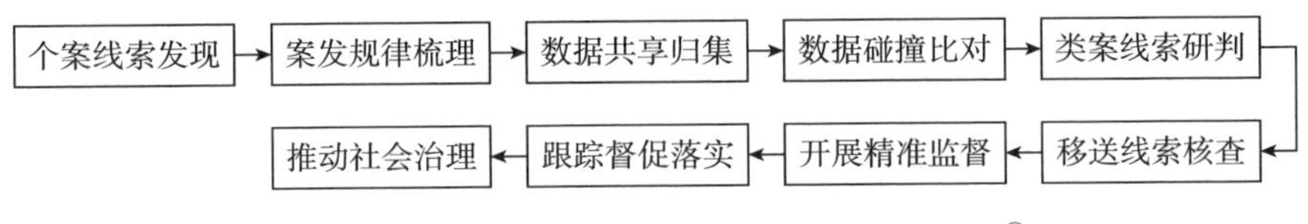

图 1　大数据民事检察监督基本思维导图[①]

图 1 展示的即大数据法律监督中“个案监督—类案监督—社会治理”的基本路径，现有的监督模型中多数是通过个案办理发现类案线索及办案规律，进而通过对大数据的挖掘和运用，创设模型应用场景，用于之后的民事检察类案监督实践，并在实践中发现涉社会治理问题，以大数据启动检察监督程序介入社会治理。比如，一地检察机关在办理一起民间借贷纠纷执行监督案[②]过程中，发现法院仅参考定向询价确定拍卖保留价，未考虑涉案房产抵押情况导致出现“无益拍卖”的情况并非个例。因此，可以“无益拍卖”作为构建模型的场景，通过筛查是否设定抵押权，申请执行人与抵押权人是否相同，得到申请执行人不是抵押权人的案件，将拍卖保留价与抵押权额数据碰撞，最后筛查出拍卖保留价小于优先债权和执行费用总额，导致申请执行人无法在本次拍卖中受偿的问题线索。检察机关通过创建“网拍房无益拍卖等六种违法情形类案监督模型”，对网拍房成交后存在的各种风险问题，以民事执行监督为主体，辅之以公益诉讼、刑事检察等职能，

① 陈章:《树立大数据思维，秉承双赢多赢共赢理念，以检察大数据战略赋能新时代法律监督》，载《检察日报》2022 年 5 月 20 日，第 3 版。

② 在“叶某与李某某民间借贷纠纷案”执行过程中，法院于 2022 年 8 月 1 日发布拍卖公告拟拍卖叶某名下一套房产，确定第一次拍卖起拍价为 270 万余元。经查拟拍卖房屋设定有抵押权，抵押权人为某信用社，抵押债权额 500 万元，截至 2022 年 9 月 8 日，该房产尚欠信用社本息 470 万余元。因确认的拍卖保留价大幅低于优先债权额，很有可能出现申请执行人无法在本次拍卖所得价款中受偿即无益拍卖的情形。

加强了该类问题的检察监督，推动了虚假诉讼惩治等社会问题的综合治理。

图2、图3展示的是两个监督模型具体思维导图，虽然产生思维导图的类案案型存在差别，但体现的思维模式包括数据分析、类案要素归纳、逻辑规则等，以及按照思维导图拓展出来的监督方式、路径等，其实质上是相通的。

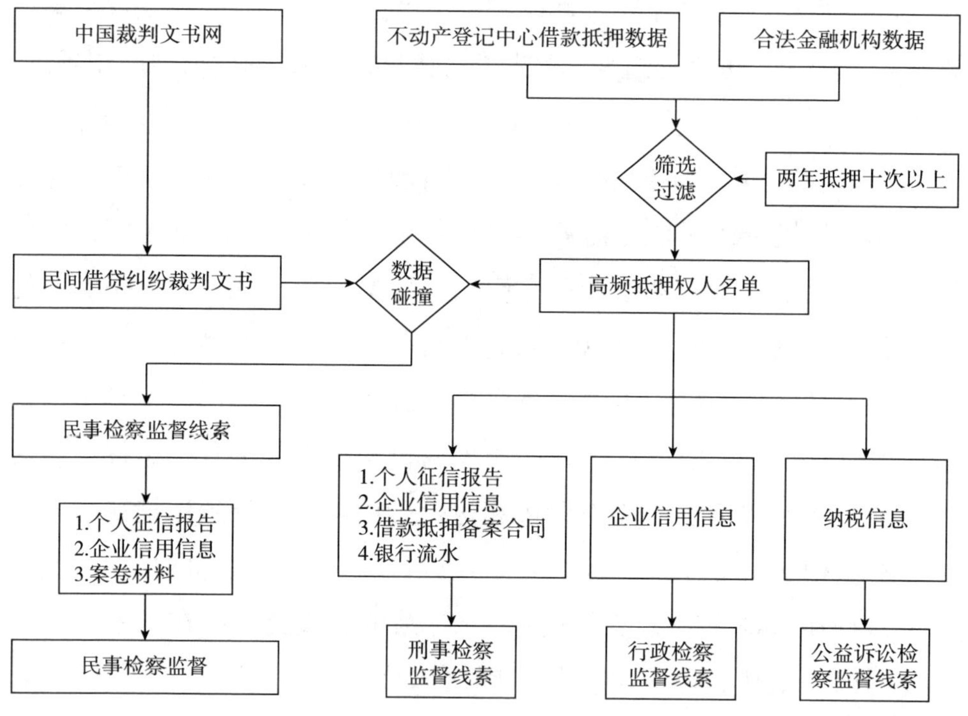

图2 大数据民事检察监督思维导图示例1[①]

① 此思维导图来源于广东省珠海市人民检察院研发的“职业放贷人”类案监督模型。

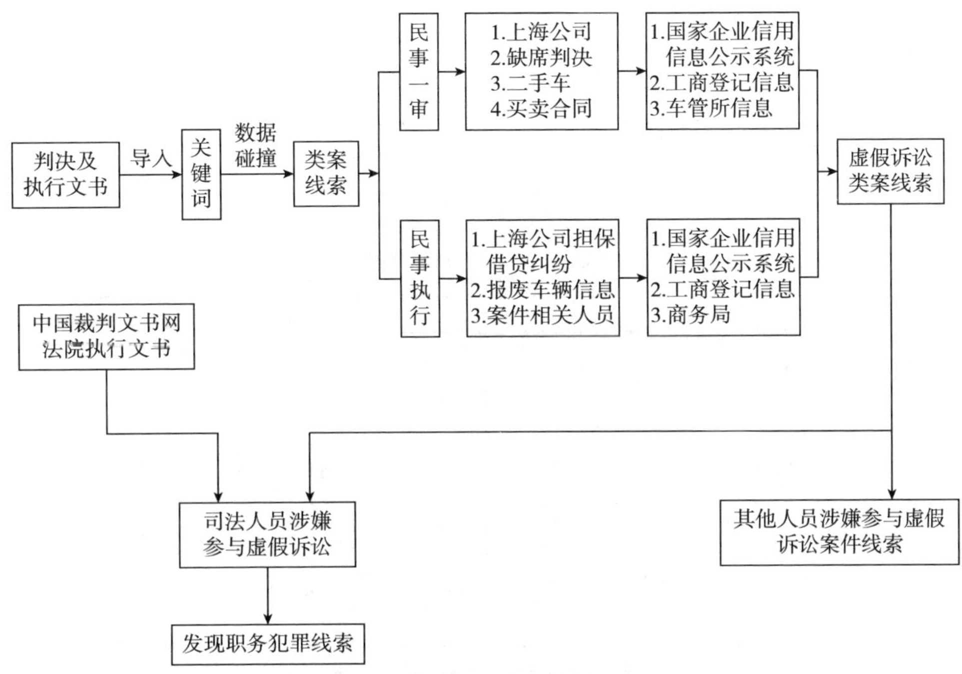

图 3　大数据民事检察监督思维导图示例 2[①]

图 4 是监督模型技术路线，其最大的特征是能够处理与特定事件关联的各种信息，既不再依赖于随机采样，也不再采用随机分析之类的方法[②]，其中最重要的是数据分析和数据可视化，现阶段监督模型利用的技术路线和实现路径亦基本相同。

① 此思维导图来源于山东省枣庄市人民检察院、薛城区人民检察院研发的“骗取车牌额度拍卖款虚假诉讼”类案监督模型。

② 李鹏宇：《人工智能时代背景下的大数据法律监督》，载《上海法学研究》集刊 2022 年第 23 卷——社会治理法治化研究文集，第 102 页。

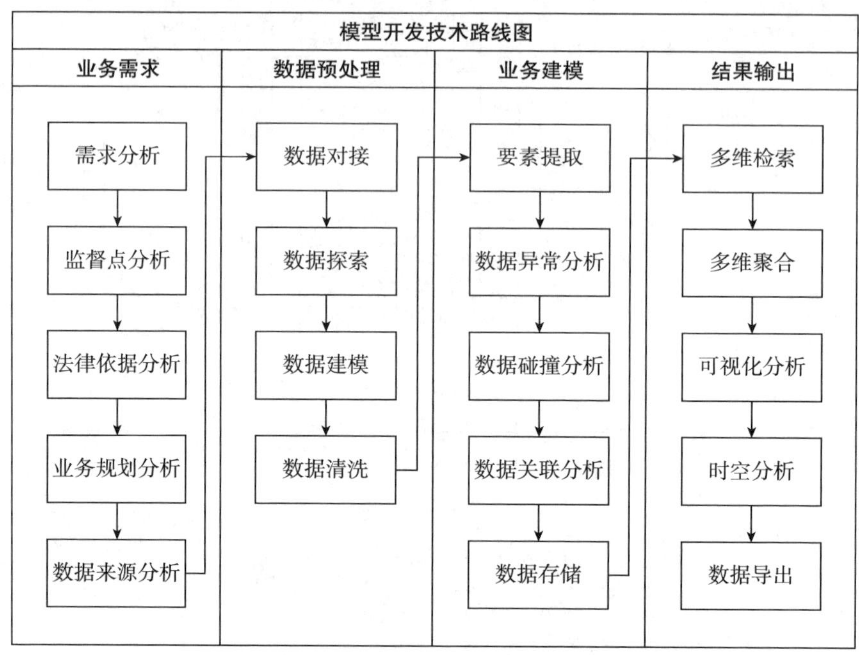

图 4　民事检察监督模型开发技术基本路线 ①

从图 4 我们还可以看出，一是大数据民事检察监督模型是民事数字检察的应用场景的具体化、形式化，是大数据民事检察监督的工具和手段，它使数字运用实现从“工具化”到“要素化”的转变。② 二是民事数字检察的基础是民事案件监督办案相关数据和机器智力算法技术，节点是民事检察数据和民事检察监督业务的融合，主线是对民事检察数据的挖掘和利用，主要逻辑是将民事检察监督活动以数字化的方式呈现。三是民事数字检察构建了法律监督的新模式，监督模型中对大数据技术的掌握和运用已较为成熟，“智慧民事检察监督”有成

① 此技术开发路线图主要来源于河南省安阳市文峰区人民检察院主导研发运用的确认劳动关系补缴社保虚假诉讼、虚假仲裁监督模型。

② 练节晁、刘晨雨、杨玥：《数字检察之“数字”突围——从“数字”壁垒到“数字”边界》，载《山西省政法管理干部学院学报》2023 年第 1 期。

熟的大数据技术支撑。四是推进民事数字检察监督办案，要以对民事检察相关数据的业务规则的研究为基础，把民事监督规则嵌入民事检察工作数字化协同的程序当中。思维导图与技术开发路线图的区别即在于此，前者比后者多了线索研判、移送以及跟踪督促落实、以精准监督促推社会治理的程序，这也可以说是数字与业务融合将传统民事检察监督向前又推进了一步。五是大数据民事检察监督体现了检察人员的办案思路和监督理念，遵循的是逻辑驱动型[①]大数据监督，检察人员的逻辑判断仍起着主导性作用。迄今为止，尚无任何大数据法律监督模型能够独立完成确认批量异常案件的任务。在相关模型推送批量异常案件线索后，检察人员仍然需要启动调查。这就出现了检察人员同基于相关监督模型的平台实现人机耦合[②]的必要。[③]以类型最多的虚假诉讼监督模型为例，多数模型获取的数据来源于法院系统的中国裁判文书网，但现阶段文书网上刊载的裁判文书存在司法数据不完善、不真实、不客观问题，其中裁判文书数据不完善是指现有裁判文书数量少于实际应上网文书量，而裁判文书数据不真实、不客观的原因主要在于裁判文书也是法官个人价值判断的“产品”，对事实认定及法律适用的裁决结果具有较大的差异性，数字技术对上述因素的区分能力欠缺，因此，检察人员在数字技术客观运用基础上的审查就显得比较重要。

---

① 有学者认为，建模是大数据法律监督的重中之重，可分为逻辑驱动型和数据驱动型。前者要求模仿检察官甄别异常个案的思维方式，即设计一台遵循同样逻辑的机器进行批量异常案件的判断；后者要求其按照“（海量）信息数据输入—程序处理输出”的路径进行判断。后者可以被理解为一种基于超大样本的统计学建模方法。

② 所谓人机耦合，简单地讲，是“在 AI 擅长的领域，解决人类智能比较困难的问题；在人类智能比较擅长的领域，解决 AI 比较困难的问题”。

③ 刘品新：《论大数据法律监督》，载《国家检察官学院学报》2023 年第 1 期。

第二，民事数字检察工作机制体制逐步完善。2023 年 3 月，应勇检察长在全国检察机关学习贯彻两会精神会议上强调，“深化实施数字检察战略，构建‘业务主导、数据整合、技术支撑、重在应用’的数字检察工作机制，以数字革命赋能法律监督”。民事检察监督的数字化过程，也是大数据助力民事检察工作机制体制不断完善的过程。一方面，通过建立健全统一的数据管理、应用体系，民事数字检察对原有工作机制在技术保障、办案流程等方面予以重构性完善。另一方面，民事检察在完善自身工作机制的同时，也通过大数据监督践行融合监督、一体化办案理念。民事数字检察具有整体性的特征，常涉及刑事、公益诉讼、信息技术等部门的综合协调、融合履职，以此带来检察机关各部门各层级监督工作横向、纵向的协同推进。例如，在某检察机关创建的确认劳动关系补缴社保虚假诉讼、虚假仲裁监督模型中，民事检察部门运用监督模型办理了民事虚假诉讼、虚假仲裁案件，办案过程中发现中介机构属于组织者、策划者，并收取较高数额的费用，虚构劳动关系提起虚假诉讼涉嫌犯罪，线索移交刑事检察部门。刑事检察部门提前介入并引导侦查，固定虚假诉讼证据，民刑衔接加大了对虚假诉讼的惩治力度。公益诉讼检察部门制发诉前检察建议，责令收回被骗取养老金，社会治理效果较好。

（二）民事检察监督办案凸显精准有效

第一，依法合规实现个案办理精准化。实践中，数字检察的发起点和突破点在检察官日常办理的个案中。[①] 大数据可为具体民事案件的办理提供参考依据，通过对案件事实、法律适用、争议问题等不同要素的数据化处理，在链条式比对的基础上进行关联性分析，从而为

① 贾宇主编：《数字检察办案指引》，中国检察出版社 2023 年版，第 35 页。

个案办理提供指导。[①] 例如，在涉及“职业放贷人”案件中，传统的认定方式过多依赖行为人涉诉次数，常导致证据不足、认定事实依据不强的问题，通过创设“职业放贷人”民事检察监督模型，检察机关通过提取不动产借款抵押登记数据，挖掘“职业放贷人”的真实出借次数，对撞民间借贷诉讼数据，发现“职业放贷人”的民事监督线索，实现对“职业放贷人”民事案件的精准监督。但同时也要注意，运用大数据办理个案不同于个案办理中使用信息化手段，后者是办案中检察机关调查核实的手段措施，信息可以说是证据材料的一部分，而数据信息只有经过要素化处理并与监督点规则化相结合，才有可能成为创建监督模型的基础。

第二，积极探索推进类案监督实质化。民事检察类案监督是指检察机关对进入民事检察监督程序的同类案件中存在的同类问题、不同类案件中存在的同类问题，以及同类案件中存在的不同类问题进行比对分析并提出监督意见的监督模式。[②] 民事检察类案监督的基础在于通过个案比对、类案分析的方法发现类案问题。其中，个案比对侧重于同一法院同类案件的共性问题，主要解决同案不同判问题；而类案分析则是对一个时期、一个区域内特定类型的已生效民事裁判案件进行比较分析。实践中，类案分析法常与大数据法律监督、智能办案等相结合，创建法律监督模型，利用链接技术从类案之间的关联性中发现类案监督线索，再通过检察机关补充调查核实与分析研判工作，推动对串案、批案、类案等案件的实质性监督。例如，通过司法大数据

---

① 王炜、张源:《以数字检察建设提升法律监督质效》，载《检察日报》2023年2月17日，第3版。

② 滕艳军、刘丽娜:《民法典实施与民事检察类案监督机制》，载《中国检察官》2023年第3期。

运算的方式，检察机关可以实现对法院民事执行活动的全过程“穿透式”监督，且这种监督兼具民事执行状态的静态分析和关联事项的动态跟踪，从而使得检察监督在批量化的基础上实现精准化、实质化的要求。[①]

（三）民事检察监督能力得到跨越提升

第一，促进办案数量与办案质量的统一。数字技术被适用于法律监督最初的动力就是提升监督效率，亦即提高办案数量，对于法律监督阶段“案多人少”矛盾最为明显的民事检察尤其如此。在传统民事监督案件办理模式下，对相关领域或者纠纷案件的监督大部分难以实现规模效应，脱离了数字思维，也就遗漏了很多监督点，如网拍房无益拍卖、职业放贷人、规避房地产调控政策的异地房屋买卖、民事诉讼不当适用公告送达程序、虚假套取国家专项基金、民事终本执行、虚假司法确认等违法情形类案监督等，当然也包括某一类案本身的监督点，如在保险虚假诉讼监督中，检察机关即通过分析保险诉讼的全流程，从流程中的各个环节入手，在裁判文书中寻找全流程的监督节点，具体如图5所示。民事数字检察利用信息化智能科技，可以优化监督办案流程，提高办案效率，减少人力资源消耗，从而更快地解决案件问题。同时，民事数字检察还可以通过数据分析和模型优化，辅助检察人员进行案件筛选、风险预测和证据收集，增加取证的准确性和全面性，减少办案风险，提高办案质量和效果，实现质与量的统一。

① 方晗等:《数字赋能民事执行监督的检察实践》，载《人民检察》2023年第5期。

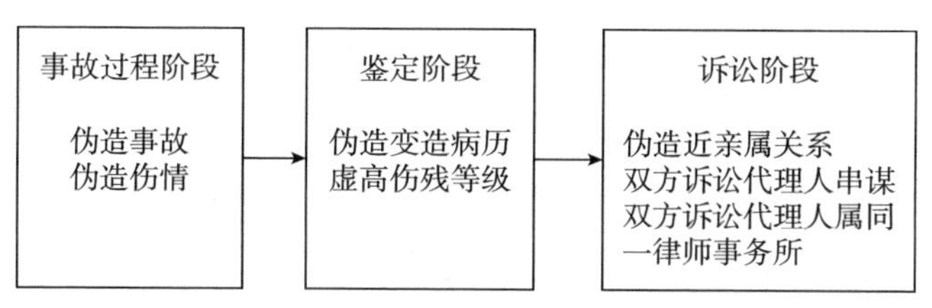

图 5　保险虚假诉讼全流程监督节点[①]

第二，强化监督力量与监督能力的整合。数字检察是法律监督手段的革命，亦是提高法律监督能力的重要依托。[②]数字检察赋能民事检察监督，推动了监督办案视角的转变。通过培育既懂民事检察监督本职业务又掌握数据分析运用技术的复合型人才，整合了监督资源力量。通过建立与高校、科研院所等多方协作联合机制，积极引入科研资源开展联合技术攻坚，实现科技办案能力的延伸拓展[③]，提升了民事检察大数据监督办案能力。

三、民事数字检察建设的困境与限度

数字技术是一场全新的科技文明，在为制度和社会发展带来智慧动力的同时，也存在较大的风险隐患。[④]当前，民事数字检察监督体系机制建设尚处于探索实践阶段，仍不断面临一些新挑战，其发展存在一定限度和实际困境。

---

① 此监督节点图示主要来源于湖南省人民检察院主导研发运用的保险虚假诉讼全流程智慧监督项目监督模型。

② “数字检察”系列社评之五:《紧紧围绕“应用”提升检察工作质效》，载《检察日报》2023 年 7 月 10 日，第 1 版。

③ 项金桥:《数字检察的实践背景与深化路径》，载《中国检察官》2022 年第 9 期。

④ 卞建林:《立足数字正义要求，深化数字司法建设》，载《北京航空航天大学学报（社会科学版）》2021 年第 2 期。

（一）民事检察数字化过程中可能存在的冲突因素

首先，检察机关数字技术能力不足可能导致忽视自主运用大数据赋能法律监督的目的。智慧司法建设是司法系统主导的法律系统与技术系统合作研发进行共建的一项工程。司法机关在与技术资本合作中应当具有相对独立性和主导性。[①] 另外，我国人工智能技术与法学相结合的复合型人才数量远远不足，主要由单一学科背景的技术人员对系统进行研发，研发人员法学背景的缺乏使得智能系统较为僵化，无法与法学专业理论相匹配，进而阻碍智能系统效能的发挥。[②] 现阶段，作为法律监督格局中重要组成部分的民事检察部门，在人员配备、监督能力等方面确实存在不足，再加上技术部门能力不足也是客观事实，司法技术人员与民事检察人员联合组建大数据办案团队，不符合工作实际，也不能成为一种常态化机制。基于此，不少地方常选择“全盘外包”的策略，将大数据监督模型的研发创建、运行维护等工作“全盘外包”给技术公司，正如一种对算法决策现状的描述：“随着代码编写的日趋商务化——代码编写逐渐落入到少数几家大公司中”[③]。在此种情形下，检察机关业务办案和技术人员在整个数字检察建设过程中的方案制定、技术开发、试点运行甚至项目论证验收等方面，参与度不高不深，参与主体地位被弱化，违背了将大数据技术更好嵌入法律监督的目的和初衷。

其次，大数据民事检察监督可能削弱检察人员的主观能动性。一

---

① 张凌寒：《智慧司法中技术依赖的隐忧与应对》，载《法制与社会发展》2022年第4期。

② 彭海清、于坤：《人工智能辅助量刑建议的缺陷审思》，载《数据法学》2023年第1期。

③ ［美］劳伦斯·莱斯格：《代码2.0：网络空间中法律》，李旭等译，清华大学出版社2009年版，第79页。

方面，数字技术具有强大的算力、海量资源的匹配汇聚力、高度精确性等优势，检察人员的参与价值被削减，检察人员与数字技术的主客体关系呈现倒置化趋势，可能导致压缩检察人员介入法律监督活动的空间，民事检察监督数字化面临正当性危机。另一方面，数字技术本身又存在一定的机械性和局限性缺陷，而民事案件的裁判与监督并不只是简单的数字推算，民事案件蕴含的基本原则、司法理念等与司法者的内心确信、自由裁量关联紧密，民事案件的公正审查离不开检察人员的法律业务知识储备，更离不开民事检察人员的司法经验和职业良知。盲目扩大大数据运用对民事诉讼监督案件的功效，必然会导致检察人员对其过度依赖，继而削弱检察人员自身的主观能动性。

最后，监督者与被监督者的身份定位可能导致数据信息壁垒、“数据孤岛”问题更为突出。检察数字化的关键在于数据的开放共享。以民事数字检察为例，主要的数据来源包括检察系统内部检察数据资源的交换与共享，以及与审判机关、公安机关、司法行政机关等政法单位跨部门共享的大数据信息和从政府部门、金融机构、法律服务、仲裁公证机构、行业管理协会等部门、行业获取的数据信息等。《中共中央关于加强新时代检察机关法律监督工作的意见》要求加强检察机关信息化、智能化建设，推进各部门大数据协同办案，但政法各部门之间的数据共享往往基于协同办案的实际需求，常态化共享机制的建立仍有许多机制性、技术性的难题，部门封闭导致的数据壁垒、“数据孤岛”问题仍难以从根本上破除。对于社会相关行业，所拥有的数据只要细致齐全，往往都能反映一定的问题，法律监督能够做到监督有据，而信息不全，对于监督者而言是一种信息困境，对于被监督者则是一种数据优势。基于监督者与被监督者之间的关系，数据信息往往被被监督者或者有关数据源单位通过行业垄断设置成信息壁垒，造成监督治理不具有可持续性。

（二）数字“决策”对民事检察监督公正性和正当性的影响

一般而言，运用好数字技术可为司法决策提供更科学、客观的依据。但如前所述，自动化决策与司法者判断往往存在博弈的过程。我国司法实践中已经推行与运用的诸多智能辅助系统，是基于大数据得以构建，并通过算法得以运行的。然而，研究表明，大数据算法的应用机理在于预测，凡预测必有预期。① 随着数字技术广泛运用于法律监督领域，算法的“先天缺陷”也逐渐暴露，并可能对检察实践产生相应的消极影响。一方面，受制于数据采集的数量与质量，以及算法设计者的能力与认知，算法容易出现偏见和歧视等问题②，这主要是因为，对于人工智能来说，真正困难的工作可能在于大量现实中的法律问题并不存在标准答案，对于法律问题的解答需要在利益、人情、机会等各方面进行权衡，③ 还有一点，司法本就是一种理性的实践，一种经验的积累④，而人工智能欠缺了法律职业活动必不可少的要素：价值观、道德感、情感、审时度势的创造能力、联系实际的工作作风。⑤ 体现在司法应用上最明显的就是法律与技术推进逻辑的显著差异，在行业“极客”的视角下，科技是“不创新，毋宁死”，法律则是“为了正

---

① 陈科宇：《数字检察背景下类案监督的适用困境与出路》，载《法治与社会发展》2023年第2期。

② 关于算法歧视的理论研究较多，虽然聚焦点不同，但司法活动中存在算法歧视或偏见是不争的事实，且受到的关注也较多。

③ 沈寅飞：《人工智能＋法律＝？》，载《检察日报》2017年7月26日，第7版。

④ 单纯、叶茂：《智慧司法异化风险的反思与规制》，载《江西社会科学》2023年第3期。

⑤ 张新宝：《把握法律人工智能的机遇 迎接法律人工智能的挑战》，载《法制日报》2017年6月28日，第3版。

义，哪怕天崩地裂”。[①] 另一方面，算法逻辑构造以及算法分析与决策过程的可知性较低，欠缺公开性与透明度。若过度依赖人工智能技术（数字技术）生成的类案推送等，相对应的可能会减少对当事人举证、质证环节的关注，导致损害当事人的抗辩权与知情权，而当事人即便意识到自己的权利被侵害，也无法因对算法技术存在质疑而获得有效救济。[②] 有学者提出，对科技红利的追求不能忽视程序正义的初衷。[③] 可见，运用大数据行使监督职能过程中加强对算法逻辑的监督与对民事案件本身的监督同等重要。

另外，数字技术的不当运用可能影响民事数字检察监督的准确定位。司法实践中，有的地方偏离了大数据法律监督促进社会治理的价值目标，越俎代庖直接代行公安机关、审判机关或者行政部门的职责；或者将大数据法律监督的重点放在执法司法过失和瑕疵问题上，而对监管漏洞、深层次违法犯罪、社会治理等深层次问题却少有作为。[④] 在民事诉讼活动监督过程中，检察机关的监督范围绝不是无限的，对于一些缺乏法律依据或者属于被监督对象自身工作管理权限内的事项，检察机关不宜进行监督，更不宜将其作为大数据法律监督的履职点创建模型。

四、当前大数据民事检察监督模型构建存在的突出问题

一方面，缺乏构建大数据民事检察监督模型的数字理念和能力。

---

① 单纯、叶茂：《智慧司法异化风险的反思与规制》，载《江西社会科学》2023 年第 3 期。

② 鲁慧雯：《人工智能技术的司法应用与规制研究》，载《北京政法职业学院学报》2023 年第 1 期。

③ 肖建国、丁金钰：《在线诉讼民事检察监督的法律基础与发展进路》，载《司法智库》2022 年第 1 期。

④ 翁跃强、申云天：《数字检察工作中的十个关系》，载《人民检察》2023 年第 1 期。

智慧司法的建设与发展过程是一个信息技术与司法组织进行复杂互动的过程[①]，而作为司法组织行为主体的司法人员的参与必不可少。当前，多种因素导致大数据法律监督的应用操作尚不便捷，削减检察人员使用的意愿。理念是行动的先导，部分检察人员数字检察监督理念思维和应用能力尚不充足，仍困于传统的民事检察监督思维定式或者习惯了既定监督办案模式，对于大数据法律监督模型既不想用也不会用，无法让数字技术发挥最大辅助监督办案功能，一定程度上制约了大数据运用对民事检察监督质效的提升作用。

另一方面，现阶段的大数据民事检察监督模型存在重复建设等问题。监督模型存在的主要问题是应用场景的规范性与实效性还不够。按照主题类别对 2023 年大数据法律监督模型竞赛民事检察相关作品进行概括划分，如图 6 所示。

基于司法实践，结合图 6 可知，一是从广度上看，一些监督模型应用场景体现不出创新性或者创新性还不够强，雷同化、重复建设等问题也较为突出，特别是具有鲜明特色的民事检察监督模型还不够多。有的模型直接以“民间借贷纠纷类案监督模型”“虚假诉讼监督模型”“支持起诉数据模型”“民事审判人员违法法律监督模型”等为题，随着对民事虚假诉讼监督等相关工作认识的不断深入，与之相对应的模型也应在选择“切口”等方面作进一步细化，对于其他地方已经研发运用较为成熟的模型不宜再研发创建，有的模型创建者没有意识到这些，以致开发的监督模型无法精准聚焦模型监督点，难以产生实际应用效果。二是从深度上看，现有民事检察监督模型应用场景的实效性还不够显著，一些应用场景脱离了民事检察监督业务需求，在正常

① 郑智航:《“技术—组织”互动论视角下的中国智慧司法》，载《中国法学》2023 年第 3 期。

的监督业务开展中刻意加强对大数据技术的运用，反而使得运用大数据服务法律监督的能力和水平达不到应有的高度。

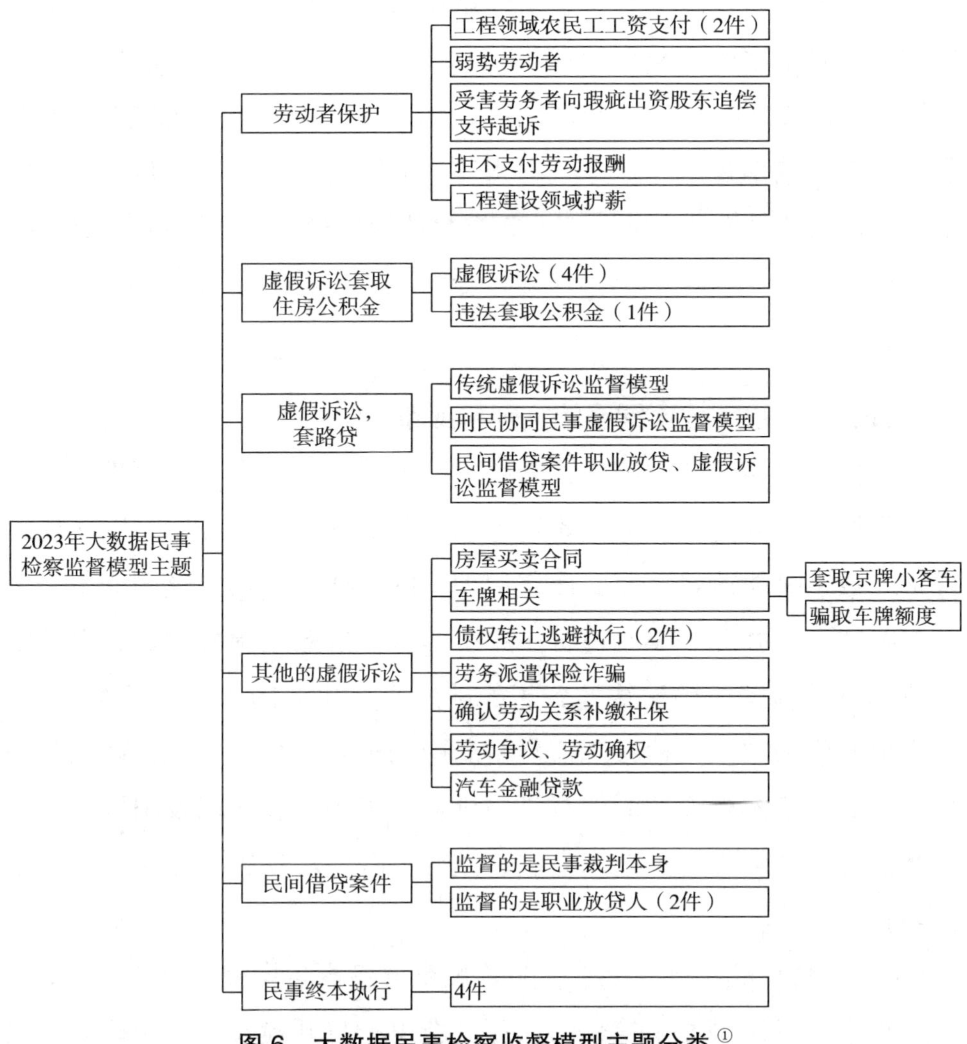

图 6　大数据民事检察监督模型主题分类①

---

① 除图中所列模型外，还有部分零星的模型，主要涉及与其他检察履职融合相关，以及少部分模型与民事检察监督业务的结合还不够紧密，对其实效性进行判断有一定难度。

另外，民事检察数字化还存在相当程度的地方性差异，主要表现在：有的地方能够将大数据技术娴熟地运用到民事检察业务办案中，结合监督履职研发多种模型，实际运用效果也较好，并在一定程度上推动了民事检察监督模型的现代化升级转型，以及促进民事检察工作机制体制的逐步完善。但与此同时，也有不少地方机械运用大数据监督，出现大数据技术与业务“两张皮”的问题，大数据平台建设或监督模型创建和具体业务流程相互游离，相应的技术系统平台形同虚设，业务和技术各行其是[①]，与大数据“强赋能”民事检察监督的目标有一定差距。

五、民事数字检察建设的突破与创新

在数字检察改革进路中，需要不断迭代深化对数字检察理念、思路、目标、任务的认识，积累适应数字革命的规律性经验，以此持续推进“数字赋能监督，监督促进治理”的法律监督模式重塑变革，探索实践“个案办理—类案监督—系统治理”的数字检察路径，以数字化改革创造检察机关法律监督工作前所未有、通向未来的新跨越。[②]民事检察作为“四大检察”监督格局中的重要部分，更需在认识和把握民事数字检察建设的时代意义与价值、表现与成效以及困境与限度的基础上，革新理念、建章立制、充分实践，实现民事数字检察建设的创新与突破。

（一）把握数字时代要求，明确民事数字检察建设规划目标

首先，以民事数字检察的新理念新思维打开检察官思想认知和能

① 王翔:《大数据赋能的地方性差异——基于地方司法治理实践的比较分析》，载《中国行政管理》2022年第3期。

② 童建明:《以大数据赋能新时代法律监督》，载《检察日报》2022年7月18日，第3版。

力拓展的新空间。数字时代，大数据法律监督是大势所趋，运用大数据提升法律监督能力不仅是技术问题，更是理念和机制问题，尤其是社会和经济环境的变化更新对民事司法活动也产生了重要的影响。相较于之前的经济环境，公众的生活和社会经济环境也更新了很多内容，信息数据成为民商事发展中的重要因素。信息数据本身以及其作为技术工具的功能属性导致民商事权益保障方面面临一些新情况、新问题，这就要求检察机关从传统思维向大数据思维转变，树立数据引领法律监督的理念，以数字思维指导科学运用数据方法，一方面结合民事检察监督职能，另一方面超越就案办案的固定思维模式和传统监督路径，在法律框架内合理延伸职能，拓展民事检察监督参与社会治理的深度，以数字理念引领民事检察监督模式现代化。

其次，加强民事数字检察制度建设。从长远看，民事检察监督数字化改革能否落地，大数据技术能否在民事检察领域全面应用，关键在于能否实现制度重塑或者做出大幅度的适应性调整。只有通过制度重塑，才能更好地固化改革成果、放大改革成效，制度重塑的关键，要在组织架构、方式流程、作战方法上适应改革需求，激活内生动力，促进实战实效。[①] 围绕这一要求，要加强对民事数字检察监督的理论研究，设置、参与相关理论课题，建设实施大数据民事检察监督模型的研发创新基地，为民事数字检察向纵深发展奠定理论基础。要加强对民事数字检察环节的管理，全面规范数据信息及案件线索的汇集、发现、研判、办理等程序，稳步拓展数据源，同步加强民事数字检察监督应用监管，严格界定监督权限，将数字检察与民事检察监督结合构建相配套、相适应的工作方式方法、具体流程、体制机制等，并在民

① 兰建平：《以制度重塑促进数字文明》，载《浙江经济》2021 年第 10 期。

事检察监督实践中不断检验成效、纠偏扶正、固化成果，并促成建立民事数字检察制度理论、规范、规则和标准体系，以持续推动民事检察监督数字化理念及监督实践变革更加规范化、体系化、制度化，确保大数据技术与民事检察监督制度的协同发展，为实现更高水平、更高层次的大数据技术赋能提供有力支撑。

（二）规制数字技术应用，提升民事数字检察监督建设效能

数字技术带来高效、规范、便捷等优势的同时，也带来了风险和纠纷。为有效防范与应对数字技术的自身风险，必须以数字技术的发展与规制为主题，形成包含法律规则、政策规定和伦理规范等在内的社会综合治理体系①，并以法治化规范数字化，促进依法规制、合规应用与推动民事数字检察更好发展的相辅相成。

第一，构建数字化法治规范、制度规则体系。传统民事检察监督机制显然有其局限性，无法适应数字技术与诉讼制度深度融合的时代需求②，需要构建在法理和理论上符合民事检察数字化发展趋势且兼具现实可操作性的民事数字检察监督制度和法治规范体系。要着力参与构建以民法典、数据安全法、网络安全法、电子商务法、个人信息保护法、反垄断法等法律为基础，以制度规范、政府运行、社会秩序、司法机制和理论指引等方面③为主要内容的数字法治体系，明确数据收集、处理和使用应当遵循合法正当必要的基本原则。紧跟数字技术的发展态势，加强对涉数字民商事纠纷、数字权利义务和司法规制的

---

① 卞建林:《立足数字正义要求，深化数字司法建设》，载《北京航空航天大学学报（社会科学版）》2021年第2期。

② 肖建国、丁金钰:《在线诉讼民事检察监督的法理基础与发展进路》，载《法律智库》2020年第1期。

③ 马长山:《数字法治的体系性建构——基于2021年以来我国数字法治建设的观察分析》，载《浙江警察学院学报》2023年第1期。

理论研究，从数字权利保护、平台治理、算法治理、区块链治理、人工智能规制等诸多方面[①]入手探索推动建立、完善数字治理规则体系。加快探索构建民事数字检察规则体系，制定出台民事检察数据安全办案规范，推动民事数字检察监督从技术领先到规则引领的高质量转向。

第二，强化对民事检察数据的监督和管理。系统梳理数据源，并对民事检察监督相关数据作进一步合理区分，采取不同的措施拓展监督数据源，争取更多共享信息数据，为下一步大数据民事检察监督的深入开展提供基础支撑。对于政法政务数据如审判机关法律文书信息等，应致力于通过刚性制度促进各部门之间数据的畅通共享融合。重点以政法大数据平台为切入点，全面推进与政法各部门之间的数据和知识共享与业务协同，实现跨层级、跨地域、跨系统、跨部门、跨业务统一共享交换与应用。[②]对于社会数据、行业企业数据如银行、工程建设等领域，重点在于厘清公共数据与私人数据之间的边界，赋予法律监督使用数据的正当性和可行性。加强对民事检察数据的治理，以检察数据质量、数量、模型精度的“质量度”三维目标为导向，真正用好检察大数据，提升民事检察监督质效。[③]

第三，推进智能科技与司法专业知识的深度融合。司法场域对大数据与智能科技在专业性和精准性方面的要求极高，大数据智能技术必须针对司法固有属性和检察监督业务需求进行迭代升级。除此之外，运用大数据进行监督办案还要求数据分析和监督规则提炼，这些都离

① 马长山：《数字法治的体系性建构——基于 2021 年以来我国数字法治建设的观察分析》，载《浙江警察学院学报》2023 年第 1 期。

② 江苏省高级人民法院课题组：《数字经济背景下人工智能的司法应用》，载《法律适用》2023 年第 5 期。

③ 孙凤娟、常璐倩：《赋能新时代：从检察监督走向社会治理》，载《检察日报》2022 年 6 月 29 日，第 1 版。

不开法律、检察专业知识与实践技能。因此，司法大数据与人工智能专用技术的开发离不开司法知识，否则将成为流于一般化的通用技术而失去其核心竞争力。[①]基于此，在推动民事检察监督数字化进程中，要将大数据技术嵌入到民事检察现代化的时代需求中，实现技术原理与检察基础理论和民事检察监督实践紧密结合、有效融合，从而保障大数据法律监督技术路线与方案的专业性、科学性与实效性。同时，也要加强对“数字技术 + 民事检察监督”复合型、领军型人才队伍的培育，培育正确的智能科技应用观念，以数字检察推动新时代检察人员法律监督理念、本领的革新和跃迁，不断提高其对现代化、数字化的把握能力、引领能力、驾驭能力，全面提升民事数字检察监督的专业素养。[②]

第四，积极稳妥推进大数据民事检察监督模型的应用。在司法场景中，技术权力要谨慎进入技术尚不成熟的领域。[③]数字技术自身的发展有从初级到高级的不同阶段性特征，数字技术与司法大数据本身又具有不确定性，民事数字检察也要审慎探索大数据法律监督模型尤其是模型运用的数字技术。对模型运用的智能化功能进行区分，将相对成熟的大数据智能技术纳入法律监督模型，对于那些尚未完全开发运行或者可能涉及需进行合法合规合乎伦理规范审查的技术功能，应等待该项技术功能本身取得突破时再考虑引入检察监督模型创建，亦即采取“成熟一个、推广一个”的循序渐进的方式，有效规避技术风

---

① 王禄生:《大数据与人工智能司法应用的话语冲突及其理论解读》，载《法学论坛》2018年第5期。

② 贾宇:《论数字检察》，载《中国法学》2023年第1期。

③ 王禄生:《大数据与人工智能司法应用的话语冲突及其理论解读》，载《法学论坛》2018年第5期。

险。[①] 深入研究大数据民事检察监督模型应用中的新问题、新情况，及时总结，加大对监督模型的推广应用和指导力度，为监督模型发挥作用提供充足保障。

新时代，数字的深度应用将牵引和带动新时代民事检察监督理念、方式、机制体制和实践层面的重大创新，随之民事数字检察的探索也将围绕大数据对民事检察监督制度的制度性、重塑性变革展开，并将坚持以数字理念思维引导民事检察实践，以信息化系统集成筑牢民事数字检察根基，以大数据赋能激活民事检察监督内生动力，以数字革命驱动民事检察提质增效。民事数字检察建设是一项系统工程，应当自觉主动融入数字检察建设、数字司法建设、数字中国建设战略全局，遵循数字革命的基本规律和要求。同时，民事数字检察建设也是一个循序渐进的过程，时势发展要求不宜不探索或者停滞不前，但更不能冒进，应当在准确把握民事数字检察实质的基础上，充分考虑地方实际，找准自身民事检察业务与数据资源和信息化系统现状的结合点，以创建简单便捷、高效规范、经济实用的大数据民事检察监督模型为切入口和突破点，加快构建形成民事数字检察信息化系统，让数字技术更好地服务于民事法律监督，推动民事检察监督发挥更大整体效能。

---

① 金鸿浩：《以新动能推进检察事业新发展》，载《检察日报》2022 年 10 月 8 日，第 3 版。

优化民事数字检察质效路径研究
——以杭州检察实践为样本

傅东红　董　彬　孙　炜*

摘　要： 数字检察战略是法律监督手段的革命。① 运用大数据赋能提升民事检察管理和监督质效，以"数字革命"驱动新时代民事检察法律监督整体提质增效，是民事检察与时俱进、科学发展的创新之路，有利于推动民事检察监督朝着更公正、更深远、更广大的方向实现。而将数字化落地于民事检察的实践中，不仅需要从源头解决数据来源问题，还面临着数字监督模型不够丰富、民事检察人员技术知识欠缺、监督质效受限等多方面的障碍。由此，在数字检察战略深入实施阶段，探讨如何在民事领域进一步提升数字检察质效尤为重要。

关键词： 民事数字检察　质效　路径拓展

一、民事数字检察的理论诠释与逻辑证成

（一）数字检察在民事领域的价值供给

民事检察是检察机关法律监督职能在民事诉讼领域的具体体现，

---

*　傅东红，浙江省杭州市人民检察院第六检察部主任；董彬，浙江省杭州市人民检察院研究室副主任；孙炜，浙江省杭州市余杭区人民检察院检察官助理。

①　应勇：《学习贯彻习近平新时代中国特色社会主义思想，以检察工作现代化服务中国式现代化》，载《检察日报》2023 年 8 月 24 日，第 2 版。

主要包括对民事生效裁判、审判程序中审判人员违法行为、执行活动进行监督。民事检察的监督范围涉及社会生活的多点多面，事关人民群众的切身利益，在化解矛盾纠纷、促进经济发展、维护司法权威等方面具有不可替代的作用。以生效裁判监督为例，民事案件涉及领域广泛，而基于法律规定，民事检察监督的案件来源多为当事人申请，此类案件基本上已经过法院一审、二审、再审，确有错误的可能性较低，检察机关在法院作出判决后再进行事后监督纠错较难。而法院判决的民事案件数量庞大，民事检察部门依职权进行线索排查、个案研判、精准监督需要耗费大量的时间和精力。

区别于传统“海量数据”，大数据更进一步指出数据的复杂形式、数据的快速时间特性以及对数据的分析、处理等专业化处理，最终获得有价值信息。[①]数字检察的本质是检察机关利用大数据技术履行法律监督职能的一种新形态，集中表现为在履职过程中对业务规则进行梳理分析，通过法律监督模型和配套系统的开发和使用，对具有法律意义的数据进行归集、整理、碰撞、挖掘。具体来看，数字检察是以数据为关键要素，通过算法快速、准确地执行特定数据的处理过程，把给定的法律监督信息转化为符合算法设定预期的结果，这些过程与检察人员基于法律条文的文本化解释逻辑过程具有同构性。

数字检察的终极目标是将技术理性转化为制度理性，通过数字赋能推动检察办案、监督、服务、管理等方式方法得到显著提升。[②]将大数据运用在民事检察领域，可以大大降低个案线索挖掘、研判的前

① 马建光、姜巍：《大数据的概念、特征及其应用》，载《国防科技》2013年第2期。

② 叶伟忠：《以数字化改革赋能民事法律监督》，载《检察日报》2021年6月23日，第5版。

期成本，亦可以通过对个案的监督，分析同类案件、总结同类问题，基于串并案、类案之间的关联性、相似性撬动类案监督。从这一意义上来说，大数据的鲜明特征与民事检察的监督目标高度契合，而民事案件数量多也意味着数据资源体量巨大，正是发挥数字检察重要作用的重要阵地，数字化手段有利于推进民事检察工作现代化，拓宽民事检察监督的广度和深度。

（二）数字检察在民事领域的运用困境

数字检察是突破案卷桎梏、打开类案监督大门的“金钥匙”，然而，要将大数据真正赋能于民事检察领域，从构思、创建到运用仍存在一些亟待回应的问题。

第一，数据资源协作仍有一定壁垒。数字检察的原始资源与核心生产要素是数据。[①] 在民事领域铺开数字检察工作的前提条件就是能获取“全样本”数据。而民事纠纷案由多种多样，涉及的行政职能部门较多，所需要的数据也比较繁杂，从基层检察院的视角来看，数据壁垒问题越发明显。一方面，同一行政区域内数据获取渠道较窄。基层院往往要个别地与相关职能部门签订数据共享机制文件，从而获取需要的数据，但未能完全在系统上、平台上实现互通对接，更依赖于职能部门积极配合，通过人工移交数据、移送线索，导致民事检察部门仍处于被动地位。另一方面，跨行政区域数据共享通道未打通。由于行政区域划分、案件管辖等因素影响，不同区域之间尚未实现数据互通互联，跨区域的数据样本不足，容易导致线索被遗漏。另外，利用大数据模型排查出线索后，仍需检察人员深入进行调查取证、分析研判。而实践中获得其他行政机关的配合与支持仍存在阻力，民事检

① 马春晓：《数字检察的缘起、实践与理论建构》，载《南京大学学报（哲学·人文科学·社会科学版）》2023年第4期。

察部门调查取证工作受限，影响数字检察监督成效。

第二，数字模型构建存在客观阻力。民事检察涉及人民生活、经济活动的方方面面，但基层院民事检察部门办理依申请生效裁判监督案件量少，要从案件办理中汲取数字化“灵感”比较困难，而且监督的案件多为民间借贷虚假诉讼、民事执行活动等，合同、知识产权等其他类型较少，进而导致数字监督模型的类型也略显单一，这与法院受案数量、类型不匹配。由于数据资源等限制，各基层院民事检察部门往往选择“小切口”，例如，在涉终本执行案件监督中，建德市检察院选择与社保缴存数据进行比对，杭州市余杭区检察院则以公积金缴存数据作为建模基础，后续杭州检察机关陆续针对车辆、养老金等数据建立模型，但未能聚合成一个覆盖各类财产线索的模型，数字模型多且较为分散，在个案办理时需要切换多个模型。另外，由法律业务规则到数字化算子规则并不是画等号的关系，是由“抽象”转化为另一种“抽象”的过程，在数字模型搭建时思路不够清晰，逻辑不够严密，筛选出的线索精准度还有待提高，导致后续人工核查的工作量大，影响监督效率，未能充分发挥数字化的优势。

第三，数字人才素能不够扎实充分。从思想认识上看，民事检察人员普遍树立了数据赋能法律监督的意识，但数字检察并非简单的“大海捞针”工具，民事检察人员综合能力素质还未跟上数字检察发展的步伐。民事检察人员深耕于民商法知识，是法律领域专家，但跨领域知识储备不足，缺乏对大数据、人工智能等技术名词的深入学习和掌握，对数据分析、数据运用、数据建模的认识和理解不深。民事检察部门相对刑事检察部门来说，人员配备较少，有些基层院民事检察部门仅有一名员额检察官，办案压力较大，基础力量较为薄弱，主动学习数字化知识确有负担。办案力量紧张叠加监督案件较少因素，导致目前基层院民事检察部门多以上级院开展的数字检察专项活动为主，相较之下自发的探索创新有限。此外，类案背后存在职能、监管等制度层面缺失的可能性，这为检察机关参与社会治理提供了最佳切入点[①]。实践中，类案监督较为普遍的做法是制发个案检察建议、与相关职能部门建立常态化机制，但发现的多为程序瑕疵性、浅表性问题，未能深层次剖析有关行政机关履职中存在的问题，参与社会治理的意识和融合度不够。

二、民事数字检察的杭州实践探索

杭州是数字检察的先行地、引领地，并通过了全国首个《关于推进数字检察加强新时代法律监督工作的决定》，成为浙江省全域数字法治监督体系建设试点成员。杭州检察机关民事检察部门牢固树立数字检察工作的大格局，紧密结合民事检察各项工作实际，清晰定位民事检察数字化的发展路径，努力用杭州实践破解民事领域数字检察赋能难题。

（一）重视顶层设计，强调数字化监督理念

思想是行动的先导，数字检察已成为检察工作提质增效、转型升级的重要引擎。为推进民事数字检察项目有效开展，杭州检察注重加强组织领导机制，就重点项目分别成立由检察长担任组长的领导小组，从组织领导层面加强大数据战略顶层设计，有效整合“四大检察”力量，全程把控案件查办质效，及时解决民事检察调查和监督过程中遇到的各类问题，实现重点案件的快速突破和融合监督的有力推进。在纵向管理上，一方面，杭州检察通过数字检察工作部署会议，优质案

---

① 金庆微：《数字检察引领下民事诉讼类案监督的实践与发展》，载《中国检察官》2021年第11期。

件专题分享、“检察官教导团”授课等方式，强化民事检察干警的数字化思维，提前谋划布局数字监督，并将数字检察工作纳入条线考核，发挥“指挥棒”的引导作用。另一方面，杭州检察始终坚持效果导向，强调要将数字检察与优化营商环境、解决群众“急难愁盼”等民事检察工作重点相结合，用数字化手段服务办案实际，努力做到实质性问题监督。

（二）扩充数据基础，提高监督模型转化率

杭州检察机关民事检察部门秉持突破、创新、应用的原则，用实际行动将数字赋能工作理念落到实处。首先，主动搭建数据集成共享中心。近年来，杭州检察牵头搭建全域数字法治监督平台，努力破除相关部门间的数据壁垒，扩大基础“数据池”，多渠道采集法治监督数据和各领域业务数据，为数字监督模型创建和个案、类案精准监督储备了海量的线索基础。其次，建立健全一体化办案机制。杭州检察充分整合民事检察上下一体优势，积极构建一体化办案模式。对于研判监督效果较好的类案，杭州检察同步跟进基层院进行协调，调配全市民事检察力量成立专案组，协同推进线索排查工作，实现一案多效。最后，坚持“以学促用、以用促学”。杭州检察在每年度的全市民事检察业务条线培训中增加了数字检察教学模块，补充数字化知识，同时发挥实践办案优势，不断挖掘数字化可能性，两级院共建立数字监督模型 20 余个。

（三）突破办案难点，聚焦深层次监督实效

杭州检察机关民事检察部门立足于办案实践，紧扣监督重点，围绕办案需求，坚持“量”与“质”并重开展数字检察工作。全市两级院除积极按照浙江省院部署开展多项数字检察项目外，还自行探索开展了“涉赌博类民事生效裁判监督”“涉公积金终本执行类案监督”“涉被执行人死亡执行监督”等数字检察项目，在多个民事检察监督难点上实现了破“零”，全市检察机关通过数字检察监督模型发现线索并提出监督意见的民事生效裁判监督案件和审判、执行活动监督案件，在数量和占比上均显著提高。此外，杭州检察坚持数字赋能与“四大检察”融合监督并行推进。以网络司法拍卖民事执行监督专项为例，杭州两级院以“带长租网拍”为突破口，通过数字监督模型，除筛查出大量个案监督线索之外，还进一步调查发现多个深层次问题，将线索移送至其他检察业务部门，并针对普遍性问题向有关单位制发了社会治理检察建议，以数字赋能监督促进源头治理、系统治理，实现一案多效。

三、提升民事数字检察质效的路径拓展

数字检察既是检察机关践行全面依法治国的实践创新，又是推进检察工作现代化的必然选择。[①] 检察机关需在机制、能效、人才等层面持续升级发力，以数字检察工作推动民事检察监督工作提质增效。

（一）持续拓展民事检察数据来源渠道

从数据资源获取到数字模型构建再到案件精准监督，整个过程需要检察系统内外齐发力。在纵向维度，检察机关要继续加强一体化统筹和指导，针对民事检察生效裁判监督“倒三角”情况[②]，上级院可将案件办理中发现的线索交由基层院进行数字化构思，同时常态化开展民事数字检察研讨会，协助基层院对类案监督点和类案监督规则进行梳理，及时做好全市层面的数据采集、模型构建、成果运用和推广等

---

① 王洪松：《推进基层检察工作现代化的思考》，载《中国检察官》2023年第5期。

② 彭艳妮、刘雷：《民事再审检察建议类案件实证研究》，载《中国检察官》2020年第7期。

各项工作，发挥两级院互补作用，促进形成上下联动、左右互动、整体推动的良好工作格局。在横向维度，推动与其他行政机关的协作共建，尽可能在市级层面与行政、执法、司法等机关借势借力，共同商讨数据对接、互通、共享通道，破解基层院获取外部数据的核心难题，充实数字模型比对样本，拓宽案件线索获取渠道。同时，将协作覆盖“数据源头—调查取证”全过程，保障民事检察人员依法行使调查核实权，提高监督成案率，让数字赋能切实落地，助力精准监督。

（二）继续打磨民事检察数字模型系统

大数据、数字化是辅助民事检察工作提高质效的利器，推进数字检察亦应以“质”为核心展开。一方面，检察机关要坚持全院“一盘棋”，打破“四大检察”之间的信息壁垒，推动民事检察部门与刑事检察等部门业务信息互通互融、线索移送，同时以融合监督思维审视个案线索，达到一个数字模型实现“一案多查、一案多效”的效果，更要加强与技术保障部门的沟通，将全面、高效、准确的实际应用效果作为落脚点，探索将数据分析领域运用比较广泛的数据挖掘、可视化等技术运用到数字检察的场域中，共同构建精确度高、逻辑严密、运行流畅的数字模型。另一方面，检察机关应继续推动民事检察数字化项目的应用集成。要充分发挥检察机关一体化优势，不仅要纵向联动发掘数字化“金点子”，还要横向整合成果，研判现有民事检察数字监督模型的法律逻辑、技术逻辑，逐渐将“小切口”集约化、体系化过渡到“大系统”，形成重点领域类案监督的集成声势和整体成效，如民事执行活动聚合监督，充分发挥数字化的效率优势。

（三）不断丰富民事检察类案监督类型

民事纠纷涉及的类型多种多样，法院作出的裁判数量大，这对于民事检察工作来说，既是挑战也是待挖掘的数字化“富矿”。在意识上，民事检察人员要强化数字检察思维，深刻认识到在数字化时代推进民事数字检察工作的重要性，切实将数字化认知渗透到民事检察监督办案过程中，应当立足民事检察监督规则划定的权限和重点，将监督视角从执行活动覆盖至人民关心关切的多类型生效裁判领域，以及审判人员违法等监督难点。在办案中，民事检察人员要及时总结监督思路、工作方法，结合本地经济、社会发展和纠纷特点，增强从个案监督中发现异常现象、异常问题的敏锐性。同时，要提高在生效裁判监督中解析数据元素、模型算子的逻辑能力，保证业务需求与数字建模需求之间流畅转化，灵活运用大数据手段进行梳理分析，以个案为切口梳理出类案的一般特征、数据需求和碰撞方向等规律性认识，不断尝试利用数字化拓宽履职思路。

（四）深度促进民事检察参与社会治理

数字检察的实质价值在于发现与推动破解执法司法权力运行及社会治理中的深层次问题，保障法律的正确实施，彰显着让人民群众在每一个司法案件中感受到公平正义的法治追求。[①] 民事生效裁判涉及经济、生活的各个触角，民事判决的执行情况、民事检察监督的办案质量都将影响人民群众对司法权威的认同感。民事检察部门应当主动穿透纠纷外壳，将依法监督与促进社会治理相结合，如依托“检察e站”铺开线上多元化纠纷解决路径，把检察履职传送到群众的家门口、手掌上，将“枫桥经验”嵌入检察监督全过程。同时，要继续践行“数字赋能监督、监督促进治理”的共识，进一步增强参与社会治理的责任心和敏锐性，深入发掘普遍性问题，通过制发社会治理检察建议促进源头治理、系统治理，做好检察监督的“后半篇文章”，条件成熟

---

① 高景峰:《法律监督数字化智能化的改革图景》，载《中国刑事法杂志》2022年第5期。

的可以调研报告等形式向政协、人大反馈、提出建议，推动相关立法完善，从而形成数字检察“个案办理—类案监督—系统治理”的闭环，为破解社会治理难题贡献具有含金量的检察方案和智慧，努力实现检察权发展与国家治理的同频共振。[①]

（五）着力培养数字人才队伍

人才是民事数字检察发展的关键因素。民事检察部门可以充分借助本地高新技术企业、高校等“外脑”资源，通过专家授课、实地参观等方式，与互联网、计算机等相关领域专家、学者、技术骨干进行交流学习，把数字检察解构成知识点，不断提高民事检察人员对现代化、数字化的把握能力。另外，要继续强化实战实训，增强人才数字化技术应用能力。民事检察部门要积极动员骨干力量参加检察机关数字建模类竞赛，借比赛激发数字监督灵感，以实战演练促进能力提升，结合办案实践，在生效裁判、审判执行活动监督中充分挖掘数字化可能性。同时，通过“理论+实践”双重标准，建立民事数字检察人才库，锻造一支精业务、懂数据的复合型人才队伍，针对可复制推广、监督效果好的类案进行集中性研讨，上级院亦可对下级院参赛或初步构思的数字监督模型进行指导完善，让创意落地运用转化为监督实效，充分发挥一体化优势以及数字人才“第一资源”作用，为新时代民事检察工作提供有力保障，助力推进民事检察工作现代化进程。

① 马春晓：《数字检察的生成逻辑、实践范式与发展面向》，载《中国政法大学学报》2023年第6期。

民事检察数字化的实践路径与未来展望

黄宇峰　张子业[*]

摘　要:《中共中央关于加强新时代检察机关法律监督工作的意见》对加强检察机关信息化、智能化建设提出明确要求，随后全国检察机关全面启动检察大数据战略。截至目前，全国检察机关在检察业务数据化及检察数据业务化阶段已取得不少成绩，并逐步开启智能化探索。本文试图在厘清民事检察数字化概念的基础上，通过梳理民事检察数字化面临的困境与现有实践，从数字化要素参与的角度，构想民事检察数字化未来的发展方向。

关键词: 民事检察数字化　大数据民事法律监督　监督模型　智能化

一、民事检察数字化概念及困境

民事检察数字化概念决定了民事检察数字化的发展半径，民事检察数字化的发展困境指引着民事检察数字化未来的发展方向。

（一）大数据民事法律监督与民事检察数字化

在大数据战略背景下，学术界与检察系统大多从本体、现象及策略等角度将大数据术语与检察监督进行融合表达。[①] 目前主要存在“大

* 黄宇峰，浙江省嵊州市人民检察院检察长、四级高级检察官；张子业，浙江省嵊州市人民检察院检察官助理。

① 刘品新:《论大数据法律监督》，载《国家检察官学院学报》2023 年第 1 期。

数据民事检察监督”与“民事检察监督数字化”两种概念。

虽然两种概念基本采用了“技术手段＋法律概念”的组成方式，但由于“大数据”与“数字”的文义解释[①]不同，使得两种概念产生了不同的内涵与外延。大数据民事法律监督，是指将已经数字化的信息，通过比较、关联、分析等加工处理得到进一步信息，其逻辑链条是“数据—信息”。例如，利用大数据法律监督模型将已经数字化的各类数据通过碰撞分析获取监督线索。民事检察数字化是指原有的检察办案卷宗及办案方法等纸质材料都转化为可以数字化存在的各类数据，然后将数据作为生产资料，把算法作为生产工具，用数据来优化甚至设计业务，让数据逐渐成为影响乃至主导业务的驱动要素之一。这一数字化过程不仅囊括了检察办案、检察管理、检察服务等业务[②]，而且包含了“数字—数据”的数据产生阶段，“数据—信息”的数据加工阶段，甚至可以延伸出“信息—业务”的数据再生产阶段。

由此可知，大数据法律监督应属于检察监督数字化的下位概念，大数据法律监督主要强调数据辅助检察办案的工具价值，而检察监督数字化不仅包含大数据概念，还包括运用云计算、人工智能、区块链等新技术赋能检察监督的本体性价值[③]，未来具有更加广阔的发展空间。故本文在民事检察数字化的概念下进一步探讨民事检察数字化的现有路径及未来发展方向。

---

① 数字是一种符号，是原始信息，更注重其本体价值。数据是经加工过的有意义的信息，更强调其工具价值。

② 滕艳军：《民事检察现代化的数字之维》，载《检察日报》2023年10月25日，第7版。

③ 翁跃强、申云天：《数字检察工作中的十个关系》，载《人民检察》2023年第1期。

（二）民事检察数字化困境

“四大检察”领域虽然都在同步推动数字化建设，但基于检察业务的不同，其在数字化建设的方向和方法上需有差别地推进。由于民事检察与其他检察部门扮演的角色不同，民事检察数字化呈现具有鲜明特点的数字化困境。

1. 角色定位带来的数据困境

检察监督数字化不仅需要检察机关的内生数据，更加需要源自司法机关、行政机关的外延数据以及覆盖广泛的社会数据。因“四大检察”在检察监督过程中扮演的角色不同，其获取外部数据的难易度并不相同。例如，在刑事案件的办理过程中，检察部门不仅承担监督者的角色，也作为一方主体参与整个案件办理，参与者与监督者的双重角色使其在数据获得上具有得天独厚的优势。民事检察部门作为单纯的法律监督者，要想获得法院与公安机关的数据就较为困难。例如，在民事检察办案中，检察机关尚不能批量调阅法院的审判、执行活动数据。民事检察监督案件只能从法院已经公开的有限数据与零散的社会数据中进行初步查证，但这些数据只能反映浅表性行为违法，不能满足深层次监督的需求，从而导致监督效率与监督效果大打折扣。

2. 智慧法院带来的新挑战

随着人工智能在审判执行工作中的深度应用以及相关配套机制的跟进，案件发生实体错误和程序违法的概率已经大幅降低，尤其是程序性违法行为得到有效遏制。以人工智能应用水平较高的杭州互联网法院为例，2019年度涉网案件的一审服判息诉率达99%，自动履行率达98%，留给民事检察监督的空间已极其有限。

3. 检务技术标准化和深度运用不足

目前，各地检察机关正在应用的检务技术手段不仅尚未统一，且都停留在比较简单的层面。首先，在民事检察数字化领域，各地科技基础条件和成效进展并不均衡，由于不同部门对数据开放的权限、范围、方式等存在一定分歧，地域、部门之间的壁垒没有打通，各地各层级检察机关尚未形成统一配置适用的技术手段与平台，技术标准化运用任重道远。其次，实践中“侦查、调查、审查”不仅缺少融合机制，更加缺乏信息技术与平台支撑。现有民事检察数字化技术应用尚停留于浅表层次的信息提取与数据筛查，大多应用于线索排查。面对复杂的检察监督线索，如何通过调查核实转化为案件，尚需要深层次的技术应用，突破民事检察监督调查核实难的“瓶颈”。

二、民事检察数字化的阶段特征

民事检察数字化是一项系统工程。从技术发展史看，民事检察数字化的现有实践总体可划分为三个阶段：检察业务数据化、检察数据业务化、检察业务智能化。以时间为轴线，三个阶段的发展整体上呈现比较明显的先后关系，但对个体的一个时间段而言，表现出交互发展态势。此外，由于阶段发展侧重不同，具有不同特征。

（一）检察业务数据化：信息化阶段

信息化是一种管理手段，信息化的工作就是让管理信息化，因此这一阶段主要服务于检察管理与检察服务业务。民事检察信息化通过采用案卡回填、文书自动生成、移动阅卷等技术，将检察文书进行解析、识别和提取，自动生成表格式、要素式的数据，实现案件的受理、分配、审查、办结等业务流程的线上管理，并通过强化流程节点管理，对程序性违法风险进行预警，规范办案程序，帮助各科层的检察办案人员了解“案件现在是什么情况”“流程进展到哪里”等动态信息，从而实现流程监控、质量评查、数据核查、分析研判等工作的数字化精准管理。[①]

业务数据化过程帮助检察官从重复性、机械性劳动中解脱出来，大量的检察业务数据也得以产生，因此有了讨论数据乃至大数据的必要性。但业务数据化过程偏重于为基层一线减负，重在管理，只记录业务过程，生产业务数据，就如何运用检察数据批量发现案件线索、解决案件问题还是延续传统的马克斯·韦伯“科层制”模式[②]，也就是说，该阶段的数字化只解决了“业务—数据”问题，“数据—问题—决策”阶段的数字化尚未触及。

（二）检察数据业务化：数字化阶段

与“检察业务数据化”单向采集检察内部数据不同，检察数据业务化阶段的检察数据将突破数据壁垒、谋求数据共享作为重点，司法机关与行政机关及其他外部数据的加入，为数据赋能业务办理提供强大动能。检察数据业务化主要表现为以下两种形式：

1. 民事检察监督大数据平台

意识到法律大数据的重要性仅是科学启蒙，法律大数据的基础性建设才算迈向“工业革命”的第一步。[③]民事检察监督大数据平台的建设，不再局限于检察系统自身平台与内部数据的应用，而是更加积极地参与政法跨部门一体化协同办案数据共享。例如，嵊州市检察院打造的数字“枫桥经验”法律监督服务平台，已打通基层治理四平台、

① 滕艳军：《民事检察现代化的数字之维》，载《检察日报》2023年10月25日，第7版。

② 科层制是建立在马克斯·韦伯的组织社会学的基础上的，是一种权力依职能和职位进行分工和分层，以规则为管理主体的组织体系和管理方式，既是一种组织结构，又是一种管理方式。

③ 程金华：《反思中国法律大数据的基础建设》，载《中国法律评论》2018年第2期。

12345 政务热线、矛调中心、司法监督中心、行政执法中心等数据壁垒。截至 2023 年 7 月底，已汇集上述基层治理类信息 40 万余条。借助大数据平台，在"府检联动"框架下各行政机关在社会治理领域采集和产生的数据资源，正逐步整合形成覆盖社会发展各领域的民事检察数据资源。并且通过该平台的焦点匹配功能，已在食药安全、环境资源、虚假诉讼等领域梳理排查线索 1500 余条，开展类案监督成案 28 件，搭建和研发数字监督模型 10 个。

2. 民事检察监督大数据法律监督模型

大数据法律监督模型的运作逻辑，是法律人比较熟悉的司法三段论。[①] 目前法律监督模型之所以成为大数据战略落地的核心关键，主要在于法律监督模型的底层是演绎逻辑，与法律哲学的底层方法论一致，最能匹配一线检察官的思维方式和办案模式，辅之以民事检察监督大数据平台集成的海量数据，基本可以实现民事检察监督线索的批量发现与类案办理。

目前民事检察监督的数字化探索已经进入"深水区"，初探阶段的"小、精、专"务实优势，正在转化为大数据法律监督模型集约式发展的困境：

（1）建模同质化问题突出，尚未形成同类别监督模型的集成应用。民事检察法律监督模型开展初期选择了"小切口"建模方式，一方面是基于检察办案的主动选择，"小切口"建模更利于案件审查，能够更具针对性地发现类案线索；另一方面是迫于数据资源限制而被动接受，比如，某市检察院开始想搭建"终本案件被执行人财产线索发现模型"，但因当时能够拿到的数据有限，只能退而求其次，选择搭建

① 鲁建武：《大数据战略背景下检察监督能力提升路径探索》，载《科技与法律》2023 年第 1 期。

"涉社保终本执行类案监督模型"。之后，各地检察部门才逐一突破数据限制，逐步完成对终本案件被执行人是否有车辆、房产、公积金或股权等模型建设[①]。该批模型虽具有很强的相似性，但由于开发时间与开发主体不同，依旧散落于不同的监督场景中，尚未实现同质化模型的集成应用。

（2）重经验共享，忽视检务技术手段应用。目前支撑大数据法律监督模型的检务技术手段以开放式信息抽取与交集算子运算为主。例如涉住房公积金终本执行类案监督模型与涉被执行人主体失格类案监督模型，虽然数据需求与建模步骤不大相同，但应用的都是开放式信息抽取与交集算子运算技术（如表1所示）。在"一地突破，全域共享"的模型推广实践中，由于上述两项技术尚未有平台依托，模型共享大多仅限于建模过程。各院若是自行搭建检务技术平台，则会导致大量的重复建设，浪费科技资源，若是仅学习模型建构思路，因缺乏技术支撑，则会走向人工筛查的老路，从而背离数字模型的初衷。

表1　类案监督模型对比

模型	数据来源	建模过程			
		第一步	第二步	第三步	第四步
涉住房公积金终本执行类案监督模型	1.终本案件数据；2.被执行人失信名单；3.住房公积金账户名单	从终本数据中提取执行案件案号、被执行人姓名、公民身份号码、执行标的金额、结案时间等信息	将上述终本案件数据和住房公积金账户中有存储余额但未被人民法院执行局冻结的数据进行碰撞	将碰撞出的数据以被执行人年满60周岁为条件，筛选出被执行人因退休符合住房公积金提取条件的数据线索	从基础数据中筛选出被执行人提取住房公积金金额超五万元且提取时间在执行阶段的名单，从而初步锁定案件线索

① 傅东红：《遵循四条路径纵深推进民事数字检察》，载《检察日报》2023年10月25日，第7版。

续表

模型	数据来源	建模过程			
		第一步	第二步	第三步	第四步
涉被执行人主体失格类案监督模型	1. 火化人员名单；2. 民事终本执行案件被执行人清单；3. 民商事案件清单；4. 失信人员名单、限制高消费人员名单	将终本执行案件被执行人清单、民商事案件清单分别与火化人员名单进行碰撞，筛取参与过民事诉讼死亡人员名单	将当事人死亡的执行终本清单与失信人员名单、限制高消费人员名单进行比对	分别对当事人死亡的执行终本案件和当事人死亡的审判案件就死亡时间与立案时间、结案时间进行比对	对执行终本前死亡的案件调卷进行审查，得出需要监督的案件

（三）检察业务智能化：智能化阶段初探

《2023—2027年检察改革工作规划》提出的积极构建“业务主导、数据整合、技术支撑、重在应用”的数字检察工作模式，指引了民事检察监督的智能化方向。检察业务数字化、检察数据业务化与检察业务智能化的差异，根本上源于管理者对“数据和业务关系”认知上的差异，这种认知不仅是技术层面的选择，更是基于对大政方针、社会治理、体制机制、检察组织管理和业务办理的深度思考，绝非选择和实施一个软件系统来替代传统人工管理的简单替换。

近年来，一些基层院的数字化实践在经历了检察业务数字化、检察数据业务化后，开始进行检察业务智能化探索。例如，嵊州市检察院研发的资金交易流水分析系统，通过在一个平台上实现“数据+技术+平台+思维认知”四个要素的有机统一，整合检察业务数据化与检察数据业务化的已有优势，运用AI深度学习技术，构建数据智能感知模型，自动发现隐藏在数据中的潜在信息和深层次关联关系，基本可以实现智能捕捉定期交易、关键事件节点资金转移等案件异常情况，具体发展阶段如表2所示。

表 2 资金交易流水分析系统

要素	模块应用	数字化阶段
“数据 + 技术”	格式清洗不同银行不同格式的资金建议流水，具有共同交易账户查询、对象关系叠加分析、账号画像统计分析等功能	检察业务数据化
“数据 + 技术 + 平台”	所有功能全部附着于“资金交易流水分析系统平台”，只要获取账号密码便可实现数据与技术的全部共享	检察数据业务化
“数据 + 技术 + 平台 + 思维认知”	检察官与技术团队深度合作，不断优化平台功能，突破场景限制，只要涉及资金交易流水分析的案件都可应用该系统。目前该院刑事检察部门已应用该系统办理非法集资、医保诈骗类案件，查清了相关资金流向；民事检察部门也正积极推动该系统向个人债务集中清理等新领域拓展	
机器的自我学习	AI 深度学习技术	检察业务智能化

三、民事检察的数字化要素

检察数字化的每一阶段都离不开“数据、技术、平台、思维与认知”四个数字化要素的深度参与。

由于数字化要素侧重有所不同，民事检察数字化的各个阶段呈现不同特点。如表 3 所示，检察业务数据化阶段采用“数据 + 技术”的模式，重心在于以技术提取业务数据，生成民事检察数字化的数据语料。检察数据业务化阶段则将工作重点放在平台建设与思维认知上，通过打通跨部门一体化协同办案平台建设，实现数据共享，通过构建大数据法律监督模型，以经验驱动代替数据驱动，使办案经验与数字思维以数字化方式获得广泛推广，实现数据赋能批量发现检察线索。民事检察智能化发展阶段，更加强调“数据 + 技术 + 平台 + 思维与认知”四个要素的均衡发展，四个数字化要素相互交织，形成民事检察数字化这台巨型机器的血肉、骨骼、思想与灵魂，它能够随着时代的要求不断进化出新的生命力。

表 3　民事检察的数字化要素参与度

要素	角色定位	检察业务数据化	检察数据化		检察业务智能化
			大数据平台	大数据法律监督模型	
数据	语料	“数据 + 技术”（重技术）	“数据 + 技术 + 平台”（重平台）	“数据 + 技术 + 平台 + 思维与认知”（重思维与认知）	提质升级均衡发展
技术	工具				
平台	载体				
思维与认知	神经网络				
机器的自我学习	深度融合				

四、民事检察智能化发展方向

大数据战略的最终目标是重新塑造检察监督格局。新时代，检察机关亟待从“点”升级到“面”扩充到“体”以回应检察监督的格局问题。[①] 检察业务数字化主要解决“点”的问题，检察数据业务化主要解决“面”的困境，而检察业务智能化将会突破“体”的束缚。由于检察业务智能化尚处于起步阶段，需要大量的技术支持与制度保障，推动检察监督模式的系统性变革与格局重塑，明晰其未来的发展方向，可以参照以下路径：

（一）升级路径一：“检察官 + 技术员”的角色嵌入

民事检察部门的单一监督者角色不可避免地带来跨部门数据共享壁垒，在加强部门协同以制度化规范打通数据壁垒的同时，也要积极地提升自身角色，通过自身角色的转变升级去弥补原生角色的不

① 鲁建武：《大数据战略背景下检察监督能力提升路径探索》，载《科技与法律》2023 年第 1 期。

足。将一线检察官和技术人员整合为一个团队，让技术人员入驻检察机关，真正了解检察监督业务，理解检察监督需求；让检察官的角色由“游离”转向“嵌入”，不仅关注理论研究、伦理规制、实践观察与成效评估，还要实质参与技术研发，扮演法律知识工程师的角色。[①]以“检察官+技术员”的角色升级实现数据应用的升级，从单向的采集或翻译数据转为双向链接和应用数据，从事后汇总数据、分析数据转变为事中就能够链接数据并借助数据优化业务，从被动应用数据转变为主动要求设计数据。通过数字技术与检察监督业务共成长，明确“以业务为主导，以技术为支撑”的数字化监督办案模式，让技术能力根据检察监督业务的需求进化迭代，把既有大数据功效发挥至最大。[②]

（二）升级路径二：“办案经验+技术手段”的平台共享

知识与经验因为有了纸张作为载体才得以长久地传播，办案经验与检务技术同样需要平台作为载体进行推广。在检察智能化阶段，平台将作为重要的传播载体，成为整合数据、算力、知识库的检察大数据中心，不仅负责为一线团队提供算力、数据库和其他智能辅助工具的支持，也将促进各地检务技术手段的大融合，通过平台共享实现办案经验与技术手段的双重共享，从而真正实现“一地突破，全域治理”。

（三）升级路径三：“线索发现+调查核实”的智能辅助

面对民事检察线索多但成案难的监督困境，提升办案人员调查核

① 王禄生：《论法律大数据“领域理论”的构建》，载《中国法学》2020年第2期。

② 鲁建武：《大数据战略背景下检察监督能力提升路径探索》，载《科技与法律》2023年第1期。

实能力成为急需解决的问题。检察数字业务化与检察业务数字化阶段常用的检务技术大都限于交集算子运算、开放式信息抽取等线索发现类技术，可用于调查核实的智能辅助技术尚未被大量开发与应用，因此，在检察业务智能化阶段要更加注重云计算、人工智能、区块链等新技术的调查核实功能，依靠数字化手段提供的智能辅助，提升“三查合一”办案能力，进而打通刑事检察、民事检察、行政检察、公益诉讼检察之间的业务壁垒。

（四）升级路径四：“业务办理＋社会治理”的空间拓展

面对智慧法院对民事检察监督的空间压缩，民事检察不仅需要紧跟法院数字化改革步伐，以数字化监督数字化，更要以数字化拓展民事检察的内涵与外延。检察业务智能化对管理者来说不单单是对某一要素的升级理解，而是对业务的重构甚至是对组织的重塑。因此这一阶段的数字化，民事检察监督也需进一步调整办案结构，以支持起诉、检察和解等延伸型的检察监督方式、预防性法律制度，积极参与社会治理，推动矛盾纠纷源头化解，以深层次的监督拓展监督空间。

正如我们在全面推行检察大数据战略前，不曾想到检察业务数据化与检察数据业务化将会释放出如此大的检察红利一样，检察监督智能化也将会是一片亟待开发的蓝海。但这一阶段不仅需要统筹数据，应用数字化技术，搭建大数据平台，将数字能力和方法与检察思维与认知深度融合，还必须具备足够的预见性和前瞻性，构建检察数字治理机制体系，让每一个数字化要素充分融合才能打开民事检察智能化的价值新空间。

数字检察在民事执行检察监督中的应用与调适

林志华　董史统*

摘　要： 民事执行工作关系到司法裁判能否实际落实到位，当事人合法权益能否实际得到保障，一直以来都是人民群众和社会高度关注的热点问题，而检察机关顺势而为、加强民事执行监督更是责无旁贷。当下，数字检察已经成为撬动法律监督转型升级的重要方式。为此，检察机关要充分借助数据平台优势，不断创建丰富完善数字办案模型，有力地将数字效能和法治效能紧密融合，形成更大的社会治理效能，为民事执行监督提供新的更优路径。

关键词： 数字检察　民事执行监督　社会治理　监督效能

党的二十大报告指出，加快建设数字中国。《国民经济和社会发展第十四个五年规划和2035年远景目标纲要》将“加快数字化发展，建设数字中国”独立成章，是国家层面注重数字发展重要性的体现。数字检察既是检察机关对数字中国建设的实践回应，也为新时代法律监督高质效推进提供了机遇。基于此，本文对数字检察背景下的民事执行监督进行实证分析，结合实践中发现的履职问题，提供积极高效

* 林志华，浙江省乐清市人民检察院第六检察部检察官助理；董史统，浙江省温州市鹿城区人民检察院检察委员会委员、双屿检察室副主任，浙江省级检察理论研究人才。

的应对思路，优化提升数字检察在民事执行监督中的应用。

一、基本案情与履职情况

2022 年 2 月，Y 市检察院在对法院执行马某第与林某等民间借贷纠纷一案的执行活动进行审查时发现，Y 市法院虽然对被执行人林某名下车牌号为浙 CX×××× 的车辆予以查封但未实际扣押，上述车辆仍在正常使用中，但法院以被执行人名下无财产为由终结本次执行。经调查，Y 市检察院发现被执行人林某名下车牌号为浙 CX×××× 的车辆于 2013 年 12 月 19 日购入，价税合计为 279900 元，新一期年审期限至 2023 年 12 月 31 日止。经了解，法院因无法实际获悉被执行人车辆位置，故而对该案作出终本决定。

在掌握上述情况后，Y 市检察院及时调取车辆轨迹，并向法院发出检察建议，建议法院依法查扣车辆。经分析研判，上述案件存在的执行问题并非个案，属于普遍性问题，存在类案监督的可能。Y 市检察院以上述案件办理为切入口，调取终结本次执行程序案件清单、车辆查封数据、车船税缴纳记录等数据，并借助浙江检察数据应用平台建立数字办案模型，对相关数据进行分析碰撞，进而开展类案监督。通过数字办案模型对相关数据进行分析比对后，发现终本执行案件中涉及车辆的不在少数。同时通过数字检察监督还发现，部分被执行人在失信后购置新车及被执行人履行法律义务后法院未对其车辆予以解封。2022 年，Y 市检察院向法院发出个案监督检察建议 18 件，类案监督检察建议 1 件，协助法院查扣涉案车辆 10 余辆，价值 300 万余元。Y 市检察院民事检察部门还向刑事检察部门移送涉嫌拒不履行判决、裁定罪线索 11 件，公安机关已立案 1 件。

检察机关运用数字检察方式强化民事执行监督，具体方法如下：

（一）寻找合适数据分析方法

首先，明确数据来源。查封车辆清单、车辆登记数据，来源于Y市交警大队车管所；法院终结本次执行案件清单、执行完毕案件清单，来源于Y市法院执行局；车船税征缴记录，来源于Y市税务局法制股；车辆活动轨迹信息，来源于Y市交警大队科技中队；失信被执行人信息，来源于浙江检察数据应用平台。其次，框定数据分析关键词。在被查封车辆信息、车辆登记数据方面，从公安“交通管理综合应用平台”调取包含“车牌”“查封日期”“查封单位”“检验有效期”等关键词的查封车辆数据、未抵押车辆数据、车辆登记数据。在车船税征缴记录方面，从乐清市税务局调取车船税征缴记录，包含关键词“车牌”“缴纳时间”“车辆品牌型号”“车辆购置时间”“身份证号码”等。在执行案件甄别方面，从法院“执行案件信息管理系统”调取终结本次执行案件信息、执行完毕案件信息，包含关键词“执行案号”“被执行人身份信息”。在车辆活动情况方面，通过乐清市交警大队进一步查询车辆行驶轨迹，分析研判出车辆的重点活动区域。

（二）优化数据分析步骤

构建两个子模型，推进民事执行监督。就子模型1，分为以下步骤：第一步，将从Y市法院调取的终结本次执行案件数据、Y市公安局交警大队调取的查封车辆数据、Y市税务局调取的车船税征缴记录、浙江检察数据应用平台申请的司法拍卖数据导入浙江检察数据应用平台。第二步，进入浙江检察数据应用平台“模型中心”新建模型，对数据进行运算处理。运行“交集算子”对从车管所调取车辆查封和未抵押车辆数据进行交集运算，得出尚在查封状态但未被抵押的车辆数据1272条；运行“交集算子”将上述交集后得到的1272条数据和从税务局调取的3376条车船税缴纳数据进行交集运算，得出已查封未抵押并仍在使用的数据 2778 条；运行“交集算子”将上述交集后得到的 2778 条数据和法院调取的终本执行案件数据进行交集运算，得出终本案件中涉及车辆数据 193 条；为计算车辆使用年限，运行“类型转换算子”，将“输出字段”中的“初始登记日期”的时间格式选定为“yyyy-mm-dd”；运行“综合加工算子”，在“衍生字段”添加系统时间；运行“时间处理算子”，将“时间处理”中的“处理方式”选为“时间差”，“选择字段 1”选为“系统当前时间”，“选择字段 2”选为“初始登记日期”，“时间单位”选为“月份”；运行“过滤算子”，过滤得出时间差小于或等于 120，也就是车辆使用年限为 10 年内的数据 57 条。第三步，将上述数据通过 Y 交警大队车管所档案室、科技中队查询其首封记录、销售发票和行驶轨迹，剔除非首封、价值不高车辆以及排除一年内在市域无行驶轨迹的车辆。第四步，在剩余数据中选出品牌型号较好、购买年份较近（车辆残值较高）的机动车，调取相应执行案件卷宗，人工审核，并通过“浙江省检察机关银行账户数字化查询系统”查询相关被执行人的银行账户信息，在综合考虑全案证据材料后，向法院提出处理意见。就子模型 2，分为以下步骤：第一步，将从 Y 市公安局交警大队调取的车辆登记数据、从浙江检察数据应用平台申请的失信被执行人数据导入浙江检察数据应用平台。第二步，涉及五个步骤。运行“交集算子”对调取的车辆登记数据和失信被执行人信息进行交集运算，得出失信人员车辆数据 5376 条；运行“类型转换算子”，将“输出字段”中的“初始登记日期”的时间格式选定为“yyyy-mm-dd”，“发布时间”的时间格式选定为“yyyymmdd”；运行“过滤算子”，过滤出初始登记日期后于发布时间，即失信后购车的数据 917 条；运行“过滤算子”，过滤出未抵押车辆数据 777 条；运行“过滤算子”，过滤掉不需要的车辆品牌后得到数据 518 条。

（三）释放数字检察监督效能

首先，数字赋能办案工作质效得以提升。通过数字检察，大大节省人工查找线索的时间和精力，为民事执行监督提供大量可靠有效的案源线索。以Y市检察院车辆查封扣押专项为例，在开展“被执行人有车辆被查封，但车辆未执行到位而法院终结执行案件”监督过程中，进一步发现法院在执行活动中还存在“被执行人已经履行完毕法律义务但法院未及时解除对涉案车辆的查封”和“被执行人拒不交付车辆、失信后购置新车”等问题，从而构建模型1和模型2的联动数字办案模型，实现单一监督向多元监督、纵深监督推进，放大数字赋能效应。且数字模型具备可复制性、易操作性，相关数据亦可依法获取，线索筛选工作模式具有普适性，为其他院提供监督思路和路径。其次，检察融合监督工作格局得以推动。在专项监督中，Y市检察院民事检察部门通过个案审查、运用数字建模对同类案件进行调查核实，通过向法院制发检察建议，依法监督纠正一批“被执行人有车辆被查封，但车辆未执行到位而法院终结执行案件”“失信被执行人购置新车”等执行不力问题，在民事检察监督方面取得执行问题类案集中治理效果。通过数据碰撞比对，有效排查案件线索，针对发现的部分被执行人在收到法院的责令交付车辆通知书后仍不交付车辆，相关车辆仍为被执行人正常使用，违反限制消费令购置新车，涉嫌拒不执行判决、裁定罪的，及时将案件线索移送公安机关，为民事检察、刑事检察融合监督提供有效支撑。最后，监督促进治理工作目标得以实现。数字检察为类案监督提供有效路径，也为案件背后所存在的体制机制等社会问题提供治理思路。以Y市检察院开展的涉车辆查扣专项监督为例，通过数字检察工作进而发现法院在执行活动中存在的问题及困难，再通过检察监督促使法院及时采取执行措施，保障当事人合法权益，为法院及时恢复执行提供线索依据，有效发挥民事检察监督对助力化解执行难的作用，实现双赢多赢共赢效果。在此基础上，Y市检察院联合法院、公安等部门出台《关于建立机动车辆执行领域查扣协作机制的实施意见（试行）》，建立民事执行涉案车辆常态化监管机制，构建协同治理格局，为今后相关工作提供借鉴。

二、数字检察在法律监督应用过程中存在的问题

（一）数据归集存在壁垒

数字中国建设作为“十四五”远景规划之一，“迎接数字时代，激活数据要素潜能，推进网络强国建设，加快建设数字经济、数字社会、数字政府，以数字化转型整体驱动生产方式、生活方式和治理方式变革”，已成为当下国家建设和治理的重点。众所周知，获取数据是数字检察最基本的前提。但在实务中，数据获取还存在壁垒。一方面，基层普遍还存在信息数据归口不统一问题，信息交流不够畅通，致使具体工作中为获取有效数据而耗费大量时间与精力，大大降低了工作效率，加之检察机关自身并未建立相关系统体系，“线上”业务系统存在明显的建设不足。另一方面，一些部门存在被监督的抵触情绪，在提供信息数据时存在顾虑而不敢开放，甚至不提供信息数据，给数字检察工作的顺利推进带来较大阻力。

（二）队伍建设仍显不够

任何工作落实都离不开人的能动性。所以，要做好数字检察，就必须着重对“人”开展工作，把队伍建设好。数字检察貌似是技术问题，实质是如何向数字检察技术开发人员表述具体应用情况的问题。做技术的不太懂办案，办案人员又不懂技术，这是沟通壁垒问题。这种壁垒问题广泛存在，导致数字检察技术应用推广困难，同时全国检

察业务应用系统中的类案分析功能不足，各类信息的自动处理、数据比对等数字检察基础算法模型缺乏。这些问题的核心都是缺乏既懂技术又懂办案的人才。[①]检察人员在数字能力、数字素养等各方面仍有很大提升空间，传统办案观念仍然占据主流地位，导致一些数字检察工作流于形式，在本质上仍为传统的工作模式，难以发挥数字检察的实际成效。

（三）监督刚性较为缺乏

法律监督属性要求检察工作对深层次制度体系形成治理效能，推动相关领域建章立制，进而形成长效性系统治理，但是受监督方式、监督手段、监督渠道、监督能力等多方面的掣肘，法律监督工作在发现和纠正深层次问题上不够有力，在促进执法司法制约监督中不够有为。[②]数字检察一个重要的落脚点就是强化法律监督，能否强化法律监督刚性直接影响数字检察工作能否实际取得成效。实践中，检察机关如何行使调查核实权、保障检察履职等，还缺乏相关法律支撑和制度保障，致使监督过程中出现被监督部门、个人或者其他人员不配合的情形，而检察机关无力救济，难以跟进监督。故而需通过大数据赋能检察工作，实现检察机关一体协同、联合行动，以检察履职一体化打破法律监督工作中的固有藩篱。

三、数字检察在民事执行检察监督中的优化适用

（一）畅通数据获取渠道，释放数据协同共享融合效能

推进数字检察需要建立协同共享机制，打通“信息孤岛”，形成双向流动的信息共享与交互。应立足检察内部数据，逐步拓展外部数

① 蔡春源：《数字检察在法律监督中的应用与调适》，载《中国检察官》2023年第17期。

② 贾宇：《论数字检察》，载《中国法学》2023年第1期。

据，促进数据协同共享与融合。[①] 一方面，加强检察机关自身软硬件平台设施建设，提升自身获取数据的技术能力和“线上”业务水平，减少不必要的办案消耗，同时充分利用和挖掘已有数据，最大限度发挥数据的能动性。另一方面，加强检察机关与各单位的协作配合，尤其是要争取当地党委、政府对数字检察工作的认可和支持，借力用力获取相关数据，建立健全数据获取的机制制度，努力形成海量数据服务检察监督，检察监督促进社会治理的格局，保障数字检察工作取得实际成效。通过广泛应用汇集的数据，深度挖掘数据间存在的关联关系，不断完善数据业务化阶段在各个独立业务工作中所构建的各类法律监督模型，通过不同类型法律监督点的特征实现从人工个案发现向自动类案发现的智能化辅助监督。[②]

（二）打造数字检察队伍，提升检察机关综合履职能力

运用大数据提升检察机关法律监督能力不仅是技术问题，更是理念和机制问题。检察机关应建立健全检察大数据人才选聘、管理、培养、使用体制机制，推出重视、凝聚、激励检察大数据人才的举措，培养既懂检察业务又懂大数据等信息技术的复合型人才。[③] 结合“四大检察”业务特点，有针对性开展系统性培训，提高数字检察知识理论水平，同时以检察实际业务不断促成数字检察实战化，以此提升全体检察干警对数字检察工作重要性的认识，全面转变工作方式方法，锤炼一支敢于开展数字检察、善于运用数字检察的检察队伍。在人才培养上，开展检察官和技术员“结对子”活动，促进经常性交流，将

① 张建兵、王筱铮：《加快推进基层数字检察建设》，载《人民检察》2023 年第 12 期。

② 王永金：《数字检察：法律监督的时代要求》，载《数字检察》2023 年第 3 期。

③ 马建刚：《检察监督大数据应用探析》，载《人民检察》2023 年第 5 期。

“对子人员”安置到相近办公室，打破部门障碍，短期内解决沟通壁垒问题。在办案团队组建上，有意识吸纳检察技术人员的参与，定期听取检察技术人员对案件处理的建议，特别是对类案进行科学处理的做法，深挖案件背后的线索，最大限度发挥数字检察效能。

（三）完善检察监督机制，凝聚民事执行监督合力

在数字检察加持下，检察职能的融合发展趋势明显加速，且监督可行性更为可靠[①]，而这种效能的持续释放需要机制制度支撑。通过法律监督数字化智能化机制建设纵深推进检察工作，更好保障国家法律统一正确实施，推动协商性司法、恢复性司法等司法理念的样态演化与落实，推动司法权运行机制现代化建设。[②]故健全检察监督体系机制，要从制度层面强化检察监督方式、手段、模式、途径，发挥检察机关作为法律监督机关应有的职能定位及作用，强力破解监督过程中的推诿、扯皮、抵触、不配合等问题，为数字检察工作提供强有力的法律支撑和制度保障，从而推动数字检察平稳有序良好发展。加强民事检察工作，既要发挥民事检察本身的独特作用，又要跳出民事检察看民事检察，从检察机关总体法律监督职能中发挥监督合力，尤其是要顺应时势、充分发挥数字检察的一体化牵引作用，积极推进刑民互动，发挥好刑事检察对提升民事检察监督质效的助力作用。[③]

---

① 方晗等:《数字赋能民事执行监督的检察实践》，载《人民检察》2023年第5期。

② 高景峰:《数字检察的价值目标与实践路径》，载《中国法律评论》2022年第6期。

③ 王焰明:《基层检察机关提升民事检察监督质效的探索》，载《中国检察官》2023年第3期。

Gaozhixiao Banan: Youxiu Falü Wenshu Pingxi

高质效办案：优秀法律文书评析

江西省F市第一人民医院与山东W融资租赁有限公司、福州S医疗器械有限公司、张某胜合同纠纷案

山东省人民检察院
民事抗诉书

鲁检民监〔2021〕37000000249号

江西省F市第一人民医院因与山东W融资租赁有限公司、福州S医疗器械有限公司、张某胜合同纠纷一案，不服山东省威海市中级人民法院（2020）鲁10民再46号民事判决，向本院申请监督，本院交临沂市人民检察院办理，该院经审查后提请木院抗诉。现已审查终结。

2019年3月11日，山东W融资租赁有限公司（以下简称W公司）起诉至山东省威海火炬高技术产业开发区人民法院，请求:（1）判令福州S医疗器械有限公司（以下简称S公司）偿还保理款项2000万元;（2）案件受理费、诉讼保全费由S公司负担;（3）判令张某胜对上述第（1）（2）项诉讼请求承担连带责任担保;（4）江西省F市第一人民医院（以下简称F医院）在应付账款内对上述第（1）（2）项诉讼请求承担连带清偿责任。诉讼过程中，W公司变更诉讼请求为:

（1）请求判令S公司偿还保理款项2000万元并支付以2000万元为基数，按年息10.8%计算自2019年10月1日起至实际给付之日止的利息及违约金；（2）律师代理费以及因本案诉讼产生的保险费用由S公司负担；（3）请求判令张某胜对上述第（1）（2）项诉讼请求承担连带责任担保；（4）请求判令F医院在应付账款内对上述第（1）（2）项诉讼请求承担连带清偿责任。

山东省威海火炬高技术产业开发区人民法院于2019年6月24日作出（2019）鲁1091民初660号民事判决。该院一审查明，W公司为证实其主张，提交如下证据：2018年9月6日和27日，S公司和F医院签订的两份《医疗器械购销合同》，合同编号分别为0018006、00180927，复印件加盖S公司的公章，证据来源为S公司，该证据的原件由S公司及F医院持有，W公司在办理业务时在S公司处对原件已进行核验，与复印件一致，并经S公司盖章确认，证实合同约定F医院从S公司处购买医疗器械产品，合同金额分别为1847万元和7216255.2元。2018年9月20日和30日F医院出具的收货确认函两份，复印件加盖S公司公章，证据来源为S公司，该证据的原件由S公司持有，W公司在办理业务时在S公司处对原件已进行核验，与复印件一致，并经S公司盖章确认。证实：F医院确认已收到上述两份《医疗器械购销合同》项下的全部货物，并承诺支付货款1847万元和7216255.2元。

拍摄时间为2018年10月31日下午的照片6张，证实W公司工作人员于2018年10月31日到F医院处对S公司的应收账款进行现场核查、尽调，F医院工作人员姜某以账号“江某003”登录F医院财务系统核实，F医院尚欠S公司2018年9月货款分别为1847万元和7216255.2元，合计25686255.2元，F医院在应收账款转让通知书回执上盖章确定应收账款。其中，照片1：拍摄地点为F医院门诊大楼前，拍摄人W公司工作人员宋某云及许某雄，照片内容：2018年10月31日下午W公司工作人员因本案涉及的保理业务尽调时F医院营业场所的实况，证明W公司为了促成本案涉及的保理业务，去F医院所在地对S公司与F医院之间的交易事实进行调查。照片2：拍摄地点为F医院门诊大楼的一楼，拍摄人W公司工作人员宋某云及许某雄，照片内容：门诊大楼楼层索引显示该办公楼五楼为F医院行政办公区域，为F医院的核心办公区域。本案所涉业务签章是在该办公区503室形成的。照片3：拍摄地点为F医院行政办公区域门禁处，拍摄人W公司工作人员宋某云及许某雄，照片内容：(1)进入F医院核心办公区域前的门禁系统；(2)照片中前面的人为S公司工作人员谢某，谢某按503室门铃后等待F医院里面的人开启门禁，后面的人为W公司工作人员许某雄。证明：非该办公区域的人员未经授权无法擅自进入该区域，W公司工作人员及S公司工作人员谢某进入该区域是通过F医院授权后进入的该区域。照片4：拍摄地点为F医院行政办公区五楼，该区域为F医院的核心办公区域，是F医院的主要领导（院长、书记等）的办公场所，进入该场所需要F医院的特别授权，非本单位主要领导或未经授权的第三人无法进入该区域，本次W公司工作人员进入该区域是由S公司的工作人员谢某在本区域的门禁处按编号为503的门铃，通过F医院的工作人员授权后打开门禁进入该区域所拍摄的照片，拍摄人W公司工作人员宋某云，照片内容：照片中的楼道走廊为F医院行政办公区院长、书记工作区走廊，照片中走在前面的人为S公司工作人员谢某，走在后面的人为W公司工作人员许某雄，W公司另一工作人员走在最后面所拍摄的上述内容，图片中显示的楼道走廊最前面的倒数第二个房间是W公司、S公司双方办理本案保理业务签章时的场所，该房间的编号为503，证明：W公司因本案涉及的保理业务，对F医院尽调时经F医院的主管人员同意后进入F医院核心办公区域进行尽调的事实情况。照片5：拍摄地点为F医院503办公室，拍摄人为W公司工作人员宋某云，照片内容：（1）F医院财务系统电脑画面截屏，截屏内容显示"福州S医疗器械有限公司"为F医院的供应商，供应商编号为02097；（2）自2018年4月25日至10月22日S公司与F医院交易情况，该交易情况显示F医院应支付S公司货款共计为125825528.88元，其中照片中显示的2018年9月18日和29日两笔交易的应付账款分别为1847万元和7216255.21元，合计25686255.2元，是本案所涉及的S公司转让给W公司的应收账款；（3）该财务系统的使用名称为江西省F市第一人民医院，操作员为"003江某"，业务日期（查询日期）为2018年10月31日。照片6：拍摄时间为2018年10月31日下午，拍摄地点为F医院门诊楼前，拍摄人为W公司工作人员宋某云，照片内容：W公司在对F医院尽调完毕由F医院在应收账款转让通知回执上签章后离开F医院营业场所时所拍摄的F医院营业场所的实况，进一步证实W公司在办理涉诉业务时对F医院进行谨慎尽调的事实。

2018年11月12日，S公司向W公司出具保理业务申请书，申请金额2000万元，期限10个月，应收账款转让清单为S公司和F医院分别于2018年9月6日和27日签订的两份合同项下的货款，应收账款金额分别为1847万元和7216255.2元，应收账款到期日分别为2019年9月6日和27日。S公司承诺：我公司拟在赊销中采用贵公司提供的国内保理融资，申请向贵司转让本申请书"应收账款债权拟转让清单"所列的应收账款，并附上相关商务合同、商业发票等单据。我公司保证已完全履行应收账款项下应尽的义务，并且无瑕疵地拥有上述应收账款债权。如果我公司未能完全履行应收账款项下应尽的义务或应收账款债权有瑕疵，我公司将赔偿贵司由此产生的一切损失。S公司盖章、张某胜签字确认。

2018年11月16日，W公司为保理商（甲方）与应收账款转让方S公司（乙方）、保证人（丙方）张某胜共同签订一份《有追索权保理合同》，该合同约定：基础合同指乙方和F医院（以下简称债务人）合作，甲方认为必要的各种单据、凭证、附件等，本合同中统称为基础合同，基础合同及其所有附件作为本合同附件二。应收账款指2018年9月1日至30日供货期内，债务人在基础合同项下应向乙方支付的金额为25686255.2元的全部款项。应收账款受让款为：基础合同项下应收账款金额为25686255.2元，现甲乙双方一致同意，甲方应向乙方支付金额为2000万元的应收账款受让款，作为甲方受让上述应收账款的对价。应收账款受让款支付约定，甲方在本合同生效且本合同约定的支付前提条件全部满足后向乙方指定账户支付应收账款受让款2000万元，甲方支付完毕上述金额为2000万元的款项后，即完成甲方在本合同项下的全部付款义务。保理融资利息为按年利率10.8%计息，金额为180万元；计收方式为采用先收息方式，甲方向乙方支付应收账款受让款前一次性收取，乙方以电汇方式支付到甲方指定账户。丙方作为保证人，为债务人履行基础合同和本合同以及乙方履行本合同提供无条件的、不可撤销的、连带责任保证，并向甲方出具保证函。本合同生效条件为：本合同已签署、甲方收到乙方提供的已生效的基础合同以及所有附件（加盖债务人、乙方公章）、应收账款转让登记协议已签署、甲方收到已签署的保证函。合同附件对合作背景、定义、应收账款转让、管理服务收费、票据、违约和救济、双方权利和义务、权利保留等均作出了约定。本合同为有追索权的保理合同，指乙方将其与债务人签署的基础合同所产生的应收账款转让给甲方，由甲方作为保理商，向乙方提供贸易应收账款融资、客户资信调查与评估、应收账款管理与催收等部分或全部内容的综合性保理服务。同时，在发生本合同约定的回购事件时，甲方有权要求乙方立即按本合同约定回购应收账款。回购款是指本合同约定的回购事件发生后，乙方根据甲方要求无条件地对债务人未支付的应收账款进行一次性购回而需向甲方支付的款项。本合同签署后5日内，乙方应就应收账款转让事宜向F医院发出通知书，发出通知后应向甲方（W公司）提供回执。合同对回购事件及发生任一回购事件后甲方的权利进行了约定：本合同签署后，甲方发现基础合同或应收账款转让存在任何商务、法律瑕疵等；发生甲方认为影响乙方或F医院履行基础合同和本合同的其他事件或债务抗辩的等其他事件等，甲方有权立即采取下列一种或多种措施：要求乙方回购应收账款、律师费用及其他合理支出由乙方承担。双方特别确认：关于是否构成本合同约定的回购事件，甲方有权根据自身技能与经验作出判断，且甲方作出的上述判断对于本合同而言是最终的、有约束力的。

2018年11月16日，S公司向F医院出具应收账款转让通知书，内容为：现应收账款债权转让方S公司与应收账款债权受让方W公司共同通知如下：S公司与W公司已于2018年11月16日签署《有追索权保理合同》，S公司已将2018年9月1日至30日期间对贵院的全部应收账款（金额为25686255.2元，即“转让标的”，未附加任何担保义务，详见附件明细）转让给W公司，W公司成为基础合同项下唯一债权人，S公司在基础合同项下作为卖方的全部债务/义务/责任仍由S公司自行承担，W公司不承担，只有对W公司付款方能解除贵院在上述期间对S公司的债务。因此从本函落款之日起，贵院应在应付货款账期内，将上述应付款项支付至S公司与W公司共同指定账户，支付方式为电汇，附账户信息（略）。W公司和S公司在通知书上盖章确认。2018年10月31日，F医院向W公司和S公司出具应收账款转让通知书回执，内容为：贵单位向我院发出的应收账款转让通知书，我院已经收到并知悉，我院确认在2018年9月1日至30日期间，S公司为我院供应货品形成的应收款项为25686255.2元。我院承诺将按照上述通知书向W公司履行相关义务，在2019年9月30日前将应付款项支付至W公司与S公司共同指定账户，附账户信息（略）。F医院盖章确认，姜某签字。附件为应收账款转让标的明细及相应的发票277张，2018年9月18日，S公司开具187张发票，合计金额为1847万元；2018年9月29日，S公司开具90张发票，合计金额为7216255.2元，金额共计25686255.2元。W公司提交的上述发票为复印件，W公司称该发票为S公司开具给F医院的增值税普通发票，该票的原件分别由S公司和F医院持有，在做保理业务时S公司只提供给了W公司复印件，经W公司查验S公司处的原件与复印件一致。该宗发票在国家税务总局全国增值税发票查验平台（网址：https:/inv-veri.chinatax.gov.cn/）查证属实。

2018年11月16日，W公司和S公司签订《应收账款转让登记协议》，约定：为保障双方签订的《有追索权保理合同》项下应收账款的顺利实现，W公司通过中国人民银行征信中心应收账款质押/转让登记公示系统办理保理合同项下应收账款转让登记，因诉讼发生的一切费用包括律师费用等由败诉方承担。2018年11月16日，双方在中国人民银行征信中心办理了上述应收账款转让登记。在中国人民银行征信中心网站（网址：https://www.zhongdengwang.org.cn/zhongdeng/index.shtml）可以查实。

2018年11月12日，张某胜基于S公司和W公司签订的保理合同为W公司出具保证函，为S公司履行保理合同及F医院履行主合同（保理合同及回执）项下全部义务提供连带责任保证；保证范围为回购款、回收款、违约金、损害赔偿金及其他应付款项和W公司实现权利的律师费等其他所有费用；保证期间为两年。

2018年11月20日，W公司将保理融资款（应收账款受让款）2000万元支付给S公司。

第二次保理业务资料：包括保理业务申请书1份（原件）、《有追索权保理合同》1份（原件）、应收账款转让通知书及回执各1份（原件）、转让标的明细（原件）、保证函1份（原件）、《医疗器械购销合同》6份（复印件加盖S公司的公章，证据来源为S公司，该证据的原件由S公司及F医院持有，W公司在办理业务时在S公司处对原件已进行核验，与复印件一致，并经S公司盖章确认）、收货确认函六份（复印件，加盖S公司公章，证据来源为S公司，该证据的原件由S公司持有，W公司在办理业务时在S公司处对原件已进行核验，与复印件一致，并经S公司盖章确认）。上述证据综合证明以下内容：第一次保理业务后S公司又以同样的方式向W公司申请做第二笔保理业务，在W公司对第二笔业务完成尽调并签署保理合同后保理款项支付前，补充尽调时得知，第一次保理合同项下的应收账款，F医院未按照保理合同的约定履行而提前支付给了S公司，W公司认为F医院的行为构成违约，所以，W公司未向S公司支付第二笔保理合同项下的保理款项。该组证据证明的目的：（1）两笔业务具有事实上的连续性；（2）W公司对两笔保理业务进行尽调所调查的风险事项具有共同性，该组证据进一步证实本案所涉的保理业务真实合法有效。

W公司另提交第二笔保理业务的证据。拍摄时间为2019年1月

11日上午的照片8张，证明内容：照片1和照片2拍摄地点为F医院503办公室，拍摄人为S公司工作人员谢某，是用W公司工作人员宋某云的手机拍摄的，照片内容：身着白大褂佩戴胸牌的医院工作人员为F医院计财科科长姜某，其工作牌附有本人照片，内容显示“计财科姜某，编号639”。另外两个人为W公司工作人员宋某云和许某雄。证明目的：该组证据证实W公司在对第二笔保理业务尽调时F医院的接待人员、接待地点与第一笔保理业务情形一致，进一步证实第一笔保理业务真实有效。照片3：拍摄地点为F医院503办公室，拍摄人为W公司工作人员宋某云，照片内容：（1）F医院财务系统电脑画面截屏，截屏内容显示“福州S医疗器械有限公司”为F医院的供应商，供应商编号为02097；（2）截屏内容显示F医院截至本次尽调时共欠S公司应付账款171725864.48元；（3）该财务系统的使用名称为“江西省F市第一人民医院”，操作员为“009姜某”。照片4：拍摄地点为F医院503办公室，拍摄人为W公司工作人员宋某云，照片内容：第二次保理业务的用印申请表，显示本次保理业务用印是严格按照F医院的用印审批流程使用印章的，进一步证实F医院（注：应为“W公司”，原文如此）对这两笔保理业务都尽到了谨慎的注意义务。照片5和照片6：拍摄地点为F医院503办公室，拍摄人为W公司工作人员宋某云，照片内容：经过F医院审核F医院对S公司的应付款项无异议后，认可该应收账款的事实，同意办理第二笔保理业务后，F医院的工作人员姜某安排院办工作人员吴某珊（本人佩戴F医院胸牌携带F医院印章进入503办公室，胸牌附有照片，内容显示“吴某珊、院办、1073”字样）携带F医院印章到503办公室对该业务的应收账款转让通知书回执进行盖章。照片7和照片8：拍摄地点为F医院503办公室，拍摄人为W公司工作人员宋某云，照片内容：F医院为表明在W公司与S公司双方之间的应收账款转让通知书回执上所盖印章的真实性，F医院提供给W公司的预留在银行备案的印鉴样本，照片内容显示F医院的公章和财务专用章及法定代表人个人名章。证明目的：F医院在第二笔保理业务盖章时给W公司加盖了与第一笔保理业务相同的印章，且该印章是在建行使用过的，所以，第一笔保理业务是真实的。

第一笔及第二笔保理业务W公司工作人员尽调及签约所产生的差旅费凭证，证明：W公司对两笔保理业务所受让的应收账款的真实性去F医院处尽调签约的事实。

保险费发票一张，证明：W公司因本案财产保全担保花费保险费46000元，按照保理合同约定及法律规定，该费用应由S公司、张某胜和F医院承担。

律师代理合同两份、发票三张及银行付款凭证两份，综合证明：W公司因本案委托律师代理共计花费律师费用25万元，按照保理合同约定，该费用应由S公司、张某胜和F医院承担。

影像资料，证明：F医院未按照保理合同的约定履行而提前将第一笔保理合同项下的应收账款支付给了S公司，F医院的该行为构成违约，W公司有权行使抗辩权，要求F医院向W公司支付应收账款。

录音资料，证明：2019年2月25日W公司工作人员宋某云和董某到F医院处对第一笔保理业务进行回访及对第二笔保理业务进行进一步的尽调，F医院工作人员姜某在两份应收账款转让通知回执上签字确认。

W公司另申请证人宋某云、许某雄、董某出庭作证，三人证实了两次保理业务的尽调及签约过程、照片拍摄等，证实内容同W公司提交的照片证据。同时，三证人还证实，谢某是S公司的财务经理，谢某带领证人到医院，医院五楼是防盗门，需要门禁才能进出，谢某按门铃后呼叫姜某开门，并带领证人进入503室，姜某胸牌是计财科、工号是009，S公司人员提供的材料与电脑显示的一致，内容上还显示“江某003”，证人在网上查到江某是F医院计财科副科长，第二次打开网页是“姜某009”，证人查完系统后，姜某叫吴某珊前来在应收账款通知回执上盖章。

经质证，F医院对保理申请书、追索保理合同真实性、合法性、关联性均有异议，认为合同中涉及合同交易号、合同签订时间，应收账款金额和到期日都不是真实的，对S公司应支付的欠款金额明显是不真实的；认为该份合同从其性质来讲应当属于保证合同的范畴，F医院作为具有这种公共利益单位不能成为担保主体。对应收账款通知书的真实性、合法性、关联性有异议，通知书所确定的金额不具有真实性，2018年10月31日应收账款通知书上的F医院的印章不具有真实性，是伪造的，签名的姜某不是F医院的工作人员。应收账款标的明细的发票号、日期等都是不真实的，在2018年9月前F医院与S公司间没有业务往来，无法判断发票的真伪，F医院没有与S公司发生上述发票所记载的交易金额，也从来没有收到上述发票。对于保证函F医院不知情，与F医院没有关联性。对于销售合同三性均有异议，W公司没有提交原件仅是复印件；就销售合同的内容来看，F医院与S公司从未达成上述内容的销售合同，可以确认销售合同所加盖的印章均为伪造。对收货确认函有异议，该证据系复印件；F医院从未收到S公司上述内容的医疗器械；收货方落款的印章为伪造，F医院从没有使用或雕刻过合同专用章。对照片当中所拍摄的内容代理人无法核实，与本案无关联性，对于照片的真实性不予认可，F医院没有照片中的工作人员，该组证据与本案无关联性。差旅费、保险费和律师代理费与F医院无关。对W公司提交的录音，F医院表示庭后向法庭提交书面质证意见，但在规定期限内未提交。对证人证言，F医院认为，三证人均是被诈骗团伙诈骗了，其所遇见的人员均系假冒F医院的工作人员，其登录的财务系统也是伪造的。W公司与F医院间的合同是否成立，双方是否形成合意，并不是W公司的工作人员到达了医院的办公场所，根据他的判断认为是医院的工作人员就可以证明双方形成合意。

F医院提交2018年5月15日与S公司签订的江西省医疗机构医用耗材集中采购中标耗材购售合同及江西省医疗机构医用耗材集中采购中标耗材廉洁购售合同各一份，系开庭前通过微信所传的材料，未带原件。证明：W公司所提交的销售合同不是F医院与S公司签订的真实合同，F医院与S公司只签订过这份合同；该合同当中约定了管辖权在F医院所在地，如果W公司依债权转让或其他的方式对F医院提出诉讼，法庭应充分考虑到基础法律关系所确定的管辖权。

经质证，W公司认为，因系复印件，对其真实性有异议，且即使是真实的也不能证明F医院的主张，F医院应当进一步举证证明W公司提交的销售合同是虚假的，且该复印件也不能证明F医院主张的没有合同专用章，以及W公司提交证据上医院公章伪造及应收账款不存在的主张。对该证据的关联性有异议，不能否定W公司核实过的采购合同真实性，也不能证明该笔业务与W公司核实过的采购合同是同一笔业务。

庭审中，经询问，F医院陈述，医院财务科全部在四楼，有的办公室有防盗门，有的没有；院长、副院长等领导都在五楼办公，五楼全层都是领导办公室，五楼的楼道两边都有防盗门，W公司提交的照片外观都是F医院的，但照片显示的电脑账目不是医院的。F医院表示不申请对印章的真伪进行鉴定。庭后，F 医院在规定时间内未向法院邮寄书面意见及相关材料。

庭前，本案在查封保全期间，该院工作人员对 F 医院进行过调查，第一份调查笔录中，F 医院否认对 S 公司有应付账款。第二份笔录系对 F 医院财务科科长姜某及设备科科长朱某鹏、业务员何某琴的询问笔录，三人陈述大约在 2018 年 9 月、10 月医院开始与 S 公司有业务往来，该院财务科在 2019 年收到了 S 公司的两批发票，一批是 980426 元，2019 年 3 月 7 日，F 医院向 S 公司支付了 980426 元，另一批是 2429065.7 元还未支付，除了这两笔，再无其他业务往来。经质证，W 公司认为，对于第一份笔录有异议，该份笔录中 F 医院否认对 S 公司有应付账款，对于 F 医院应付 S 公司的账款 1000 多万元，以第二份笔录为准，该笔录不能证明姜某并非 F 医院的工作人员。F 医院认为，在做完第一份笔录后，医院的工作人员发觉与 S 公司有业务往来，就打电话给法院的工作人员，做了第二份笔录，是真实情况的反映。

经 W 公司询问，F 医院陈述与 S 公司的合同是 2018 年 5 月签订，第一次供货是 2018 年 11 月；F 医院从未讲过欠 S 公司 1000 多万元的应付款，而是 S 公司供应了 1000 多万元的货。

另查，S 公司在重庆市第一中级人民法院存在其他标的额较大的诉讼案件，相关账户已被查封冻结，保全标的额分别为 6100 万元和 3000 万元。

2019 年 5 月 20 日，F 市公安局高新技术产业开发区分局干警陈某和饶某莹到该院查看了两份应收账款转让通知书回执上 F 医院的印章并拍照，并称此案已经立案，回去后即邮寄立案通知书，但未邮寄任何材料。

W 公司为本次诉讼，支出律师费 25 万元及保险费 46000 元。

该院一审认为，依法成立的合同，对当事人具有约束力，均应依约履行。保理业务是以债权人转让其应收账款债权为前提，集应收账款催收、管理、坏账担保及融资于一体的综合性金融服务。保理合同是指债权人与保理商之间签订的，约定将现在或者将来的、基于债权人与债务人订立的销售商品、提供服务、出租资产等基础合同所产生的应收账款债权转让给保理商，由保理商向债权人提供融资、销售分户账管理、应收账款催收、资信调查与评估、信用风险控制及坏账担保等至少一项服务的合同。根据保理商对应收账款转让方是否享有追索权，或称之为保理商是否提供坏账担保，可分为有追索权保理和无追索权保理。有追索权保理，是指保理商不提供坏账担保即不承担应收账款债务人的信用风险，仅提供包括融资在内的其他金融服务。无论应收账款因何种原因不能收回，保理商都有权向转让方追索已付融资款项，或者要求债权人回购应收账款。实践中，有追索权保理也称为回购型保理。

综合诉辩双方的主张，本案存在两个焦点问题：**第一，S公司、张某胜应否承担违约赔偿责任；第二，F医院确认债权的真实性、应否承担连带责任**。

一、关于S公司、张某胜应否承担违约赔偿责任的问题。

S公司、张某胜经传票传唤未出庭应诉，视为对其质证和辩解权利的放弃。该院对W公司提交的其与S公司、张某胜之间的保理业务申请书、有追索权保理合同、应收账款转让登记协议、保证函、银行电子回单等证据进行审查，符合证据要件，该院作为有效证据予以采信。上述合同、协议、保证函等系双方真实意思表示，不违背法律及行政法规的强制性规定，为有效协议。根据双方合同约定的内容，W公司与S公司签订的保理合同为有追索权保理合同。根据《中华人民共和国合同法》的相关规定，当事人一方明确表示或者以自己的行为表明不履行合同义务的，对方可以在履行期限届满之前要求其承担违约责任。合同签订后，W公司依约向S公司支付了2000万元的保理融资款，履行了合同义务。根据合同约定，W公司有权根据自身技能与经验判断S公司的行为是否构成回购事件。W公司提交的视听资料表明，W公司到S公司核查保理业务时，S公司及张某胜告知W公司因其经营资金紧张，F医院已提前向S公司支付本案保理合同项下的货款，且S公司存在其他涉诉案件、账户已被查封。上述两种情况的存在，严重影响本案保理合同的履行，为了保障W公司的合法权益，W公司有充分理由判断S公司的行为已构成回购事件，符合S公司回购应收账款的条件，W公司有权在履行期限届满之前要求S公司支付应收账款，要求S公司和张某胜履行合同义务，承担法律责任，即S公司向W公司偿还保理融资款本金2000万元，并以2000万元为基数，自2019年10月1日起至实际给付之日止，按年息10.8%支付利息，并赔偿W公司律师费和保险费损失。张某胜作为保证人，应按照保证函的约定，对S公司上述债务承担连带保证责任。

二、关于F医院确认债权的真实性、应否承担连带责任的问题。

首先，F医院举证不能。在合同纠纷案件中，主张合同关系成立并生效的一方当事人对合同订立和生效的事实承担举证责任，主张合同关系变更、解除、终止、撤销的一方当事人对引起合同关系变动的事实承担举证责任。在保理合同纠纷案件中，债务人抗辩保理商或债权人提交的基础合同、应收账款确认书等证据材料系伪造，应当就这一事实承担举证责任。W公司已就其主张完成了举证责任，F医院的抗辩意在否定买卖合同的存在，系主张法律关系消灭，应就其主张的变动的事实承担举证责任。庭审中，F医院否认应收账款转让通知书回执落款处"江西省F市第一人民医院"印章的真实性、两份《医疗器械购销合同》落款处"江西省F市第一人民医院合同专用章"系伪造、姜某并非医院工作人员、S公司提供给W公司的《医疗器械购销合同》及收货确认函的不真实，并称本案构成诈骗，会向公安机关报案，且不申请对印章的真伪进行鉴定，但该院至判决前未收到F医院或公安部门任何材料，F医院在规定期间内也未向该院邮寄书面补充意见，亦未申请鉴定合同印章的真伪，应当承担举证不能的法律后果。F医院对其上述辩解主张均未提供相反证据予以证实，该院对其辩解理由不予采纳。对应收账款转让通知书回执的真实性予以确认，即在2018年9月1日至30日，S公司为F医院供应货品形成的应付款项为25686255.2元，F医院承诺在2019年9月30日前将应付款项支付至W公司与S公司共同指定账户。

其次，姜某及相关人员的行为构成表见代理，W公司系善意且无过失，其行为后果应由F医院承担。根据W公司提交的证据及庭审查明的事实，F医院五楼均系领导办公楼层，设置有防盗门，依据常理，普通工作人员或他人无法擅自进入，而W公司工作人员在尽调过程中，尽调的场所是五楼领导办公室、工作人员姜某身着F医院工作服、胸佩F医院工作牌，以财务科科长江某的账号、密码及姜某本人的账号多次登录F医院财务系统查询F医院对S公司的应付账款，且现场通知相关人员携带F医院印章在应收账款通知书回执上盖章，姜某及相关工作人员的行为在客观上形成具有代理权的表象，构成表见代理，W公司有理由相信姜某的行为系代表F医院对回执进行盖章确认、S公司与F医院涉案业务、应收账款及债权客观真实存在，姜某的行为后果应该由F医院承担。W公司在尽调行为过程中，已经尽到了尽职调查及注意义务，W公司系善意且无过失，在此情况下，W公司才与S公司签订了保理合同，F医院的行为对后续保理合同的签订起到了关键性作用。

最后，退一步讲，即使F医院的主张属实且成立，W公司对应收账款进行了详尽细致的调查，在力所能及的范围内履行了审慎注意义务，W公司不存在任何过错，由于相关人员在F医院的上述行为才导致W公司有理由相信还款已得到保障，F医院应对由此带来的后果承担相应责任。F医院在该院调查时承认大约在2018年9月、10月开始与S公司有业务往来，且自称已向S公司支付了980426元货款，这与W公司提交的视听资料中S公司的陈述相符，F医院私自向S公司支付了部分款项，违反了向W公司支付货款的义务。

综上，本案系有追索权保理合同，在追索权保理场合下，保理商可以主张债务人履行应收账款清偿义务，亦可同时主张债权人承担回购义务。在应收账款不实的情况下，债务人对应收账款转让通知等材料不做认真核对审查，作出与事实不符的确认和承诺，使保理商确信应收账款真实存在并发放保理融资款，事后给保理商造成损失的债务人应当在确认债权范围内承担还款责任。因此，F医院在应收账款转让通知书回执上盖章确认的行为，在其无证据证实其辩解主张且“姜某”的行为构成表见代理的情况下，应当在确认债权范围内承担还款责任。该院对W公司的诉讼请求合理部分予以支持。另外，S公司、张某胜经传票传唤无正当理由拒不到庭参加诉讼，依法可缺席判决。依照《中华人民共和国合同法》第八条、第四十九条、第六十条第一款、第八十条、第一百零七条、第一百零八条、第一百一十三条第一款、第一百一十四条第一款，《中华人民共和国担保法》第十八条、第三十一条，《中华人民共和国民事诉讼法》第一百四十四条之规定，判决：**（1）S公司于本判决生效之日起10日内给付W公司保理融资**

款2000万元及利息（利息以2000万元为基数，自2019年10月1日起至实际给付之日止，按年息10.8%计算），并赔偿W公司律师费损失25万元及保险费损失46000元；（2）张某胜对S公司的上述债务承担连带保证责任，张某胜承担连带保证责任后，有权向S公司追偿；（3）F医院对本判决第一项所确定的S公司的债务，在25686255.2元限额内，对S公司未能偿还的部分向W公司承担还款责任。如果未按本判决指定的期间履行给付金钱义务，应当依照《中华人民共和国民事诉讼法》第二百五十三条之规定，加倍支付迟延履行期间的债务利息。

F医院不服一审判决，向山东省威海市中级人民法院提起上诉，请求：（1）撤销一审判决第三项内容；（2）一审、二审诉讼费由W公司承担。

山东省威海市中级人民法院于2019年11月15日作出（2019）鲁10民终1960号民事判决。该院二审查明，F医院提交的立案决定书、受案回执及情况说明，载有F市公安局高新技术产业开发区分局接邹某祺报案，于2019年5月27日报立F医院被伪造印章案，同年7月9日将犯罪嫌疑人张某胜上网追逃；于2019年7月31日报立F医院被诈骗案，同年8月2日将犯罪嫌疑人陈某灿、林某健上网追逃等内容。其提交的公安部门对F医院党委书记李某及工作人员倪某琴、张某峰的询问笔录中，载有李某于2012年认识陈某灿，陈某灿于2018年10月31日电话联系李某表示要去李某办公室等，2019年1月11日、2月25日电话联系李某表示要去李某办公室坐坐，李某在2018年10月31日去南昌开会，2019年1月11日去老院区开会，本人不在办公室的情况下，安排倪某琴、张某峰将陈某灿接入其503办公室。2019年2月25日李某因其办公室有工作安排，让倪某琴接陈某灿到五楼会议室，陈某灿向倪某琴索取了五楼门禁卡要接其他人等内容。

二审期间，F医院陈述，其单位工号皆为四位数，不存在003、009、639三个工号。0003工号一直无人使用；0009工号系邓某芸挂职期间使用，2017年11月挂职结束后即注销，至今无人使用；1073工号是其康复医学科的华某，不是吴某珊，吴某珊不是其员工。其财务科专用软件由财务科江某等六位会计各自使用非数字账号及密码登录，账号0003、0009无法登录其财务系统。F医院行政五楼，在第一会议室走廊处安有监控设备（西面走廊），2012年启用，正对第一会议室大门拍摄，按照相关要求保留时限为30天，无法查询2019年2月25日监控视频。503办公室走廊（南面走廊）未设置监控设备。其公章自2007年启用，由于时间较长且当时公安机关并未使用信息化管理，故无法查找到其公章备案资料，但其自2007年以来一直使用该公章，从未更换，从相关行政部门行文中可以证明其从未有更换公章的情况，其也从未镌刻或使用过“江西省F市第一人民医院合同专用章”。其提供的2018年公章使用登记表，除9月无公章使用外，其余月份均有登记，有登记人未按表格页面顺序填写的情况。其中，10月31日有房屋补充协议和信访回复两次用印登记，1月11日有调解协议书用印登记，但均无应收账款转让通知书回执登记。

W公司陈述，其经客户介绍认识张某胜。涉案落款为“2018年11月16日”的应收账款转让通知书及落款为“2018年10月31日”的回执是W公司根据S公司提供的材料和信息起草并打印的，时间为2018年10月31日之前，具体日期因时间较长记不清楚。2018年10月31日，W公司到F医院尽职调查，将上述转让通知书、回执及附件交F医院核实，F医院于同日在回执落款处填写“2018年10月31日”并盖章确认后返还W公司。应收账款转让通知书当时落款时间空着，该通知书及回执各一式三份，W公司将应收账款转让通知书、回执及附件带回审批盖章后寄给S公司两份，S公司将其中一份送达F医院，W公司不清楚具体送达F医院的时间。落款为“2019年1月27日”的应收账款转让通知书及落款为“2019年1月11日”的回执是W公司根据S公司提供的材料和信息起草并打印的，时间为2019年1月11日之前，具体日期因时间较长记不清楚。2019年1月11日，W公司到F医院尽职调查，将上述应收账款转让通知书、回执及附件交F医院核实，F医院于同日在回执落款处填写“2019年1月11日”并盖章确认后返还W公司。应收账款转让通知书当时落款时间空着，该通知书及回执各一式三份，因未发放该笔融资款，三份通知书及回执均在W公司处。

该院二审查明的其他事实与一审法院查明的事实一致。

该院二审认为，本案争议焦点在于：**第一，F医院应否就本案诉争保理款项承担相应民事责任及责任范围；第二，一审程序是否合法；第三，本案是否涉嫌刑事犯罪，应否中止审理**。

关于F医院应否承担责任及其责任范围。首先，F医院虽然主张应收账款转让通知书回执上的印章系伪造，不是其意思表示，但F医院所举证据并不足以直接证实前述印章系伪造。结合二审期间F医院称无法查找到其公章备案资料及其未举证证实其自2007年以来一直使用该公章且从未更换的事实，该院认为一审法院在F医院明确表示不申请对印章的真伪进行鉴定的情况下，综合在案证据认定F医院应当承担举证不能的法律后果，对应收账款转让通知书回执的真实性予以确认，符合民事诉讼证据认证规则及举证责任分配原则。其次，一审法院根据W公司提交的证据及庭审查明的F医院五楼均系领导办公楼层，设置有防盗门，W公司工作人员调查时的场所是F医院五楼领导办公室，工作人员“姜某”身着F医院工作服、胸佩F医院工作牌，以财务科长江某的账号、密码及姜某本人的账号多次登录F医院财务系统查询F医院对S公司的应付账款，现场通知相关人员携带F医院印章在应收账款通知书回执上盖章等情节，认定姜某及相关工作人员的行为在客观上具有代理权的表象，构成表见代理，W公司有理由相信姜某的行为系代表F医院对回执进行盖章确认，S公司与F医院涉案业务、应收账款及债权客观真实存在，由此产生的法律后果应该由F医院承担，符合民事诉讼证据认证规则，也能与F医院二审提供的有关证据相印证，具有事实与法律依据。最后，一审法院认定W公司已经尽到了调查及注意义务，系善意且无过失，有在案证据印证，也与W公司涉案合同中的地位及其权利义务相符，并无不当。W公司在调查中已经足够尽到一般意义理解的注意义务。至于案涉“姜某”等人可能涉嫌犯罪而导致远超出调查人员所能察觉的内容，不能以此苛责、加重调查人员的注意义务。F医院虽辩称在此过程中并不知情，但无论是从医院特定场所、楼层，还是工作时间等方面因素衡量，都未尽到管理责任，也不能对上述情节的发生作出合理解释。F医院以应收账款转让通知书落款日期在回执落款日期之后为由，主张W公司与S公司恶意串通侵害F医院合法权益，既无直接证据证实，也与常理相悖。W公司也就通知书、回执的起草、打印、调查、交F医院核实确认、带回审批盖章、送达及落款日期的填写等情节作出合理说明，故F医院的上述主张不能成立。一审判决确定F医院在25686255.2元限额内，对S公司未能偿还的债务向W公司承担还款责任，具有事实与法律依据，该院依法予以维持。

关于一审程序是否合法。第一，一审适用简易程序超出了三个月的审理期限，不符合《中华人民共和国民事诉讼法》关于审理期限的规定。但审限规定的目的在于提高效率、及时审结案件，而本案一审在2019年4月30日的开庭审理中依法进行了法庭调查、法庭辩论及最后陈述程序，在F医院未按当庭承诺时间提交相关材料的情况下，一审法院传票通知当事人于2019年6月24日开庭宣判，其超出审限规定期限的程序瑕疵并不当然产生剥夺F医院举证权的后果；第二，一审判决确定F医院在25686255.2元限额内，对S公司未能偿还的部分向W公司承担还款责任，是基于其认定应收账款转让通知书回执的盖章行为构成表见代理的前提，而回执上确认的F医院应付S公司款项为25686255.2元，故一审判决并未超出W公司的诉请范围。

关于本案是否涉嫌刑事犯罪，应否予以中止审理。F医院二审提供的相关材料显示，F市当地公安机关已对F医院被伪造印章案及F医院被诈骗案进行刑事立案，被害人是F医院。在应收账款转让通知书回执的盖章行为构成表见代理的情况下，上述刑事案件的最终结果只能影响到F医院对行为人的追偿权，并不影响F医院对本案民事责任的承担，故W公司关于即使本案涉嫌刑事犯罪，F医院基于表见代理，S公司基于返还保理融资款，张某胜基于担保，均应承担全部法律责任，本案无须以刑事案件结果为依据，不具备中止审理的法定条件，F医院主张“终止审理”更无法律依据的主张，理由正当，该院依法予以支持。

综上所述，F医院的上诉请求不能成立，应予驳回。一审判决认定事实清楚，适用法律正确，应予维持。依照《中华人民共和国民事诉讼法》第一百七十条第一款第一项规定，判决：**驳回上诉，维持原判**。

F医院不服二审判决，向山东省高级人民法院申请再审，称：（1）原审判决认定的基本事实缺乏证据证明，认定事实的主要证据

是伪造的；（2）原审判决适用法律错误；（3）原审判决超出当事人诉讼请求。山东省高级人民法院于2020年7月1日作出（2020）鲁民申3217号民事裁定，裁定：（1）指令威海市中级人民法院再审本案；（2）再审期间，中止原判决的执行。

山东省威海市中级人民法院于2020年10月10日作出（2020）鲁10民再46号民事判决。该院再审查明，本案再审中，F医院又提供了如下证据：证据一，公安机关对林某健的讯问笔录，载明林某健供述：其于2018年10月31日受S公司的实际控制人陈某灿指使，冒充F医院的计财科科长姜某，在该院503房间接待W公司的尽调人员，用装有财务系统软件的笔记本电脑连接该院503房间的台式电脑显示器，向W公司的尽调人员展示该财务系统，并让陈某芳（冒充F医院的吴某珊）上楼在W公司出具的应收账款转让通知书回执上盖章；2019年1月10日及同年2月，其又受陈某灿的指使，分别在F医院的503房间和五楼会议室采用相同手段接待W公司的尽调人员。证据二，公安机关对陈某芳的讯问笔录，载明陈某芳供述：其于2018年10月31日受S公司的实际控制人陈某灿指使，冒充F医院的工作人员吴某珊，在该院503办公室，在W公司的尽调人员出具的应收账款转让通知书回执等文件上加盖F医院的公章（该公章系陈某灿交给其的）；2019年1月10日，其受陈某灿的指使，在F医院的503房间采用相同手段在W公司的相关文件上盖章。证据三，公安机关对熊某武的讯问笔录，载明熊某武供述：其2018年12月前在S公司担任副总经理，其通过闫某泽联系W公司促成本案保理业务，S公司提供给W公司的、S公司与F医院的应收账款明细表、购销合同、增值税发票、出库单均是虚假的。证据四，起诉意见书两份，载明公安机关已将陈某芳、熊某武涉嫌犯罪的案件移送起诉。证据五，公安机关对宋某云的讯问笔录，载明的内容除其在原一审中出庭作证的内容外，其还供述：其通过闫某泽认识S公司的人员，S公司收到W公司的保理融资款后，闫某泽给付其款项5万元；2019年3月，其通过落实F医院保卫科后得知该院并无姓名为“姜某”的工作人员。证据六，公安机关对闫某泽的询问笔录，载明其证实其促成S公司与W公司的保理业务。证据七，江西省F市L区人民法院的刑事判决书三份，其中（2020）赣1002刑初218号刑事判决书载明L区人民法院认定宋某云犯非国家工作人员受贿罪，判处其有期徒刑一年三个月；（2020）赣1002刑初311号刑事判决书载明L区人民法院认定陈某芳犯合同诈骗罪，判处其有期徒刑五年零三个月，并处罚金人民币10万元；（2020）赣1002刑初312号刑事判决书载明L区人民法院认定熊某武犯合同诈骗罪，判处其有期徒刑十二年七个月，并处罚金人民币20万元。证据八、S公司的银行流水一份，载明2018年11月20日S公司转给W公司利息180万元；同日，W公司转给S公司保理融资款2000万元。W公司质证后主张上述证据并非新证据，不具有证明效力。

该院再审查明的其他事实与原一审、二审查明事实一致。

该院再审认为，关于本案涉及民刑交叉应如何处理的问题。《最高人民法院关于在审理经济纠纷案件中涉及经济犯罪嫌疑若干问题的规定》第一条规定，同一公民、法人或其他经济组织因不同的法律事实，分别涉及经济纠纷和经济犯罪嫌疑的，经济纠纷案件和经济犯罪嫌疑案件应当分开审理。因此，分开审理意味着对于民刑交叉案件，因不同的法律事实分别引发民事法律关系和刑事法律关系，尽管当事人同一，但由于法律关系不同、民事责任与刑事责任的不同，故在当事人之间存在民事法律关系的情形下，原则上，民事案件和刑事案件应分别立案、分别审理。本案中，即使相关行为人的行为在刑事上构成合同诈骗罪，就W公司与S公司、张某胜间的纠纷而言，引起刑事责任的是一方当事人或其工作人员的诈骗行为，而引起民事责任的是双方的合同行为，也即引起刑事责任和民事责任的并非同一法律事实。案涉保理合同、保证合同此种情况下在民事上属于以欺诈手段订立的合同，没有证据证明存在无效事由时为可撤销合同，系一种民事合同，原审对W公司与S公司间的保理合同纠纷、与张某胜间的保证合同纠纷作为民事案件进行审理并无不当。就W公司与F医院间的纠纷而言，W公司系作为受害人请求涉嫌刑事犯罪的行为人之外的其他主体即F医院因合同关系或侵权关系承担民事责任，该纠纷亦系因不同的法律事实分别引发的民事法律关系和刑事法律关系，亦应遵循与刑事案件分别受理、分别审理的原则，故原审将W公司与F医院间的纠纷作为民事案件进行审理亦无不妥。民刑交叉纠纷只有案件的基本事实无法查清，才能适用“先刑后民”。而本案基本事实清楚，无须以刑事案件的审理结果为依据，故不应中止诉讼。综上，F医院再审主张本案涉嫌刑事犯罪，原审将刑事犯罪案件作为民事纠纷审理错误，本案应移送有关机关或中止诉讼，理由不当，该院不予支持。

关于本案是否构成表见代理的问题。表见代理是指行为人虽无代理权而实施代理行为，如果相对人有理由相信其有代理权，该代理行为有效。构成表见代理应满足以下条件：（1）行为人并没有获得被代理人的授权就以被代理人的名义与相对人实施民事法律行为；（2）相对人在主观上必须是善意、无过失的。本案中，根据林某健、陈某芳的供述，二人系受S公司的实际控制人陈某灿指使，于2018年10月31日分别冒充F医院的计财科科长姜某及工作人员吴某珊，以F医院的名义与相对人W公司实施了相关民事法律行为。该民事法律行为是否构成表见代理，应以相对人W公司在主观上是否善意、无过失为前提。W公司是否存在过失，判断的标准是其是否尽到了合理谨慎的注意义务。W公司作为经营融资租赁、商业保理业务的专业机构，具备较高的专业技能和完善的审核机制，对于F医院工作人员的真实性有能力进行核实。而W公司在2018年10月31日及至案涉保理融资款支付前，并未提供证据证明自行向F医院核实过该院是否有工作人员姜某及吴某珊，仅通过S公司工作人员的介绍及其他表象即相信该二人的身份，应认定W公司未尽到审慎审查义务，存在过失。故本案他人以F医院的名义与W公司实施相关民事法律的行为不构成表见代理，原一审、二审认定该行为构成表见代理，属认定事实和适用法律错误，该院再审予以纠正。

关于F医院在本案中应否承担及如何承担民事责任的问题。《中华人民共和国侵权责任法》第六条规定，行为人因过错侵害他人民事权益，应当承担侵权责任。本案中，F医院擅自允许犯罪嫌疑人进入设置有门禁的行政人员办公区域，擅自允许犯罪嫌疑人使用其主要领导的办公室及办公用电脑，致使犯罪嫌疑人实施携带或身着F医院工作服、携带或胸佩该院工作牌，以财务信息系统展示F医院对S公司的应付账款，现场在应收账款通知书回执上盖章等行为，造成W公司相信犯罪嫌疑人系在履行职务。以上事实可以认定F医院的管理很不规范，对犯罪嫌疑人林某健、陈某芳欺诈行为的发生负有主要过错，该过错与W公司在本案中的经济损失之间具有因果关系，F医院理应承担侵权损害赔偿责任，对W公司之经济损失负主要赔偿责任。综合本案的实际情况，结合W公司在原一审时的诉讼请求，以确定F医院在25686255.2元限额（W公司主张的限额）内，对S公司不能偿还W公司的债务承担80%的赔偿责任为宜。虽然W公司在原一审中基于合同关系要求F医院承担民事责任，但其要求F医院承担连带责任，再审中亦主张 F 医院至少应承担部分赔偿责任，为节约司法资源，减少当事人的诉累，尽可能一次性解决纠纷，本案再审可按侵权关系一并确定 F 医院应承担的民事责任。W 公司系基于案涉保理合同的约定在收取利息 180 万元后又向 S 公司支付全部保理融资款，并不存在预先扣除本金的情形，而 W 公司亦在原一审中主张利息自 2019 年 10 月 1 日起即第二年度开始计算，故 F 医院主张案涉利息 180 万元应在本案中扣除，理由不当，该院不予支持。

综上所述，鉴于本案已进入再审审理程序，对原一审审理程序是否合法不再赘述。F 医院关于本案不构成表见代理的再审主张成立，其其他再审主张不能成立。依照《中华人民共和国合同法》第四十九条，《中华人民共和国侵权责任法》第六条，《中华人民共和国民事诉讼法》第二百零七条第一款，第一百七十条第一款第一项、第二项，《最高人民法院关于在审理经济纠纷案件中涉及经济犯罪嫌疑若干问题的规定》第一条之规定，判决：**（1）撤销山东省威海市中级人民法院（2019）鲁 10 民终 1960 号民事判决；（2）维持山东省威海火炬高技术产业开发区人民法院（2019）鲁 1091 民初 660 号民事判决第一、二项，即①S 公司于判决生效之日起 10 日内给付 W 公司保理融资款 2000 万元及利息（利息以 2000 万元为基数，自 2019 年 10 月 1 日起至实际给付之日止，按年息 10.8% 计算），并赔偿 W 公司律师费损失 25 万元及保险费损失 46000 元；②张某胜对 S 公司的上述债务承担连带保证责任，张某胜承担连带保证责任后，有权向 S 公司追偿；③撤销山东省威海火炬高技术产业开发区人民法院（2019）鲁 1091 民初 660 号民事判决第三项；④F 医院对本判决第二项所确定的 S 公司对 W 公司的债务，在 25686255.2 元限额内，按 S 公司不能偿还部分的 80% 向 W 公司承担赔偿责任；⑤驳回 W 公司的其他诉讼请求。如**

果未按判决指定的期间履行给付金钱义务，应当依照《中华人民共和国民事诉讼法》第二百五十三条规定，加倍支付迟延履行期间的债务利息。

F医院不服再审判决，向检察机关申请监督。

本院查明，S公司工作人员熊某武因合同诈骗罪被F市L区人民法院一审判处有期徒刑十二年七个月，并处罚金20万元，熊某武提出上诉后，F市中级人民法院二审裁定维持原判；S公司工作人员陈某芳因合同诈骗罪被F市L区人民法院一审判处有期徒刑五年三个月，并处罚金10万元，一审判决作出后，陈某芳未上诉，一审判决已生效；W公司工作人员宋某云因非国家工作人员受贿罪被F市L区人民法院一审判处有期徒刑一年三个月，追缴违法所得5万元，上缴国库，宋某云提出上诉后，F市中级人民法院二审裁定维持原判。上述刑事裁判文书认定的事实可以证明，W公司工作人员宋某云和许某雄进行尽职调查时在F医院503办公室接触的所谓F医院"财务（计财）科长姜某"和F医院"院办工作人员吴某珊"分别系S公司工作人员林某健和陈某芳冒充，二人受S公司实际控制人陈某灿指使，假冒F医院工作人员以伪造的F医院财务系统和公章，骗取W公司尽职调查人员的信任，在伪造的应收账款转让通知书回执上盖章；S公司向W公司提交的其与F医院的购销合同等与交易有关的文件皆系S公司伪造的。

宋某云与许某雄在进行尽职调查时，并未独立向F医院调查核实有关情况，两次尽调皆是在S公司工作人员带领下进行。促成涉案保理业务的案外人闫某泽在公安机关对其讯问时，曾陈述，其曾在网上查询下载过F医院财务科人员活动合影照片并发送给宋某云，提示宋某云查证"姜某"是否在合影照片中，宋某云认为无必要未予查证。

2019 年 3 月，宋某云经电话联系 F 医院保卫科人员得知 F 医院并无名为“姜某”的工作人员。一审诉讼过程中，W 公司提供其工作人员在尽职调查时所拍摄的照片一组，其中照片 4 的证明目的中表述为：“拍摄地点为 F 医院行政办公区五楼，该区域为 F 医院的核心办公区，是 F 医院单位的主要领导（院长、书记等）的办公场所”“照片中的楼道走廊为 F 医院行政办公区院长、书记走廊”。

一审诉讼中，W 公司诉讼代理人在 2019 年 4 月 30 日的庭审中明确表示，W 公司基于保理合同关系要求三被告同时承担连带责任，有明确的事实根据和法律依据。一审法院在诉讼过程中向 F 医院工作人员进行调查时，工作人员在笔录中所称 F 医院在 2018 年 5 月与 S 公司签订了两份购售合同，且从 2018 年 11 月开始实际接受 S 公司的货物供应并拖欠相应的货款。上述业务往来实系吴某木、方某虎、艾某昌借用 S 公司的名义实施。吴某木、方某虎、艾某昌在公安机关进行调查时称，三人在向 F 医院供应医疗用品时，S 公司实际控制人陈某灿为增加 S 公司流水，要求三人借用 S 公司名义向 F 医院供货，三人答应后以 S 公司名义与 F 医院签订了供货合同。

本院查明的其他事实与威海市中级人民法院再审查明的事实基本一致。

本院认为，威海市中级人民法院（2020）鲁 10 民再 46 号民事判决认定的基本事实缺乏证据证明，适用法律确有错误。具体理由如下：

一、终审判决适用《中华人民共和国侵权责任法》的规定判令 F 医院承担侵权责任，适用法律确有错误。

本案一审诉讼过程中，W 公司的诉讼代理人在 2019 年 4 月 30 日的庭审中明确表示，W 公司基于保理合同关系要求三被告同时承担连带责任，有明确的事实根据和法律依据。因此，可以确认，W 公司请求F医院承担民事责任，行使的系合同请求权，而合同请求权行使的法律依据为《中华人民共和国合同法》及其他法律规定中与合同法律关系相关的规范。合同请求权与侵权请求权虽然在法学理论上同属于债权请求权的范畴，但二者的规范基础仍有本质区别，合同法规范不能作为侵权请求权的规范基础，同样，侵权法规范亦不能作为合同请求权的规范基础。这就决定了，在诉讼中侵权之诉与合同之诉不能合并审理，这也是《中华人民共和国合同法》第一百二十二条之所以规定，因合同一方当事人的违约行为侵害对方人身、财产权益的，受损害方应当在要求对方承担违约责任或侵权责任中择一选择，而不能同时请求的原因。本案中，在W公司选择行使合同请求权的情况下，终审判决选择以合同法规范为基础判决S公司和张某胜承担合同责任的同时，以侵权责任法规范判令F医院承担侵权责任，适用法律确有错误。

二、从侵权责任的构成要件分析，终审判决认定F医院承担侵权赔偿责任，认定的基本事实缺乏证据证明，适用法律确有错误。

过错侵权责任的构成，一般需要具备四个要件，即侵权行为、侵权人的过错、损害后果、侵权行为与损害后果具有因果关系。具体到本案：

第一，关于F医院是否存在侵权行为。终审判决认定F医院存在侵权行为的逻辑为，F医院擅自允许犯罪嫌疑人进入设置有门禁的行政人员办公区域，擅自允许犯罪嫌疑人使用其主要领导的办公室及办公电脑，致使犯罪嫌疑人实施携带或身着F医院工作服、携带或胸佩该院工作牌，以财务信息系统展示F医院对S公司的应付账款，现场在应收账款转让通知书回执上盖章等行为，造成W公司工作人员相信犯罪嫌疑人系在履行职务，故可以认定F医院的管理很不规范。

首先，F医院作为民法上的法人主体，经决策机构决定并由执行机构或经授权的工作人员从事的行为方能认定为法人行为。而从公安机关查证并经刑事裁判认定的事实看，S公司的工作人员是经S公司实际控制人陈某灿联系F医院党委书记李某，经李某许可后进入办公区域的。而李某这种正常的人际交往行为，不能纳入履行F医院工作人员职责的行为范畴，故不能将上述行为认定为F医院的行为。

其次，从管理是否规范的角度来看，F医院在领导办公区域设置门禁系统是为了防止他人随意进入领导办公区域，而不是为了保障不特定第三人的权利，即本案中W公司的债权安全并不是F医院规范管理所要承担的保护义务。侵权行为的成立以义务的违反为前提，既然F医院不负有对W公司债权的保护义务，故不存在因其管理不规范成立侵权责任的可能。事实上，对借助他人办公场所实施犯罪这种超出正常认知的情形，苛责不知情的第三人予以防范，亦属强人所难。终审判决认定F医院存在侵权行为，系认定的基本事实缺乏证据证明。

第二，关于W公司所遭受的损害与F医院的过错认定问题。本案中，从民事法律关系上看，W公司主张的损害实质上是因其与S公司签订的保理合同中约定的用于转让的应收账款不真实而造成合同履行不能导致的债权不能实现，即债权履行不能造成的损失。《中华人民共和国侵权责任法》第二条规定："侵害民事权益，应当承担侵权责任。本法所称民事权益，包括生命权、健康权、姓名权、名誉权、荣誉权、肖像权、隐私权、婚姻自主权、监护权、所有权、用益物权、担保物权、著作权、专利权、商标专用权、发现权、股权、继承权等人身、财产权益。"在该条所列举的权益类型中，并没有包括债权。法学理论和司法实践中，关于债权是否可以作为侵权的标的，主流的观点是不包括。即便少数观点认为债权可以作为侵权的标的，也将之限定在第三人明知债权人债权的存在，恶意阻止债权人债权实现的情形。

本案中，由于F医院根本不知道W公司与S公司签订保理合同转让应收账款的事实，F医院与S公司之间亦不存在W公司与S公司约定转让的应收账款，故不存在F医院阻止债权实现导致W公司损失的可能。而所谓侵权责任法上的过错，是指侵权行为人针对损害形成所具有的故意或过失。如前所述，F医院与W公司之间不存在约定的民事法律关系，不负有约定义务，亦不负有保障W公司债权安全的法定义务，故不能认定其对W公司的损害存在过错。终审判决认定F医院对W公司损失的形成负有主要过错，系认定的基本事实缺乏证据证明，适用法律确有错误。

第三，关于F医院的行为与W公司的损害之间是否成立侵权责任法上的因果关系。在侵权责任法上，因果关系的认定一般采用相当性的标准，而相当因果关系所采用的逻辑公式为：无此行为，虽不必生此损害，有此行为，通常即生此损害，是为有因果关系；无此行为，必不生此损害，有此行为通常亦不生此损害，即无因果关系。本案中，W公司债权不能实现的后果，显然不是F医院党委书记李某允许其他人进入其办公室的行为通常会发生的后果。即便从允许他人进入办公室与欺诈行为发生的因果联系角度分析，欺诈行为的发生亦不属于允许他人进入办公室通常产生的结果。从事实角度分析，一审诉讼过程中，W公司提供其工作人员尽职调查所拍摄的楼层照片时，强调了F医院五楼办公区系院长、书记办公区，意图证明F医院擅自允许他人进入存在过错。但该事实恰恰可以证明其工作人员在尽职调查时存在过错，因为声称为财务（计财）科科长的姜某在院长、书记办公区办公，本身就是最大的疑点，却为其工作人员所忽略。而且，从2019年3月其工作人员通过拨打F医院保卫科电话查询即可得知F医院并无姜某其人的事实亦可看出，W公司被欺诈，主要的原因在于其工作人员尽职调查工作不到位，而非F医院管理不规范所致。终审判决认定F医院管理不规范与W公司在本案中的损失之间具有因果关系，认定的基本事实缺乏证据证明，适用法律确有错误。

综上所述，威海市中级人民法院（2020）鲁10民再46号民事判决认定的基本事实缺乏证据证明，适用法律确有错误。根据《中华人民共和国民事诉讼法》第二百条第二项、第六项、第二百零八条第一款和第二百零九条第一款的规定，经本院检察委员会讨论决定，向你院提出抗诉，请依法再审。

此致

山东省高级人民法院

2021年9月9日

承办人：山东省人民检察院　纪养文

专家点评

一、本案是典型的对诉讼请求为合同请求权能否适用侵权责任法审理的案件，对于法院日后审理涉及合同违约责任与侵权责任竞合的类似案件如何适用法律，具有重要的指导意义

《民法典》第一百八十六条（原《合同法》第一百二十二条）规定，因当事人一方的违约行为，损害对方人身权益、财产权益的，受损害方有权选择请求其承担违约责任或者侵权责任。

依据上述规定，违约责任与侵权责任竞合的实质是民事责任竞合，民事责任竞合即请求权竞合，是指因某种法律事实的出现，而导

致两种或两种以上的民事责任产生，各项民事责任相互发生冲突的现象。当行为人实施的一个行为，在法律上符合数个法律规范的要求，因而使受害人产生多项请求权时，这些请求权相互冲突。同一民事违法行为同时符合数种民事权利保护的规定，就构成民事责任竞合。民事责任竞合的法律后果是采取择一方式，在两个请求权中只能选择其中一个行使；一个请求权行使后，另一个请求权即行消灭。

但本案中，法院审理时明显混淆了合同请求权与侵权请求权的基础法律规范，把侵权之诉与合同之诉合并进行了审理，将W公司以合同请求权方式提起的诉讼，错误地以侵权责任法的规范进行了判决，导致了本案法律适用存在错误。检察机关在抗诉过程中对法院的判决进行了纠偏，并确定案件的审理应当首先以当事人的诉讼请求为基础，不能脱离当事人的请求权基础。检察机关准确把握法律规定，围绕当事人的请求权基础，对合同法规范与侵权请求权规范进行了充分论证，根据《合同法》第一百二十二条规定，受损方不能同时要求合同一方承担违约责任、又要求对方承担侵权责任，必须择一选择，即合同法规范不能作为侵权请求权的规范基础，同样，侵权法规范亦不能作为合同请求权的规范基础。W公司一审诉讼过程中，明确表示W公司是基于保理合同关系要求二被告同时承担连带责任，因此W公司在本案中选择的是合同请求权，W公司在同一事项可能触及不同法律适用时，选择合同请求权也即放弃了侵权请求权。

综上，对于此类案件以及其他所有的民事案件的审理，法院均应首先由当事人明确诉讼请求，围绕诉讼请求的性质对案件定性，并确定应适用何种法律规范，依据合适的法律规范进行审理并作出判决，这样就能有效地保障法律不被错误适用。

二、请求权竞合的诉讼解决路径与“禁止重复起诉”制度有着天然的联系，本案抗诉不仅解决了法律适用错误问题，同时论证了即使适用错误的法律规范，本案中W公司的诉讼请求也不成立，避免了当事人一案再诉，节省了司法资源

对于合同的违反一般适用严格责任原则，即无过错责任，当事人以违约责任为诉讼理由的，无须举证对方有过错，只需要证明未按照合同约定履行即可；而侵权行为一般是采用过错责任，仅产品责任、危险责任、环境污染责任、相邻关系中的责任为无过错责任。如果以侵权规范审理案件的，一般需要具备侵权构成的四要件，首先需证明对方有侵权行为和过错。另外，侵权行为的构成必须以存在损害后果为必要前提，且侵权行为与损害后果之间应具备因果关系。

本案检察机关在审理查明法院适用侵权法规范审理合同请求权法律适用错误后，又从侵权法规范的角度上审查了本案，进行了说理。分别从F医院是否存在侵权行为、W公司所遭受的损害与F医院的过错认定，以及二者是否存在因果关系等侵权构成要件的几个角度进行了充分的论述。通过对侵权构成要件的分析，最终认定F医院在本案中不具备侵权基本特征，从而不需要承担责任。

检察机关通过对本案事实的查明，认定侵权行为成立的标准应以义务的违反为前提，对于涉案W公司的债权并不是F医院规范管理所要承担的保护义务，F医院不存在因管理不规范成立侵权责任的可能，另F医院在本案中也不存在明知W公司与S公司债权的存在、恶意阻止W公司债权实现的情形，F医院与W公司之间不存在约定的民事法律关系，也不负有保证W公司债权安全的法定义务，因此不能认定F医院对W公司债权损失负有过错。且在侵权责任法上，因果关系的认定一般采用相当性的标准，不能简单地以损害结果推定过错和因果关系，本案W公司损失产生的主要原因在于W公司尽职调查过程中工作人员不尽职，并不是F医院管理不规范，因此F医院管理不规范与W公司损失不存在因果关系，F医院在本案中不具备侵权基本特征，不需要承担侵权责任。

综上，检察机关解决了本案法院适用法律错误的问题后，W公司还能否再次以侵权责任法律规范主张权益的问题，将是必然面临的司法问题。检察机关在抗诉时对此进行了充分的考虑，即本案W公司合同请求权无法实现，侵权请求权也被依法认定不成立，W公司将不能再次起诉，有效节约了司法资源。

三、检察机关充分运用调查核实权查清案件事实，全面客观审查证据，准确认定案件事实，是本案得以抗诉成功的重要前提

案件事实的查明是一切案件被公正审理的基础，本案检察机关通过对卷宗证据特别是刑事判决书、一审法庭调查等证据的查实，依法查明了S公司向W公司提交的其与F医院的购销合同等与交易有关的文件皆系伪造，并查明W公司工作人员宋某云、许某雄在尽职调查时未独立向F医院调查核实有关情况，同时查明2018年5月F医院与S公司签订的两份购售合同实际是S公司要求他人以S公司名义实施。在查清相关事实后，本案实际就是S公司的一系列犯罪行为引发的，检察机关认定F医院根本不知道W公司与S公司签订保理合同转让应收账款的事实，F医院亦不存在W公司与S公司约定转让的应收账款，F医院与W公司之间不存在约定的民事法律关系，不负有约定义务，也不负有保障W公司债权安全的法定义务，最终对F医院的管理规范与S公司的犯罪行为进行明确的定性，作出F医院在涉案债权的发生过程中不知情，在本案中不存在过错，不存在侵权可能，亦不应当承担相应的责任的认定，从根本上对案件进行了定性。

综上，本案实际上是因 S 公司违法犯罪引发，与 F 医院不存在任何关系，事实上，F 医院作为一个不知情的局外人，与 W 公司不存在合同上的法律关系，更无法定义务承担侵权责任。也就是说从事实角度来说，无论是合同关系还是侵权关系，本案都不成立。但是在案涉当事人明确要求 F 医院承担合同责任时，再审法院未经审理查明，以侵权责任法规范直接判决 F 医院承担侵权责任，是对侵权责任与违约责任的混淆处理，将违约之诉与侵权之诉合并处理，违背了法律规定。本案抗诉基于这种情况，明确了违约责任与侵权责任相竞合的情形，认定债权人只能够择一主张，并且法院的审理应围绕当事人的主张进行，不能脱离诉讼请求、混淆法律规范适用，这对于今后类似的民事案件审理具有重要的指导意义，为违约责任与侵权责任竞合的案件处理增加了一个重量级的案例。

点评人：张锋，山东师范大学法学院教授、博士生导师，
山东省知识产权研究中心副主任

叶某与北京Q信息技术有限公司、Y航空有限公司网络服务合同纠纷案

北京市人民检察院第四分院
民事提请抗诉报告书

京四分检民监〔2021〕11890000003号

北京市人民检察院：

叶某因与北京Q信息技术有限公司、Y航空有限公司网络服务合同纠纷一案，不服北京市第四中级人民法院（2020）京04民终89号民事判决，向本院申请监督。本案现已审查终结。

一、当事人基本情况

申请人（一审原告、二审上诉人、再审申请人）：叶某，男，1989年11月16日出生，汉族，北京D（广州）律师事务所律师，住所地广州市番禺区捷进中路某园×座×梯×房。

其他当事人（一审被告、二审被上诉人、再审被申请人）：北京Q信息技术有限公司，住所地北京市海淀区苏州街×号某大厦×层×室。

法定代表人：陈某，执行董事。

委托代理人：武某涛，北京Q信息技术有限公司职员。

其他当事人（一审第三人、再审被申请人）：Y 航空有限公司，住所地广州市白云区人和镇某村 × 号（仅限办公用途）。

法定代表人：纪某平，董事长。

委托代理人：曾某茹，Y 航空有限公司职员。

二、诉讼过程和法院历次审理情况

2019 年 6 月 10 日，叶某起诉至北京互联网法院，以北京 Q 信息技术有限公司（以下简称 Q 公司）未尽告知义务为由，要求 Q 公司赔偿损失 112 元，并支付维权费用 800 元。

北京互联网法院于 2019 年 12 月 10 日作出（2019）京 0491 民初 19441 号民事判决。该院一审查明，Q 公司系“去哪儿网”的运营商。2018 年 1 月 4 日，叶某通过“去哪儿网”购买 1 月 6 日从天津飞往广州的机票，其提交的订单截图，显示内容有：出票成功，2018 年 1 月 6 日从天津飞往广州的经济舱机票，时间 1 月 6 日 21：50 至 7 日 1：15，航班为 AQ××××，联系电话：17×××××6388，总价 529 元。航班信息下方有一行字，内容为成人无免费行李托运额度，仅限重量不超过 7kg 等。叶某认为 Q 公司仅在订单详情页面上提示无免费托运行李信息，但未在预订界面告知其相关情况，导致其在登机前支付了逾重行李费 112 元，有行李票票据为证。

对此，Q 公司不予认可，提交了后台调取的涉案订单界面截图，显示：2018 年 1 月 6 日从天津飞往广州的经济舱机票，时间 1 月 6 日 21：50 至 7 日 1：15，航班为 AQ××××，特殊票务说明：（1）无免费行李托运额度，仅限重量不超过 7kg 且体积不超过……乘机人：叶某。

叶某为证明 Q 公司预订界面没有提示无免费行李托运额度情况，

提交其在“去哪儿网”预订2月20日从天津飞往广州的经济舱机票（航班为AQ××××）时的网页截图，显示内容有：订单总额849元，特殊票务说明：手提行李：1件，7kg，20cm×30cm×40cm；托运行李：15kg（托运+手提总重量）；婴儿票行李：无免费托运行李，可以免费托运一个便携性婴儿车，尺寸及重量以现场工作人员告知为准；行李额度和餐食可以联系航司400–105–××××追加购买。机上不提供免费餐食。叶某为公证该预订界面支付了800元公证费。

Y航空有限公司（以下简称Y航空）主张其为廉价航空，其在官网上公示可根据旅客实际需求提供差异化服务（包括无免费托运行李）并已完成报备；并且，提交出票端口记录截图，以证明其通过OTA平台向手机号尾号为5042的用户发送了提示信息，内容包括：无免费托运行李，可带入机舱的手提行李总重不超过7kg，尺寸不超过20cm×30cm×40cm。叶某对此予以认可。

该院一审认为，依据《最高人民法院关于适用〈中华人民共和国民事诉讼法〉的解释》第九十条规定，当事人对自己提出的诉讼请求所依据的事实或者反驳对方诉讼请求所依据的事实，应当提供证据加以证明，但法律另有规定的除外。叶某的诉讼请求所依据的基础事实是Q公司未在预订界面提醒其无免费行李托运额度，对此其应对该事实提供证据予以证明。而叶某提交的2018年2月20日的预订界面仅能证明该机票包含有免费托运行李额度，并不能证明叶某在预订2018年1月6日机票时，Q公司未向其提示无免费托运行李额度的信息。相反，叶某提交的订单截图以及Q公司提交的后台订单界面截图均显示有该提示信息，故叶某所主张的该事实缺乏证据证明，不能成立。基于此，叶某的诉讼请求，无事实依据，一审法院不予支持。依照《中华人民共和国民事诉讼法》第一百四十四条和《最高人民法院关于适用〈中华人民共和国民事诉讼法〉的解释》第九十条规定，**判决驳回叶某的全部诉讼请求**。

叶某不服一审判决，向北京市第四中级人民法院提起上诉，要求撤销一审判决，依法判令Q公司支付962元及二审全部诉讼费用。

北京市第四中级人民法院于2020年5月26日作出（2020）京04民终89号民事判决。二审期间，Y航空针对上诉请求依法提交了一份关于2019年2月20日AQ×××× 航班客票信息的情况说明（以下简称情况说明）：该次航班销售客票分为灵动实惠及商务优选两种类型，其中灵动实惠类型客票售价849元（机票799元，机场建设费50元），含15kg免费行李托运额度（手提及托运总重量）；商务优选类型客票售价1359元（机票1309元，机场建设费50元），含20kg免费行李托运额度（手提及托运总重量）。拟证明Y航空提供差异化服务，已经尽到合理且充分的告知义务。叶某否认该证据的真实性，认为不属于新证据，并提供Y航空运输总条件，拟证明Y航空对外公示的运输总条件无免费行李额度。Y航空认可该证据的真实性，但认为运输总条件没有写不代表实际没有免费行李托运额度，航空公司可以根据情况调整服务模式，2019年2月20日AQ×××× 航班实际是有免费行李托运服务的。叶某又补充提交了《中国民用航空局国家发展和改革委员会航空旅客价格政策的通知》（以下简称《通知》），拟证明Y航空变更服务内容应向相关主管部门报备和向社会公布，并提出文书提出命令申请，要求Y航空向法庭提交已按《通知》要求报备和对外公示的证据。Y航空再次补充提交了2019年2月20日AQ×××× 航班灵动实惠及商务优选两种服务类型的出票记录（以下简称出票记录），与情况说明相互印证，拟证明该航班有两种服务类型，因价格不同分别含有不同免费行李额度。叶某认为Y航空单方提出的证据没有证明效力。Y航空和Q公司均认为《通知》指的是运输价格调整需要备案和公示，而非服务变更需要备案和公示，对叶某所述的证明目的不予认可。Y航空还认为，自己提交的上述两组证据能够与叶某通过电子数据保管方式提交的“去哪儿网”2019年2月20日AQ×××× 航班预订信息相互印证，说明该次航班含有免费行李托运额度。鉴于Y航空和Q公司认可叶某提供的证据的真实性，故该院对叶某提交的上述证据真实性予以确认。Y航空提交的两组证据，能够与叶某提交的2019年2月20日“去哪儿网”AQ×××× 航班预订信息相互印证，该院亦认可其真实性。上述证据的证明目的在该院认为中予以阐述。关于叶某的提交的文书命令申请，《通知》表述的是运输价格调整需要抄送相关部门和对外公示，而非服务内容变更需要履行上述程序。且双方争议的事实是2019年2月20日AQ×××× 航班是否有免费行李托运额度，而非Y航空是否履行了行业监管要求其履行的相关义务。该证据无法证明待证事实，不符合《最高人民法院关于民事诉讼证据的若干规定》第四十七条的情形，该院不予准许。

二审期间，各方确认叶某通过电子数据保管方式提交的2月20日“去哪儿网”AQ×××× 航班的预订界面的时间是2019年，非一审认定的2018年，对此该院予以纠正。该院二审查明的其他事实与一审查明事实一致。

该院二审认为，本案是叶某以Q公司为被告的网络服务合同纠纷。二审争议焦点为，**Q公司提供的机票销售服务过程中是否履行如实展示客票信息的义务，以及是否应当承担相应责任**。依据《最高人民法院关于适用〈中华人民共和国民事诉讼法〉的解释》第九十条规定，当事人对自己提出的诉讼请求所依据的事实或者反驳对方诉讼请求所依据的事实，应当提供证据加以证明，但法律另有规定的除外。

叶某认为Q公司在其下单购票的过程中未提示该笔机票订单“无免费行李托运额度”，其提供的2019年2月20日AQ×××× 航班预订信息能证明该时间点之前Q公司的机票预订页面均未对“无免费行李托运额度”进行提示。从一审查明事实来看，该证据显示的特殊票务说明里恰恰提示了托运信息：“托运行李：15kg（托运＋手提总重量）”，且二审期间Y航空提交的情况说明和出票记录再次印证了2019年2月20日AQ×××× 航班的实际信息与Q公司展示的预订信息一致，上述证据能够相互佐证，形成完整的证据链，证明该航班包含有免费托运行李额度。2018年1月4日的涉诉航班与2019年2月20日预订航班虽然航班号相同，但航班价格和托运政策亦不相同，该证据无法证实叶某主张的2019年2月20日之前，Q公司提供的预订信息里无免费行李托运额度提示的事实。关于涉案航班的预订信息为要约信息，应当由电子服务合同的提供者Q公司提供的上诉主张。与传统的服务信息发布模式不同，电子服务提供者通过网站自动发布的服务信息具有互动性，即预先设定程序指令、算法、运行参数及条件与相对方交互信息，最终生成订单信息作为双方电子合同的凭证。如果在已有电子订单情况下，再将预订过程中的每一个交互页面都予以保存一并作为合同条款，既抬高了交易成本，也不符合网站经营的实际情况。本案中，Q公司提供了交易订单的信息，不存在违反《中华人民共和国电子商务法》第六十二条的情形。实践中，确有电子合同管控方利用存证时间差变更电子订单的情形，但双方发生纠纷后，由主张电子合同发生变更的消费者承担初步证明责任，是符合“谁主张，谁举证”的基本举证原则的。具体到本案，叶某主张订单信息非预订信息，并提供了2019年2月20日AQ×××× 航班预订信息、Y航空运输总条件、《通知》以及网友对Y航空除机票外另行购买行李票的相关评论等证明，可上述证据均无法证实Q公司展示的航班信息“无免费行李托运额度提示”的事实。综上，一审对证据责任的分配并无不当，叶某对自己主张的事实未提供证据予以佐证，不符合《最高人民法院关于适用〈中华人民共和国民事诉讼法〉的解释》第九十四条之规定。该院不予支持。

综上所述，叶某的上诉请求不能成立，应予驳回；一审判决认定事实存在瑕疵，适用法律正确，应予维持。依照《中华人民共和国民事诉讼法》第一百七十条第一款第一项、《最高人民法院关于适用〈中华人民共和国民事诉讼法〉的解释》第三百三十四条规定，判决：**驳回上诉，维持原判**。

叶某不服二审判决，向北京市高级人民法院申请再审，请求撤销二审判决，改判支持叶某的一审诉讼请求，并由Q公司承担全部诉讼费。北京市高级人民法院于2020年12月28日作出（2020）京民申4581号裁定驳回再审申请。该院经审查认为，当事人对自己提出的诉讼请求所依据的事实或者反驳对方诉讼请求所依据的事实，应当提供证据加以证明，但法律另有规定的除外。在作出判决前，当事人未能提供证据或者证据不足以证明其事实主张的，由负有举证证明责任的当事人承担不利的后果。根据查明的事实，叶某提交的证据均无法证明Q公司展示的航班信息“无免费行李托运额度提示”的事实。故对于叶某要求Q公司承担未履行如实展示客票信息的义务而应负赔偿责任的请求，一审、二审法院未予支持，处理并无不当。叶某申请二审法院责令Y航空提交文书，不符合《最高人民法院关于民事诉讼证据的若干规定》第四十七条的情形，二审法院对此不予准许并无不当。Y航空提交的证据，已对个人信息进行技术处理。叶某主张二审法院认定基本事实缺乏证据证明，缺乏事实依据。遂**裁定驳回叶某的再审**

申请。叶某不服，向检察机关申请监督。

三、申请监督理由及其他当事人意见

（一）叶某的申请监督理由

叶某认为二审法院认定事实缺乏证据证明、适用法律错误，程序违法。

1. 对审理案件需要的主要证据，当事人因客观原因不能自行收集，书面申请人民法院调查收集，人民法院未调查收集。

2. 原判决适用法律错误，应当由Q公司承担提供原始合同和交易记录的举证责任，并承担举证不能的责任。

3. 原判决认定的基本事实缺乏证据证明，二审法院采信的Y航空提供的出票记录暴露了案外第三人的隐私，应该予以排除。

（二）Q公司的意见

Q公司认为，二审判决正确合法，Q公司已经尽到举证责任证明在叶某下单过程中进行了提示。

（三）Y航空的意见

Y航空同意原审判决。

四、检察机关审查认定的事实

本院审查认定的基本事实与北京市第四中级人民法院认定的基本事实一致。

在向本院申请监督时，叶某向检察机关提交《民事诉讼监督案件听证申请书》，要求就Y航空是否泄露肖某琴、周某辉的个人信息的事实认定以及肖某琴、周某辉的个人信息是否不得作为认定案件事实的根据的问题召开听证会。

本院于2021年5月8日就本案组织公开听证。邀请北京市青少年法律援助与研究中心执行主任（北京市人大代表）张雪梅；中国人民大学法学院副教授、中国人民大学民商事法律科学研究中心研究员熊丙万；中国互联网协会调解中心秘书长王斌作为听证员参加听证。听证事项为：1.本案的举证责任分配是否正确；2.Y航空在二审中提交的案外人的出票记录是否侵犯了案外人的个人信息。听证员经过讨论后的一致意见为：

（1）建议对本案进行监督；

（2）通过发送检察建议，促进OTA平台纠纷取证机制、合理提示等机制的确立，促进网络空间治理。

五、提请抗诉理由

本院认为，北京市第四中级人民法院（2020）京04民终89号民事判决举证责任分配不当、适用法律确有错误，建议提请抗诉。理由如下：

本案纠纷发生在《中华人民共和国民法典》、《中华人民共和国电子商务法》（以下简称《电子商务法》）颁布施行之前，因此，本案应适用行为当时有效的《中华人民共和国合同法》（以下简称《合同法》）及相关法律规定。

本案争议的焦点问题是**Q公司在叶某下单购票前是否对该笔机票订单“无免费行李托运额度”进行了提示**。一审、二审法院认为应当由叶某承担举证责任证明Q公司未尽提示义务。本院认为一审、二审法院关于举证责任的分配违反法律规定，属于适用法律错误。

（一）“无免费行李托运额度”属于格式条款，依据相关法律规定，Q公司负有对该条款进行合理提示的义务

“去哪儿网”系旅游产品的电子商务平台（OTA平台），机票出售

方或者代理商向“去哪儿网”提供代售机票的信息，“去哪儿网”以其自身技术手段将机票信息呈现为其网站页面，使网络用户可以通过“去哪儿网”搜索及预订机票，双方形成网络服务合同关系。

《中华人民共和国合同法》第三十九条规定，格式条款是当事人为了重复使用而预先拟定，并在订立合同时未与对方协商的条款。Q公司提供的机票产品条款属于未与当事人进行协商，供广大消费者无差别使用的格式条款。根据《中华人民共和国合同法》第三十九条、《中华人民共和国消费者权益保护法》第二十六条第一款的规定，经营者在经营活动中使用格式条款的，应当以显著方式提请消费者注意与消费者有重大利害关系的内容。本案中，《中国民用航空旅客、行李国内运输规则》第三十八条规定了旅客乘机的免费行李额度，旅客乘坐飞机包含免费的行李额也已经成为一般的交易习惯，航空公司单方面规定在一定条件下乘客无免费托运行李额度对消费者的权利构成重大限制，根据法律规定应当以显著方式进行合理提示。

Q公司作为电子商务经营者，应当全面、真实、准确、及时地披露商品或者服务信息，保障消费者的知情权和选择权，在对Y航空产品展示页面进行整合的情况下，负有以合理方式向用户全面、完整地展示产品信息的合同义务，尤其是对于与消费者有重大关系的格式条款，负有采取合理方式进行显著提示的法定义务。

（二）根据相关法律规定，Q公司应承担尽到合理提示义务的举证责任，在案证据不能证明Q公司在叶某下单购票前进行了合理提示，二审判决关于举证责任的分配错误

1. 依照相关法律规定应当由Q公司承担尽到合理提示义务的举证责任。

“谁主张，谁举证”是民事诉讼的基本规则。《最高人民法院关于适用〈中华人民共和国民事诉讼法〉的解释》第九十一条规定:“人民法院应当依照下列原则确定举证证明责任的承担，但法律另有规定的除外:(一)主张法律关系存在的当事人，应当对产生该法律关系的基本事实承担举证证明责任;(二)主张法律关系变更、消灭或者权利受到妨害的当事人，应当对该法律关系变更、消灭或者权利受到妨害的基本事实承担举证证明责任。”《最高人民法院关于适用〈中华人民共和国合同法〉若干问题的解释(二)》第六条规定:“提供格式条款的一方对格式条款中免除或者限制其责任的内容，在合同订立时采用足以引起对方注意的文字、符号、字体等特别标识，并按照对方的要求对该格式条款予以说明的，人民法院应当认定符合合同法第三十九条所称‘采取合理的方式’。提供格式条款一方对已尽合理提示及说明义务承担举证责任。”

根据前述法律规定，应当由提供格式条款一方对已尽合理提示及说明义务承担举证责任。本案中，叶某提供了订单详情页面和Y航空逾重行李票，证明其与Q公司成立网络购票服务合同的法律关系，并因无免费托运行李额度被额外收取112元费用，叶某已经尽到了初步的举证责任。应当由Q公司举证证明其对“无免费托运行李额度”进行了合理提示。二审法院将举证责任分配给叶某，认为“叶某提供的证据无法证实Q公司提供的预订信息里无免费行李托运额度提示的事实”，进而判决由叶某承担举证不能的责任，违反了前述司法解释的规定。同时，从双方的举证能力来说，由电子商务经营者承担已尽合理提示义务的责任也更为合理。电子商务经营者掌握着平台上所有交易环节的电子数据，其作为电子商务经营者具有法定的保存商品和服务信息、交易记录的义务；而作为消费者，其举证能力较电子商务经营者更弱，要求叶某对其交易过程进行实时截图保存，不符合交易习惯。

2. 电子商务场景下的证明责任应当与传统线下交易场景具有不同的特点和要求，Q公司并未尽到相应的举证责任。

诉讼中，Q公司主张其尽到了举证责任，主要理由为：（1）叶某提供的订单详情页面显示“成人无免费托运行李额度……”的灰色字体；（2）Q公司提供的后台记录显示的订单详情中含有“成人无免费托运行李额度，仅限重量不超过7kg且体积不超过20cm×30cm×40cm的手提行李进入客舱”；（3）叶某提供的2019年2月20日AQ××××航班的预订界面截图显示有“特殊票务说明”。

本院认为以上证据并不能证明Q公司尽到了提示义务：

首先，电子商务场景下，消费者下单前的预订界面对于判断要约内容具有重要的意义。叶某提供的订单详情页面和Q公司提供的后台记录单均属于下单成功之后的界面，下单成功之后形成的合同与下单之前消费者所能看到的预订界面并不必然相同。Q公司并未提供证据证明其在叶某下单之前的预订界面就行李额度问题进行了合理提示，不能仅依据下单成功后的订单详情页面证明Q公司在订立合同过程中对重要条款进行了合理提示。

其次，2019年同航班相关信息与2018年航班相关信息不具有关联性，不能作为证据采信。由于电子交易、网络页面更新频繁，叶某提供的2019年2月20日AQ××××航班虽然与2018年航班号相同，但是航班价格和托运政策并不相同，不能以2019年航班预订界面有相关提示证明2018年预订界面亦存在相关提示。此外，从2019年航班预订界面的显示来看，Q公司用黑体加粗的是退改签政策，对于特殊票务说明，使用了与其他信息相同的字体、字号、排版，此种方式的提示并不符合法律规定的“在合同订立时采用足以引起对方注意的文字、符号、字体等特别标识”予以提示的要求，不能证明Q公司进行合理提示。

（三）《网络交易管理办法》等规定对电子商务经营者保存相关商品信息、交易信息进行了明确规定，Q公司应当、也有能力提供已尽提示义务的相关证据却并未提供，应当承担举证不能的责任

《网络交易管理办法》（2014年3月15日起实施）第三十条规定，第三方交易平台经营者应当审查、记录、保存在其平台上发布的商品和服务信息内容及其发布时间。平台内经营者的营业执照或者个人真实身份信息记录保存时间从经营者在平台的登记注销之日起不少于两年，交易记录等其他信息记录备份保存时间从交易完成之日起不少于两年。根据该办法第五十条的规定，对于违反以上规定的，予以警告，责令改正，拒不改正的，处以1万元以上3万元以下的罚款。《中华人民共和国电子商务法》对于电子商务平台经营者保存交易信息、在发生争议时电子商务经营者应当提供原始合同和交易记录的义务进行了规定，虽然《中华人民共和国电子商务法》不能直接适用于本案，但是前述规定的立法本意是一致的。本案诉讼距纠纷发生尚在两年期限内，依照前述法律规定，Q公司应当留存相关商品信息和交易记录。

现行法律并未明确规定原始合同和交易记录的具体范畴，从立法目的来讲，交易信息和原始合同原则上应当包括所有与交易相关的信息。关于商品与服务信息，应当包括何人何时以何种方式发布了何种商品与服务的信息。这些信息应当有助于完整地还原平台内经营者在平台上的活动轨迹。关于交易信息，应当包括平台内经营者向何人、在何时、以何种交易条件、提供了何种数量的商品与服务。考虑到电子商务交易的特殊场景，当事人浏览阅读习惯，下单前期的商品信息展示，尤其是下单前一秒的商品预订界面信息，对于合同内容、合同效力的判决具有直接的影响，是要约的重要依据，应当作为交易记录的一部分予以保存并在发生争议时予以提交。

从提交证据的可行性来说，网络平台公司不是针对特定消费者的商品信息展示，而是在特定时间段内进行的批量性展示的信息，平台公司提供相应的信息要比普通消费者提供的可行性要高。平台可以通过查询调取系统中的订单日志、网页日志还原当时网页的展示页面情况，此种操作非常普遍且易行。目前淘宝网通过交易快照的形式对下单前的订单进行保存。经检索中国裁判文书网案例，与本案同时期的案件中，Q公司也曾提交过预订界面相关电子证据，比如：北京互联网法院（2018）京0491民初1636号杨某明与Q公司（2018年12月28日判决）网络服务合同纠纷案件中，Q公司提供了其调取的订单日志，详细展示了某一期间内原告搜索点击页面、最终下单的全过程。北京海淀区人民法院（2017）京0108民初12599号杨某鳗与Q公司服务合同纠纷一案中，Q公司提供了《合单产品增加过境签提示功能》的上线日志，证明提示了过境签详情；北京互联网法院（2018）京0491民初1623号杨某与Q公司网络服务合同纠纷一案中，Q公司提供了工单日志、订单快照等证据。

综上，由电子商务经营者提供预订环节的相关信息具有合理性和可行性，并非如二审法院所认为的，“如果在已有电子订单情况下，再将预订过程中的每一个交互页面都予以保存一并作为合同条款，既抬高了交易成本，也不符合网站经营的实际情况”。此种认定，并未考虑到电子商务的特殊性，Q公司依法应当举证证明履行了合理提示的义务，并且有能力提供该证据而并未提供，应当承担举证不能的责任。

此外，本案一审及二审庭审确定的争议焦点均为Q公司在叶某订票过程中是否对该笔机票订单“无免费行李托运额度”进行了提示，二审判决将本案争议的焦点问题归纳为“Q公司提供的机票销售服务过程中是否履行如实展示客票信息的义务”，二审对于争议焦点的归纳与实际争议的焦点存在差异，二审判决关于“本案中应当由叶某承担举证责任，并判决叶某承担举证不能的后果”的认定举证责任分配错误，属于《中华人民共和国民事诉讼法》第二百条第六项规定的适用法律确有错误的情形。

（四）抗诉必要性说明

本案诉讼标的额仅为912元，但是对本案确有进行监督的必要，具体理由如下：

1. 法律法规明确规定了电子商务平台保存、提交相关信息的义务，电子商务平台应当严格依照法律规定，保存相关交易信息，并在争议发生时予以提供，对本案进行监督有利于规范电子平台经营者的责任，维护市场交易秩序。

2. 2018年、2019年因机票无免费行李托运服务的问题引发的争议较多，部分经营者通过取消免费行李额度方法降低票价，对消费者产生了误导，给消费者带来了不便，从公平正义的角度看，在发生争议时，电子商务平台应当承担更多的责任。

3. 对本案进行监督有利于明确《中华人民共和国电子商务法》相关条文的适用，具有规则引领的作用，符合精准监督的理念。

本案召开了听证会，听证员的一致意见是建议对本案进行监督。中国人民大学法学院副教授熊丙万认为，对本案进行监督有利于对《中华人民共和国电子商务法》第六十二条规定的交易记录的范畴予以明确。《中华人民共和国电子商务法》规定了电子商务平台应当提供原始合同和交易记录，但是对于什么是交易记录，下单之前的预订界面是否属于交易记录，并未明确规定。司法机关通过司法实践的案例为未来树立规则，对于网络交易的有序发展具有积极作用，对法律明确统一适用同样具有重要意义。

综上所述，北京市第四中级人民法院（2020）京04民终89号民事判决适用法律确有错误，根据《中华人民共和国民事诉讼法》第二百条第六项、第二百零八条第二款的规定，提请你院向北京市高级人民法院提出抗诉。

2021年11月12日

承办人：北京市人民检察院第四分院　张志民、郝利凡

专家点评

法律文书不仅是具体实施法律的重要手段，同时也是司法为民的关键载体和宣传法律的生动教材。检察法律文书，是检察官运用法律思维处理案件的体现，是以人民群众“看得见”的方式弘扬社会主义核心价值观、展现社会主义法治理念的重要形式。检察法律文书的质量反映了检察官的专业素质和业务水平，关系到人民检察院的形象，直接影响办案效果，要将其作为提升检察公信力的重要抓手。本文书系一份民事检察提请抗诉报告书，虽涉案标的“袖珍”，但事关人民群众切身利益且法律问题复杂尖锐，具有良好的代表性和引领性。

一、直面社会问题，提升法律规则明晰度

在国内的经济舱航班服务业务中，航空公司提供一定额度的免费行李托运服务已成惯例。但随着航空公司推行差异化服务，廉价航空开始不再提供免费行李托运服务，打破了以往的交易惯例，并曾因此引发了不少消费合同纠纷案件。同时，OTA平台（在线旅游平台，全称为Online Travel Agency）作为新兴的订票途径，具有区别于传统线

下交易场景的新特点，但不少交易规则的适用尚不明确，影响消费市场秩序和预期的稳定形成。正如文书在“抗诉必要性”部分所言，本案标的虽不大，但反映的法律问题极具代表性，涉及 OTA 平台在售票时提示消费者“无免费行李托运额度”义务的有无、证明责任分配等疑难问题，又关乎《电子商务法》第六十二条关于“交易记录”的理解等前沿问题。

对本案进行监督有利于整治经营者以减少服务、低价营销的方式误导消费者的行为，规范电子商务平台经营者的责任，维护市场交易秩序；同时，有助于明确《电子商务法》相关条文的适用，具有规则引领的作用，符合精准监督的理念。该文书既回应了社会热点，又积极解释法律、探索规则适用，同时运用检察建议为推动 OTA 平台整治规范开出检察良方，促进了网络空间治理，维护了司法公正。此外，鉴于因机票无免费行李托运服务的问题引发的争议频发，此文书对今后此类案件的审理将具有重要的指引价值。

二、精准归纳争议焦点，辨法析理严谨充分

本文书细致梳理相关证据与法律关系，纠正了二审判决对争议焦点的错误归纳，准确点明实际争议焦点为“在消费者下单购票前，OTA 平台是否对该笔机票订单‘无免费行李托运额度’进行了提示”。文书从争议焦点出发，分三个层次进行了充分论证。第一个层次，从实体法规定的角度论证 OTA 平台应当全面、真实、准确、及时地披露商品或者服务信息，特别是对于消费者的权利构成重大限制的“无免费行李托运额度”的格式条款应当依法以显著方式进行合理提示。第二个层次，从举证责任的角度分析，根据《最高人民法院关于适用〈中华人民共和国合同法〉若干问题的解释（二）》第六条的规定，提

供格式条款一方对已尽合理提示及说明义务承担举证责任。本案中，OTA平台应承担尽到合理提示义务的举证责任，在案证据不能证明OTA平台在消费者下单购票前进行了合理提示，进而得出二审判决关于举证责任分配错误的结论。第三个层次，分析电子商务线上交易场景与传统线下交易场景的不同特点，结合电子商务平台与消费者举证能力的差异以及《网络交易管理办法》《电子商务法》等对电子商务经营者保存相关商品信息、交易信息的相关规定，论证OTA平台承担尽到合理提示义务的合法性和现实可行性。以上论证层层递进，逻辑严密，说服力强。

为精准适用法律，确保办案质效，检察机关针对电子商务新型疑难问题召开听证会听取专家意见，结合专家意见对本案的法律适用等争议问题进行充分研判。文书对法律适用问题进行了严密的推理，准确界定了涉案合同交易的格式条款属性和法律适用难点，即明确了平台方具有提示和说明义务，并负有相应的举证责任。文书论证既有严密有序的逻辑推理，也有入情入理的专业说理，纠正了原审法院的法律适用错误，正确地划分了证明责任。

文书适用法律正确，且有突破。该提请抗诉报告书除引用《合同法》外，还引用了《中国民用航空旅客、行李国内运输规则》《网络交易管理办法》等与案件有关的特别规则，法律框架完整，论证处处有法律支持，具有充分的法律正当性。《电子商务法》虽不直接适用于本案作为最终裁判依据，但文书将该法律作为重要的背景性规则，借助其来分析涉案当事人的法律义务，展现了对合同法的体系化思维能力。特别是，该文书结合《电子商务法》第六十二条规定的电子商务经营者的“交易记录”提供义务和相应的交易信息保存义务等法定义务安排，并通过大数据检索裁判文书，根据涉案航空公司在过往其他诉讼争议案件中的举证能力情况，就涉案消费者和航空公司之间的举证责任作了妥善分配，可谓辨法析理严谨充分。

三、指导司法实践，丰富民法学说

文书观点明确、逻辑严谨，既有理论深度，又有实践意义，具有较高的学术价值和应用价值，其在法律规则适用方面的理念、方法颇具典型意义和指导价值。文书从格式条款的角度分析该案，提供了新的审判思路，展现了卓越的司法智慧。此外，文书从立法目的对“交易信息”进行解释，指出交易信息应当包括平台内经营者向何人、在何时、以何种交易条件、提供了何种数量的商品与服务，下单前期的商品信息展示应当作为交易信息由经营者予以保存。该解释既符合立法目的，又顺应公平正义的理念，为今后类案处理提供了指导和参考。这也丰富了关于“格式条款提供方的提示义务”的民法学说，特别是结合电子商务经营者的“交易信息”提供义务，丰富了格式条款提供方的提示义务解释场景。

同时，检察机关对本案进行监督有利于提高人民法院对该问题的重视，促使其积极对《电子商务法》第六十二条规定的交易记录的范畴予以明确，通过司法实践为未来树立规则，对于网络交易的有序发展以及法律明确统一适用具有重要意义。

四、格式规范有准度，语言明确有力度

该民事提请抗诉报告书客观陈述了经审查认定的事实，抗诉理由层次清晰，释明法理准确、讲明情理生动、表达规范通俗，体现了较高的写作文笔水平。特别是，文书明确和突出了争议的焦点问题，有条理地回顾了原审认定的事实、判决理由和判决结果，并在此基础上提出了明确的抗诉意见和充分的抗诉理由。文书将重点落在对争议问

题的说理，针对性强，明确指出原审在法律上的适用错误，并敏锐地观察到线上售票与传统交易的不同。文书依托于具体的法律条文，并从电子商务的交易特点、相关管理规范、立法目的、实操可行性等角度充分论证了由电子商务经营方承担已合理提示的证明责任的合法性与合理性，有理有据，有助于人民法院认识问题的本质、理解问题的特殊性，为人民法院再审此案提供了良好的基础。

本案标的虽小，但背后的法律问题深刻、社会影响广泛，具有重要的示范和指导意义。检察官不惜笔墨，针对诉辩双方争执的焦点问题条分缕析，整个提请抗诉报告书制作标准规范，结构严谨，叙事清楚，论理充分，是一篇优秀的检察文书。

点评人：熊丙万，中国人民大学法学院副教授、博士生导师

Shiwu Redian

实务热点

践行“枫桥经验”与民事检察和解有关问题研究

洪　海　于赫男[*]

“枫桥经验”经历60多年的发展和创新，历久弥新。检察机关借鉴新时代“枫桥经验”开展民事检察和解工作，坚持以人民为中心，注重化解矛盾纠纷，积极参与社会治理，展开了司法为民的新篇章，以更实举措助推民事检察工作现代化。现阶段，检察机关开展民事检察和解工作存在立法规定不完善、工作机制不健全、和解效力不明确的情况。本文以哈尔滨市N区人民检察院办理的多件民事检察和解案为样本，分析检察机关开展民事检察和解工作的政治基础、现实需要、职责支撑、职能优势；以及在实际工作中影响该制度落实发展的限制因素，包括检察工作人员开展和解工作的主动性不足、因立法缺位导致的适用案件类型不统一、引导当事人和解的阶段、方式不明确、和解的法律效力不明确等；结合法律规定、法学理论、工作实践总结出开展民事检察和解工作应遵循的自愿原则、合法原则、公正原则、有限原则；提出完善民事检察和解制度的建议，包括完善立法明确民事检察和解制度的适用范围，多措并举健全民事检察和解工作机制，多

* 洪海，黑龙江省哈尔滨市南岗区人民检察院检察长；于赫男，黑龙江省哈尔滨市南岗区人民检察院检察官。

管齐下保障民事检察和解效力。通过以上分析和建议，以期为检察机关扎实做好民事检察和解工作贡献绵薄之力。

一、检察机关开展民事检察和解的理论依据

（一）民事检察和解制度的概念

现行立法没有对民事检察和解制度的概念进行规定。有学者认为，民事检察和解是指当事人因对法院的生效裁判不服而申诉至检察机关，检察机关经过审查，认为生效裁判没有瑕疵，或虽在事实认定、法律适用等方面存在问题但不足以引起再审或抗诉没有必要的，在当事人有和解意愿的情况下，通过说服工作，促进双方达成和解协议，彻底解决其纠纷的制度。[①]

（二）检察机关开展民事检察和解的依据与价值

一是创新发展新时代“枫桥经验”是检察机关开展民事检察和解的政治基础。“枫桥经验”是基层社会治理现代化、民主化、法治化的一个范本，传承、弘扬并积极践行“枫桥经验”，以新理念、新方式化解矛盾，是新时代检察工作的重要内涵。有学者认为，所有国家司法制度都要求司法机关发挥相应的政治功能，这个政治功能最核心的一点就是社会控制，即通过社会控制实现社会的整合或者是维护社会稳定。民事检察和解工作是检察机关切实解决群众实际问题，化解社会矛盾纠纷，助力市域社会治理的具体体现，彰显了检察机关的司法公信力和社会影响力。

二是司法为民、营造法治化营商环境是检察机关开展民事检察和解的现实需要。民事检察监督程序处于民事诉讼的末端，案件当事人

---

① 黄旭东、胡晓霞：《论民事检察和解的理性与完善》，载《西南大学学报（社会科学版）》2010年第6期。

往往是经历了一审、二审、再审等多个诉讼阶段后仍然不能“服判”，双方当事人处于无法沟通的“白热化”状态，当事人饱受诉累困扰导致其工作、生产、生活无法正常进行，漫长的诉讼过程也可能会“拖垮”“拖瘦”一个企业。民事检察和解致力于矛盾纠纷的源头化解，聚焦“司法为民”、服务大局、优化法治化营商环境，把平等保护各类市场主体合法权益作为民事检察工作的着力点和落脚点，努力解决人民群众的“急难愁盼”问题，努力为企业提供法治动能保障企业健康发展，为当事人摆脱诉累贡献民事检察力量。

三是由“建议”到“引导”是检察机关开展民事检察和解的职责支撑。《人民检察院民事诉讼监督规则》（以下简称《监督规则》）第51条将原规定的“当事人有和解意愿的，可以建议当事人自行和解”修改为“当事人有和解意愿的，可以引导当事人自行和解”，从“建议”到“引导”，既体现了民事检察在当事人和解中的地位和作用的转变，又体现了民事检察履职理念的转变。

（三）检察机关开展民事检察和解的职能优势

一是相较于人民法院审理民事案件时的调解工作，检察机关办理民事检察和解案件的调查取证较全面，引导和解方式更多样。通常情况下，人民法院基于中立地位，在民事诉讼中依据“优势证据”原则，依据当事人双方提供的证据和法律进行裁判，囿于案件量大、工作难度大等因素，法院在审理案件时存在调查核实不全面、开庭审理流程化、缺席审理未质证等情形。检察机关在民事争议实质性化解方面较法院有一定的优势：从职责定位上看，民事检察兼具公权监督与私权救济相结合的职能属性，民事检察部门在监督纠正错误司法裁判的同时，切实发挥着对当事人权利救济的职能作用[1]；从职能定位上看，检察机关作为法律监督机关，既可以对生效裁判、执行情况、审判程序违法进行监督，又可以为弱势群体提供支持起诉等法律帮助；从履职方式上看，检察机关既可以背靠背询问、充分调查取证、进行司法鉴定，又可以借助“外脑”、联合其他行政机关开展公开听证释法说理、申请司法救助解决案件背后的症结。

二是相较于当事人自行和解而言，检察机关居于中立地位，具有引导和解的主动性、较强的法律专业性和司法权威性。案件双方当事人在经历多次诉讼后，虽然拿到多份判决、裁定，但定分而未止争、案结而事未了，双方矛盾较深，难以心平气和地自行和解。检察机关在深入调查、依法审查后，可以针对案件证据和适用法律进行中立分析，从诉讼的经济成本、时间成本、执行成本向双方当事人释法说理，借助法、理、情、义相结合，引导双方当事人和解，力争实质性化解社会矛盾纠纷、保障司法公正。

二、民事检察和解制度的不足

民事检察和解制度对于化解社会矛盾、维护社会稳定、推进民事检察精准监督意义重大，但现阶段，此项工作于立法层面和检察实践中仍存在引导和解无体系、细则少、监督“无法可依”的不足。在现有法律规定中，仅有《监督规则》第51条、第73条第3款对此项制度进行了原则性规定。在民事检察工作实际中，仍存在对民事检察和解的法律价值认识不足、制度定位不清、适用对象不明、程序不健全、法律效力欠缺等问题，影响民事检察和解制度的工作质效，亟

① 于潇:《加强民事生效裁判监督 汇聚法治“最大公约数”》，载《检察日报》2022年7月16日，第4版。

须进一步阐释补足。[①] 在这种情况下，一方面，承办人对民事检察和解制度的认识和践行力度不足；另一方面，承办人在办案过程中发现可以适用民事检察和解制度时，只知可以发挥“引导”作用，对和解案件的具体适用范围、在何阶段、以何种方式进行引导，以及民事检察和解的法律效力等问题均不明确。因立法规定不完善、在实际工作中暂无系统化成熟的工作模式可供参考执行，导致此项工作暂无规范化、模式化、统一化工作路径，影响了此项工作的落实以及司法为民的进程。

（一）检察工作人员开展和解工作的主动性不足

在传统办案观念中，对于生效裁判监督案件，承办人通常只关注生效裁判在事实认定、法律适用等方面是否有错误，进而作出决定结案了事（多数情况下是作出不支持监督申请决定），引导当事人和解、开展息诉工作的意识较弱；对于民事支持起诉案件，承办人通常将着眼点落在为当事人提供法律帮助、制发支持起诉决定书等常规操作，而疏于对双方当事人的诉前调解、引导。

（二）民事检察和解制度适用案件类型不统一

其一，对和解案件适用类型纷争较大的是生效裁判监督案件不同情形如何适用该制度。有观点认为，原则上，针对确有错误和具有瑕疵的生效裁判，检察机关可以积极引导当事人进行检察和解，达成和解协议；针对生效裁判并无错误的情况，检察机关应当耐心细心热心地做好当事人的心理疏导工作，释法说理，安抚当事人的情绪，最大

① 单平基:《秉承能动检察理念促进民事和解》，载《检察日报》2022 年 9 月 9 日，第 3 版。

化实现息诉结案，但是个别情况下仍可引导和解。[①] 与之相对，另有观点认为，前两种情形（一是生效裁判认定事实清楚、适用法律正确、程序合法；二是生效裁判虽有瑕疵，但对当事人实体权益影响不大，无再审、抗诉必要，或者再审、抗诉可能引发新的社会矛盾，不利于当事人权益保护）是民事检察和解适用的主要案件类型，对于第三种情形（生效裁判在事实认定、适用法律等方面确有错误），检察机关应当坚持依法监督纠正，因为检察监督首先是对公权力行使的监督。[②] 其二，民事检察和解是仅能适用于生效裁判监督，抑或可以适用于民事检察工作的其他案件类型，也存在分歧。对于民事检察和解制度适用的案件类型，有学者认为，民事检察和解仅适用于生效裁判监督。[③] 实践中，除对生效裁判监督案件引导当事人和解外，还存在大量支持起诉检察和解案件，同时也有在民事执行监督中践行"枫桥经验"，进行检察和解，化解信访矛盾的典型。[④]

（三）民事检察和解制度引导当事人和解的阶段不明确

在检察工作实践中，一般是在检察机关作出结论前进行引导和解工作，但同时也存在案件办结后的检察和解，包括作出不支持监督申请决定后继续检察和解，以及抗诉后法院再审阶段继续检察和解[⑤] 的

---

① 刘霞:《新时代民事检察和解适用的初步探讨》，载《检察日报》2021 年 11 月 24 日，第 7 版。

② 王莉:《更新监督理念，做好新时代民事检察和解工作》，载《检察日报》2021 年 2 月 24 日，第 7 版。

③ 黄旭东、胡晓霞:《论民事检察和解的理性与完善》，载《西南大学学报（社会科学版）》2010 年第 6 期。

④ 周瑾宇、刘海璇:《新时代"枫桥经验"下民事检察和解的履职层次解析》，载《中国检察官》2022 年第 18 期。

⑤ 周瑾宇、刘海璇:《新时代"枫桥经验"下民事检察和解的履职层次解析》，载《中国检察官》2022 年第 18 期。

情形。

（四）民事检察和解制度引导当事人和解的方式不明确

《监督规则》未对检察机关可以采用何种方式开展民事检察和解工作进行规定，导致承办人只能凭办案经验摸索、相互学习借鉴的方式开展和解工作，实践中亟待明确该项制度可采取何种方式引导当事人和解、不同案件性质采取何种检察监督方式、引导和解时开展公开听证的案件范围等问题。

（五）民事检察和解的法律效力不明确

检察机关不具有裁判的权力，其促成的和解协议不会对原生效法律文书的确定性效力产生直接的影响。民事检察和解协议也只是“附条件”的合同，其与原生效法律文书之间并不是完全对立的，和解协议不能抵制、阻碍原生效法律文书的强制执行，更不能取代原生效法律文书成为强制执行的依据。只有通过当事人的自愿履行，才能变更原生效法律文书所确认的履行标的、数量、期限、方式等内容，实现和解协议的预期效力。[①]如何使民事检察和解更具有实际效力、真正落实到位，成为确保该项制度稳定发展、惠及人民的关键。

三、检察机关开展民事检察和解工作的原则

结合现有法律规定、法学理论、工作实践总结分析，检察机关开展民事检察和解应坚持自愿、合法、公正、有限监督的工作原则。

（一）自愿原则

民事检察和解始于检察机关对当事人的引导、调解，终于当事人自愿达成和解，检察和解必须以当事人的意思自治及自愿处分其权利

① 汪全胜、金玄武：《法律绩效评估的社会促动机制》，载《西南大学学报》2009 年第 5 期。

义务为前提，检察工作人员切不可为了“和解”而强迫和解或者“和稀泥”。

（二）合法原则

根据《监督规则》第 73 条第 1 款第 3 项规定，检察机关在引导当事人和解的过程中，在尊重当事人自愿原则的基础上，应当依法审查其和解协议是否违反法律的规定，是否损害国家利益、社会公共利益或他人的合法权益。

（三）公正原则

检察机关在引导和解时应当保持中立客观，通过审查证据找到双方的矛盾点，充分考虑双方当事人的利益，不能偏袒其中一方而损害另一方的利益。

（四）有限原则

检察机关引导和解的前提是原审判决、裁定不存在可监督的情形，一旦生效裁判存在事实错误、法律适用错误，或有新证据足以推翻原裁判等有监督必要性和法定性的情形时，应当以提出再审检察建议或抗诉方式进行监督。

四、检察机关开展民事检察和解的完善建议

如何使民事检察和解制度更加完善、操作更加标准化？一方面，要尽早出台关于民事检察和解制度的法律规范，使该项制度有法可依、有章可循。另一方面，要在实际工作中提高对此项制度的重视，多措并举引导和解，多管齐下确保民事检察和解效力。

（一）完善立法，明确民事检察和解制度的适用范围

现有法律对民事检察和解制度的适用案件范围并无明确规定，在《监督规则》已对此制度作了原则性规定、司法政策已鼓励此项工作的

前提下，在检察实践中已有大量成功民事检察和解案例的印证下，应尽快完善立法，对适用案件类型进行统一规定。实践中，较常见的民事检察和解案件类型包括生效裁判监督案件、执行监督案件、支持起诉案件。

一是对于生效民事裁判监督类案件，检察机关审查后可能出现三种情况：其一，生效裁判认定事实清楚、适用法律正确、程序合法；其二，生效裁判虽有瑕疵，但对当事人实体权益影响不大，无再审、抗诉必要，或者再审、抗诉可能引发新的社会矛盾，不利于当事人权益保护；其三，生效裁判在事实认定、法律适用等方面确有错误，前两种情形是民事检察和解适用的主要案件类型。[①] 对于前两种案件类型，实践中尽管法院作出的判决、裁定在事实认定、法律适用方面并无不当，但由于法院释法说理不足、庭审过程中未充分听取当事人意见、裁判后当事人仍未实现其实际目的，或者生效裁判在事实认定或者法律适用等方面存在瑕疵但不足以予以监督等原因，而导致生效裁判未得到当事人的接纳和认同，难以实现司法定分止争的目的。此种情况下，检察机关释法说理后，在充分尊重当事人意思自治的前提下，可以引导当事人在法律允许的限度内找到双方利益的平衡点，促成双方当事人达成和解，同时经审查在不损害国家利益、社会公共利益和他人合法权益，不违反法律强制性规定的情况下，确认民事检察和解。对于生效裁判在事实认定、法律适用等方面确有错误的情形，检察机关应当依法提出再审检察建议或者提出抗诉予以纠正。检察监督的职能定位是检察权对公权力的监督和对私权利的保护，如果在诉讼过程中法官作出了违反法律规定的司法裁判，不仅对每个案件中的当事人

① 王莉:《更新监督理念，做好新时代民事检察和解工作》，载《检察日报》2021 年 2 月 24 日，第 7 版。

不公平、不合理，更是损害了司法的公信力和法律适用的严肃性。

二是对于民事执行监督类案件，实践中此类案件的来源为当事人申请和依职权发现，而能够适用民事检察和解制度的案件通常是由当事人申请监督的案件。民事裁判生效、进入执行环节后，如果当事人申请了检察监督，检察官能够依据当事人意愿积极引导双方达成和解，不仅可以有效节约司法资源，而且有利于快速实现当事人的合理诉求，减轻当事人讼累。①

三是对于支持起诉类案件，常见于农民工讨薪维权、房屋业主维权、教育机构培训合同等类型案件。据统计，2021年至2023年，哈尔滨市两级院共办理民事检察和解案230余件，其中支持起诉检察和解案件约占99%。在支持起诉案件中，承办人可以在为弱势群体提供法律帮助的同时，深入了解雇主、房地产商或物业、教育机构在给付工资、提供服务时的实际困难，协调双方互让一步，以即时给付或分期付款、尽快提供服务、降低下期费用等方式引导双方达成和解。

（二）多措并举，健全民事检察和解工作机制

习近平总书记指出，要推动更多法治力量向引导和疏导端用力，完善预防性法律制度，坚持和发展新时代“枫桥经验”，完善社会矛盾纠纷多元预防调处化解综合机制，更加重视基层基础工作，充分发挥共建共治共享在基层的作用，推进市域社会治理现代化，促进社会和谐稳定。②2021年9月，最高检民事检察厅发布5件民事检察和解典型案例，指出充分发挥民事检察和解的作用不仅是检察机关职责所

① 杨波、滕艳军：《民事检察和解：实现精准监督与社会治理同频共振》，载《检察日报》2022年5月18日，第5版。

② 习近平：《坚定不移走中国特色社会主义法治道路 为全面建设社会主义现代化国家提供有力法治保障》，载《求是》2021年第5期。

在，也是现代化治理体系中不可分割的一部分。《2023年全国民事检察工作要点》中强调，稳妥推进民事检察和解工作，坚持和发展新时代“枫桥经验”，充分运用法治思维和法治方式，妥善化解民事检察环节矛盾纠纷，实实在在解决人民群众操心事烦心事揪心事。检察机关应充分发挥检察智慧，依法履职，健全民事检察和解工作机制，在参与社会治理中彰显民事检察和解制度价值。

一是“两提一增”，提高重视程度。第一，提高政治站位，增强开展和解息诉工作的主动性、自觉性。检察机关应倡导干警创新发展新时代“枫桥经验”，以“如我在诉”的司法办案理念、柔性手段化解矛盾纠纷、防范和化解风险隐患；压实化解矛盾的司法责任，增强办案人开展和解息诉工作的主动性、自觉性。第二，提高调解能力，利用心理学技巧引导当事人和解。在办理双方当事人有争议的民事检察监督案件中，尊重当事人的人格，耐心倾听当事人的诉求，真诚解答当事人的问题，换位思考双方的矛盾点，深入了解案件背后的实际困难，进一步引导双方沟通协调。第三，增强调解敏感性，主动引导当事人和解。对于借款担保合同纠纷、商品房买卖合同纠纷、劳动关系纠纷、农民工讨薪支持起诉、婚姻继承等涉及钱款和家庭关系的案件重点关注，增强发现可以引导民事检察和解案件的敏感性。例如，哈尔滨市N区检察院在办理三起因购房者逾期归还贷款引发的借款合同纠纷、商品房买卖合同纠纷检察监督案的过程中，以司法为民、为民营企业解困为目标，充分保持民事检察和解的敏感性，通过细致沟通、积极引导，最终三起案件均达成了和解，使得购房者保住了房产，房地产商和银行得到了及时回款。

二是“两听一查”，夯实和解基础。检察机关在办案中坚持每案必问、每案必谈、每案必查，为和解工作打下坚实基础。第一，听取申请人诉求：受案后第一时间联系监督申请人，耐心听取其申诉理由，通知其提交证据。第二，听取其他当事人意见：受案后立即与其他当事人、支持起诉被告人取得联系，认真听取其意见、理由。第三，开展调查核实：通过调阅卷宗，询问案件相关人员，向银行、市场监督管理局、人社局、劳动监察部门等相关机构等调查核实，引入"智库"咨询相关领域专家。通过"两听一查"，明晰基本案情，分析法院判决、执行情况，把握申诉人的核心诉求，以双方利益最大化为目标进行经济成本、时间成本、执行成本分析，挖掘双方达成和解的可能性。例如，哈尔滨市 N 区检察院在办理李某、柴某与哈尔滨某机械设备有限公司追偿权纠纷检察监督案的过程中，承办人认真听取双方当事人诉求，并积极开展调查核实工作：李某购买钩机时由该公司担保向银行贷款，李某与公司约定的还款方式为李某分期向公司转账，再由公司向银行分期还款。李某向公司转账时分别通过现金交付、多个银行转账的方式，其本人无法提供其向公司给付钱款的全部转账记录明细，双方对李某的还款金额有较大分歧。经承办人先后十余次向多家银行调查转账记录，终于明确了李某的实际还款金额这一关键证据，在检察机关的引导下，双方当事人各退一步，达成了和解，随后在检察机关的指导下，向法院执行局申请达成了执行和解。

三是"两疏一设"，综合运用调解方式。检察机关可以综合运用公开听证、释法说理、预设和解方案等方式，积极化解双方矛盾。第一，疏通"心结"，公开听证。利用公开听证机制，为双方当事人提供了面对面交流意见、澄清事实、辨别是非的机会，有助于打开双方当事人的"心结"，化解矛盾。第二，疏通"法结"，释法说理。通过向双方当事人阐明与案件相关的法律、司法解释、关联案件处理情况，引导双方当事人换位思考、合理判断，引导当事人自愿、理性地选择和解结案。第三，预设方案，引导和解。为促成和解做最充分准备，办案人在全面评估案件和解可能性的基础上，预设多种和解方案、路径。例如，哈尔滨市 N 区检察院在办理李某与某医院医疗损害责任纠纷检察监督案的过程中，发现该案在 8 年中历经了三级法院 8 次诉讼，李某仍未能息诉罢访，经全面梳理案情后，该院认为原审判决在事实认定和法律适用方面并无不当，不存在法定监督情形，直接作出不支持监督申请的决定并无不当，但经检察官联席会讨论，在本案中化解李某的心结、终止 8 年诉讼的程序空转才是结案的最佳方式，该院决定就此案组织召开听证会，并选取有心脏医疗方面工作经验的医生和有办理医疗纠纷案件经验的律师等专业、优秀“外脑”担任听证员参与评议。在听证会上，医生、律师分别从医学专业角度、医疗行为与损害结果的因果关系及侵权损害的举证责任角度进行分析和释法说理，最终李某明白了要求医院承担赔偿责任的前提是司法鉴定结果需显示其损害结果与医疗行为有因果关系，而在听证会后的体检中未显示其心脏有损害，其要求损害赔偿于法无据。通过听证，李某的心结和法结都被打开了，决定撤回监督申请。①

四是“两联一访”，形成和解合力。检察机关在办理民事检察和解案件的过程中，应当注重与法院及行政机关的配合，建立合作机制；案后回访，确保和解履行落实。第一，联合法院，共促和解。例如，哈尔滨市 N 区检察院在办理一起农民工讨薪支持起诉案件中，办案人一方面认真听取来访农民工的意见，引导其收集劳动关系、用人单位拖欠工资的证据，同时了解用工单位不支付工资的原因及其实际困难；另一方面向劳动监察部门调查该用工单位的用工实名制登记、工资台

① 韩兵、佟胜兴、齐娜:《找到打开当事人心结的钥匙》，载《检察日报》2023 年 5 月 10 日，第 6 版。

账记录管理、工资专用账户管理、工资保证金情况，检察机关在支持农民工起诉后，与法院办案人员共同对双方当事人进行调解，最终用工单位同意立即支付其拖欠的农民工工资，双方达成和解。第二，联合行政机关，借力促成和解。在办案过程中，检察机关应注意联合司法局、人社局、市场监督管理局、社区等行政机关，借助其专业知识和力量，促成和解。第三，案后回访，确保和解履行落实。和解结案后，及时进行回访，掌握当事人对和解协议的履行情况，将和解成果切实落实到位。例如，哈尔滨市N区检察院在办理一起“逾期房贷”纠纷生效判决检察监督案时，对购房者与贷款银行双方的纠纷进行多次调解、深入分析双方矛盾的症结，将购房者因身患喉癌无法与银行工作人员联系、高额医疗费导致经济困难而“断供”的事实向银行进行说明，最终取得了银行的谅解。双方达成和解意向后，该院将民事检察和解的法律效果延伸至执行和解，共同确认检察和解协议与执行和解协议，化解了“执行难”，实现了用尽可能少的司法资源获取尽可能好的司法效果，增强了群众的司法获得感。

（三）多管齐下，保障民事检察和解效力

一是完善立法保障，使民事检察和解效力有法可依。民事检察和解的效力是保障该制度落实发展、惠民解忧的关键。当前亟须完善立法规定，赋予该项制度法律效力，对和解的履行方式、不履行或部分履行的法律后果、检法衔接等问题进行规定，以消除民事检察理论与检察工作实践中的分歧和障碍。

二是明确履行方式，应当以即时履行为原则、分期履行为例外。在实际工作中，能够达成检察和解的案件大多是双方进行了一定的让步，而立即给付则是保障权利人合法权益的最有效率、最公平的方式。2019年至2022年，全国检察机关共办理民事检察和解案件6000多

件，其中超过 60% 的案件达成和解后即时履行。[①]

三是密切衔接法院，明确民事检察和解效力。在民事检察监督案件经检察机关调解达成和解后，检察机关应就相关问题及时与法院执行部门衔接配合。在实务中注意区分两类情况：首先，对于没有进入执行程序的，也就是生效裁判的执行权利人没有向法院申请执行，当事人就向检察机关申诉的，检察机关应在当事人达成和解协议后，通知相关法院，以确保产生执行时效中断的效力，保护生效裁判执行权利人的利益。其次，已进行执行程序的，又可分为几种情形：第一，对于法院已采取查封、扣押、冻结等执行措施的，不宜建议执行法院解除或暂缓执行，以防止债务人一方转移、隐匿财产，但对于处分执行标的，可视情况建议暂缓执行。第二，对于法院已部分或全部执行完毕的裁判，不宜再就执行完毕的内容主持检察和解。第三，和解协议履行完毕的，建议法院终结执行程序。

四是参照现有法律，明确不完全履行和解协议的法律后果。根据民事检察和解的性质，其效力可以类比执行和解的效力。对于签署和解协议后当事人不履行或者仅部分履行的，可以参照《最高人民法院关于执行和解若干问题的规定》第 9 条“被执行人一方不履行执行和解协议的，申请执行人可以申请恢复执行原生效法律文书，也可以就履行执行和解协议向执行法院提起诉讼”的规定理解与适用。[②] 同时，根据《监督规则》第 27 条第 6 项的规定，检察机关因当事人达成民事检察和解而作出终结审查决定后，对当事人再次向人民检察院提出监

---

① 王冬：《2019 年至 2022 年，全国检察机关办理民事检察和解案件 6000 多件》，载正义网，http://news.jcrb.com/jsxw/2023/202302/t20230221_2497048.html，2023 年 2 月 21 日访问。

② 李杰：《执行和解协议争议解决机制研究——以〈最高人民法院关于执行和解若干问题的规定〉第九条为线索》，载《金陵法律评论》2021 年第 1 期。

督申请的，人民检察院不予受理。案件承办人应当将此风险在和解阶段告知当事人。

五是借助执行确认，推行民事检察和解再审调解工作。因民事检察和解的效力暂无法律规定，检察机关可以与法院联合，运用法院的调解、执行程序助力民事检察和解的效力。例如，青岛市黄岛区检察院制定了《民事检察和解工作办法（试行）》《民事执行活动法律监督案件办理标准》，并与法院会签了《关于加强民事执行活动法律监督的办法（试行）》，实现检察和解与法院执行的“无缝衔接”，真正确保和解结果落到实处。[①]

① 尹彦鑫:《青岛黄岛检察院积极开展民事检察和解工作，实现办案质效双提升》，载青岛市黄岛区人民检察院网，www.huangdao.qdjcy.gov.cn/html/qwfb72/20190429/1/92.html，2019年4月29日。

民事检察听证程序实质化问题探究*

淮北市人民检察院课题组**

检察听证具有丰富的政治性、社会性、程序性和认识论价值。《中共中央关于加强新时代检察机关法律监督工作的意见》《人民检察院审查案件听证工作规定》《人民检察院民事诉讼监督规则》《民事检察部门诉讼监督案件听证工作指引(试行)》等文件的出台，为民事检察听证工作提供了制度性、规则性支持和指导，民事检察听证工作也取得了显著的成绩。但是，实践中，民事检察听证程序形式化、虚化的现象仍存在，民事检察听证程序实质性问题的探讨成为检察机关亟须解决的课题之一。笔者结合A省民事检察听证工作情况及办案实践就此进行调研和探讨。

一、检察听证制度的价值内涵

(一)检察听证的政治性价值

检察听证是落实全过程人民民主的重要制度。习近平总书记在党的二十大报告中深刻指出，“全过程人民民主是社会主义民主政治的本

---

* 本文系2023年度安徽省人民检察院检察理论研究课题“检察办案听证实质化研究”(WJ202319)研究成果。

** 课题组负责人：叶志明，安徽省淮北市人民检察院检察官。课题组成员：段续，安徽省淮北市人民检察院检察官助理；邹婷婷，安徽省淮北市相山区人民检察院检察官助理。

质属性，是最广泛、最真实、最管用的民主”。检察机关是政治性极强的业务机关、业务性极强的政治机关，理解全过程人民民主的本质内涵并在实践中发扬光大是检察工作的应有之义和必然要求。应勇检察长指出，检察机关“要更加自觉落实全过程人民民主，进一步密切同人民群众的联系，充分保障人民群众对检察工作的知情权、参与权、监督权，使检察工作更加体现人民意志、保障人民权益”。[①] 让人民群众参与、看见并监督检察案件的办理，拉近人民群众与检察机关的距离，让检察机关服务于人民群众的利益和意志，检察听证毫无疑问是彰显和实践全过程人民民主的关键制度。

（二）检察听证的社会性价值

检察听证是站稳人民立场、解决社会纠纷的重要方式。人民检察为人民，一切检察工作的出发点和落脚点在于为人民司法、让人民满意，让人民群众在每一个司法案件中感受到公平正义，这是新时代检察履职的基本价值追求。在民事诉讼检察监督过程中，检察机关往往面临如何有效化解当事人之间矛盾纠纷这一难点和痛点，传统的书面审查方式难以应对复杂、急迫的群众需求和矛盾情势。而有当事人、听证员、人民监督员、检察官共同参与的检察听证程序，能够帮助检察机关准确诊断群众诉求，借助客观中立的听证员力量，充分推进矛盾纠纷化解，有效解开群众涉法涉诉信访心结，缓和社会关系，促进社会和谐稳定。

（三）检察听证的程序性价值

检察听证是检察机关以程序正义促进实体正义的重要制度创新。

---

① 巩宸宇：《应勇在安徽代表团审议全国人大常委会工作报告时表示，自觉落实全过程人民民主理念，使检察工作更加体现人民意志保障人民权益》，载《检察日报》2023年3月9日，第1版。

虽然检察听证会没有严格参照法院的庭审程序进行开展，但是仍然以当事人陈述监督理由、举证质证、询问、辩论、最后陈述等环节逐次铺开，与庭审极为相似。但是，客观第三方听证员的引入则凸显了检察听证与庭审的根本区别，听证会上案件承办人可以接受听证员的现场询问，使检察监督权的运行更加直接、公开地为人民群众所见、所感、所知。检察机关、申请监督人、其他当事人及听证员形成相互对立、相互制约又相互平衡的四方形结构，彰显检察监督权运行的公开、透明和公正。

（四）检察听证的认识论价值

检察听证是检察人员转变工作理念、社会实践、掌握真理的重要路径。检察工作的现代化要求检察人员切实转变工作作风，抛弃旧有的以案卷为中心、以自我主观认识为中心的、片面的工作理念和工作模式，而要走出办公室、走出案卷、走出自我主观世界，走向当事人、走向社会、走向客观世界，调查走访，深入了解民情民意，不断深化对于案件的认识，把握客观世界运行规律，作出客观、公正、主客观相统一的检察监督决定。检察听证程序汇聚了当事人对于争议事实的看法、态度和评价，以及听证员从自身知识经验出发而提出的听证意见，为检察人员提供了一种直接、有效、生动且主动的改造主观世界、认识客观世界的途径和方式。

二、民事检察听证程序虚化的主要表现

（一）民事检察听证案件数量偏低

听证程序虚化的直接表现是民事检察听证案件数量不多，很多应当听证的案件没有听证，“应听证、尽听证”的要求没有真正落实到位，听证制度有被束之高阁之嫌。

一是相较于拟不起诉案件和信访类案件，民事诉讼监督案件听证偏少。对2022年A省检察听证有关数据调研分析发现，拟不起诉案件听证占了全部检察听证的40%，其次分别是信访类案件听证占21.3%、行政公益诉讼案件听证占7.5%、民事诉讼监督案件听证占4.9%、行政诉讼监督案件听证占2.9%、民事公益诉讼案件听证占2.3%。另外，2022年A省民事诉讼监督案件听证数量仅占该年度受理的各类民事检察监督案件总数的4.6%，这与民事检察监督在“四大检察”中的地位和作用明显不匹配。

二是地区差异明显，部分地市民事检察听证数量偏低。对2022年全省分地市民事检察听证数量分析发现，各地市中，民事诉讼监督案件开展听证最多的地市120余件，而有6个地市少于10件，相差较大。从相对数量来看，各地市民事诉讼监督案件听证占该地市全部检察听证比例最高的接近10%，而个别地市竟不到0.1%。民事诉讼监督听证工作的开展存在明显地区差异，各地市听证工作开展严重不平衡。

三是听证并非提出抗诉、提出再审检察建议案件的必经程序。鉴于准确调查清楚各地市提出抗诉、再审检察建议案件是否均开展了听证存在较大难度，此处仅对各地市提出抗诉、再审检察建议案件数量与民事诉讼监督案件听证数量进行比较，概括地推断出这些监督案件办理过程中是否开展了听证。若案件听证数绝对大于提出抗诉、再审检察建议案件数，则大致可以判断出这些监督案件全部或部分进行了听证，虽然事实上并不完全如此。若案件听证数绝对小于提出抗诉、再审检察建议案件数，则基本上可以判断出这类监督案件没有开展听证。经调研发现，2022年民事诉讼监督案件听证数量大于提出抗诉、再审检察建议数量的地市有8个，小于的有7个，其中差别最大的地市，提出抗诉、再审检察建议数量是民事诉讼监督案件听证案件数量的 50 多倍。提出抗诉、再审检察建议数量与民事诉讼监督案件听证数量之间的较大差异，足以说明有些地市没有充分将听证纳入提出抗诉、再审检察建议案件办理过程。

民事检察案件听证数量和比重偏低有诸多原因，其中以下两点原因值得关注：一是检察人员对是否开展听证具有较大的裁量空间。[①]《人民检察院民事诉讼监督规则》第 54 条第 1 款规定，“人民检察院审查民事诉讼监督案件，认为确有必要的，可以组织有关当事人听证”。《民事检察部门诉讼监督案件听证工作指引（试行）》第 4 条对可以组织听证的八类案件进行了细化规定。这两个条文均用了“可以”的表述，即使案件属于规定的八类案件范围，检察人员仍可能以经审查无必要为理由拒绝启动听证程序。“可以”而非“应当”，给予了检察人员自由裁量空间以决定是否开展听证工作。二是检察人员听证积极性、主动性不强。部分检察人员尚未彻底改变“闭门办案”的惯性思维，认为传统的单靠阅卷模式也能办好案件，听证程序很多时候仅起到了“锦上添花”或帮助内心确证的作用，听证工作边缘化现象较为普遍。[②]检察听证对检察官组织协调、语言表达、临场应对等方面的综合素能要求较高，且公开听证又关乎检察机关的形象，容错率较低。特别是有的办案人员在面对诉争双方矛盾较为激烈、情绪较为激动的案件时，开展听证的信心不足。[③]

---

① 李大扬、滕艳军：《民事检察听证制度实证分析》，载《中国检察官》2019 年第 7 期。

② 耿辉辉、胡帅：《基层检察听证的实践之维》，载《北京政法职业学院学报》2022 年第 2 期。

③ 宋能君：《“解”，检察听证的关键词》，载《检察日报》2021 年 1 月 13 日，第 3 版。

（二）听证员作用发挥存在虚化现象

听证员参与听证程序，享有一定的话语权和决定权，对检察权的运行能够产生一定的影响或制约，不是纯粹的“走过场”。实践中，听证员听证意见的发表、听证结果的运用等均存在虚化、刚性不足的现象。

一是听证过程的中立性不足。应当确保听证员在听证过程中不受承办检察官或其他听证员的影响而独立作出评议意见，特别是不应单方面迎合或配合承办检察机关办案而随意附和检察官的办案倾向。缺乏判断的独立性和中立性，是听证员听证权利虚化的表现之一。实践中，在评议阶段，承办检察官通常在评议室与听证员共同讨论案件，一定程度上影响了听证员客观中立地对案件和当事人的申请监督理由作出评价，而且容易受到申请监督人的质疑。比如，在某建设工程施工合同纠纷案件中，申请监督人认为承办检察官在听证过程中诱导听证员作出不利于其的听证意见，对听证结果的中立性提出挑战，这实质上也是在质疑听证程序的公正性。

二是听证意见的针对性不足。此处所言针对性包括三个方面的含义：第一，指听证员是否针对争议焦点提出听证意见。目前存在的普遍问题是，听证主持人在听证过程中没有明确指示听证员需要重点关注哪些焦点问题，听证员对案件争议焦点把握不准确，没有严格围绕争议焦点作出判断和展开论述，听证意见表述不够准确，有的仅有结论没有论证，听证意见的提出存在较大的随意性。第二，指听证意见在多大程度上被检察机关采纳。民事检察听证程序中，听证员有权向当事人及承办检察官提问了解案情，并提出评议意见。但实践中，听证员的听证意见仅作为承办检察官办案参考，是否采纳及如何采纳均由承办检察官掌握，在不采纳情况下，《人民检察院审查案件听证工作规定》第16条确立了“向检察长报告”方式对听证意见予以救济，但是程序保障不足且随意性较大。[①] 有时候听证意见及其采纳情况没有在案件审查报告中得到有效呈现。第三，听证意见采纳情况的反馈在多大程度上能够帮助听证员积累听证经验和提升听证能力。在听证程序结束后，听证员很少被告知听证意见的采纳情况，因缺少听证结果的反馈，一定程度上削减了听证员参与听证的积极性和反省听证过程提升听证水平的自主性。

三是听证意见的透明度不足。《民事检察部门诉讼监督案件听证工作指引（试行）》第24条规定了听证流程，其中主持人在复会后，可以由听证员或者听证员代表发表听证意见。“可以”一词表明，当场发表听证意见并非必须完成的义务，而是可以作出的选择。实践中，出于多方面原因考虑，听证员很少当场发表听证意见，检察机关一般也不强令听证员当场发表意见。听证员如何评议、评议结果如何、听证意见如何转化，当事人基本上一无所知。检察机关也较少在（不）支持监督申请决定书上对听证意见作出单独说明和解释，听证结果缺乏透明度和公开性。

（三）当事人的听证权利得不到有效保障

《人民检察院民事诉讼监督规则》和《民事检察部门诉讼监督案件听证工作指引（试行）》均确立了以检察机关为主导地位的听证规则，这有利于检察机关对听证程序的有效控制，节省司法资源，使听证制度更好地服务于案件办理和监督目的。但是，这种检察机关主导、控制的听证程序可能导致当事人参与听证程序的虚化，主要表现为以下两个方面。

① 宋海、于丽红：《民事检察听证程序实质化探究》，载《中国检察官》2022年第15期。

一是当事人的听证程序启动请求权付之阙如。对于听证程序的启动，目前仍以检察机关依职权启动为主，当事人虽然可以申请启动听证程序，但是需要检察机关的审核，至于哪些听证申请会得到检察机关的批准，则取决于检察机关如何理解和适用“确有必要”，具有较大的随意性。当事人期望通过听证程序进一步主张、申诉、辩论的意愿受到抑制。检察机关对于不同意当事人听证申请的，也仅是口头答复，很少详细说明拒绝听证申请的理由。

二是当事人听证准备工作的参与权和知情权缺乏有效保障。听证员的遴选、听证参与者的选择、听证程序、听证方式等重要环节均由检察机关单方面确定，当事人缺乏必要的话语权和参与权，一定程度上影响当事人参与、利用听证程序解决纠纷的积极性和主动性。[①] 当事人对于有关听证事项的一切内容一般是在听证会开始时才有所了解，而非在听证程序开始之前就了然于胸，不利于事先做好听证的应对和准备工作。

三、增强民事检察听证实质化的进路

民事检察听证虚化影响和制约检察听证在实现全过程人民民主、体现人民意志和利益、彰显程序公正以及重新塑造新时代检察工作理念等方面的作用发挥，有必要对当前存在的听证程序和方式予以改进。

（一）提高听证比例

听证程序中的很多问题和解决方案需要在实践中不断发现、总结和改进，没有一定数量的听证案件，检察官听证能力的提升始终只是“纸上谈兵”，更不要奢谈民事检察听证程序的实质化。因此，增强民

① 汤维建、王德良：《民事检察听证程序构想》，载《人民检察》2020年第12期。

事检察听证实质化的第一步是要着力提高听证适用率，提高听证案件在整体民事检察监督案件中的比例，改变应听证而不听证、不想听证、不敢听证的现状，确保听证案件数量与民事检察监督案件总量、地位和作用相适应、相均衡、相统一。

一是设置应当听证条款，真正做到“应听尽听”。对《民事检察部门诉讼监督案件听证工作指引（试行）》第 4 条进行修改，增设必须或应当听证的案件范围，减少、限缩检察人员在衡量是否听证时的决定权，可将该条修改为“民事诉讼监督案件存在以下情形的，人民检察院经审查认为确有必要，应当组织听证……”。有学者认为，可以听证的强制性程度为标准，将检察听证分为法定型听证和裁量型听证。[①] 法定型听证是检察机关必须进行的听证，应采取正面清单形式列举，包括听证指引所列举的“应当组织听证”案件范围。

二是建立当事人听证程序启动机制。[②] 在向当事人发送相关权利义务告知书时，将听证申请权纳入告知范围，即明确告知当事人有申请听证的权利，并可以委托代理人参与听证。对于当事人的申请，检察机关一般情况下应启动听证程序，将听证作为消弭矛盾和争议的平台，实现检察听证尊重和保障人权、促进矛盾化解的价值追求。[③] 对于经审查确无必要听证的，案件承办人应当书面说明理由。申请人如坚持听证，则可以启动简易听证程序，邀请一名听证员参加听证。

---

① 汤维建、王德良：《民事检察听证程序构想》，载《人民检察》2020 年第 12 期。

② 谭金生、陈荣鹏：《检察听证制度实践的审视与完善》，载《西南政法大学学报》2022 年第 2 期。

③ 王庆民、潘一畅：《检察听证的实践价值与制度完善》，载《中国检察官》2011 年第 21 期。

三是进一步完善听证考核机制。[①] 此举意在促使检察机关主动开展听证工作，提高听证案件数量。对应当听证案件纳入检察官听证考核范畴，对应当听证案件范围内的案件未听证的，以及对当事人申请听证而未听证但没有书面说明理由的，设置减分项。同时，将听证设为提请抗诉、提出抗诉和提出再审检察建议的必经程序，对于未开展听证的，在计算监督效果分数时，扣减相应分数。针对各地市听证案件数量不平衡现状，可以在地市考核机制中引入中位数或通报值，对低于通报值的地市扣减相应分数。

（二）秉持听证中立

听证员参与听证程序，应保持客观、中立立场形成听证意见，实现对检察机关司法活动的有效影响和制约。

一是发挥听证员知识经验优势。民事检察案件涉及很多复杂的法律适用问题，除极少数律师、退休法官或其他法律工作者外，大多数听证员缺乏系统的法律理论教育和司法实践工作经验，难以对法律适用正确与否作出恰当的判断。听证员因其一般常识、社会经验、专业技能等方面的优势，能够在事实认定上发挥应有的作用。[②] 因此，一般情况下，检察机关应当指示听证员只对证据和案件事实方面作出判断，而无须考虑法律适用问题，避免因对法律适用的理解不当而不得不寻求、听从或附和承办检察官的意见。在听证员中有退休法官、律师或其他具有法律实践工作经验的，可以指示其对法律适用问题提出具体听证意见，但是对其他普通听证员不得同时作出此指示。

① 谭尘、宋丽娜、孙宋龙:《民事检察公开听证制度探究》，载《中国检察官》2021年第23期。

② 周晓霞、孙玉娜:《民事诉讼监督案件听证的法理基础及制度完善》，载《中国检察官》2023年第3期。

二是保障听证员事先熟悉案情。[①] 在听证开始前熟悉了解案件基本情况是听证员客观、审慎、公正作出听证意见的基础。检察机关应在确定听证员后，将有关案件资料包括裁判文书、监督申请书等在听证程序开始之日前 10 日至 15 日内送达听证员，确保在听证开始时听证员对案件基本情况及争议焦点有较为清晰和准确的了解，杜绝因对案情陌生不得不附和承办检察官，而仓促、草率形成听证意见现象的出现。

三是保证听证员独立形成听证意见。承办检察官不应当参与听证员听证意见的形成过程，包括事先不与听证员讨论案件事实，听证过程中不得就某项事实或法律问题诱导听证员，设置专门听证室并在休会阶段将听证员留在评议室单独评议，听证后不得无故要求听证员更改已形成的听证意见等。为避免案件当事人对承办检察官干涉或干扰听证员的评议提出质疑，听证员评议时，承办检察官应尽量留在听证会现场，接受当事人的监督。

（三）强化听证说理

为提高听证质量和有效性，真正发挥听证员参与、监督检察机关办案的作用，有必要加强听证意见的说理性，即听证意见不仅是结论性的，更应该是说理性的，听证意见应当有较为充分的逻辑和理由。为此，应当做到以下两点：一是听证主持人向听证员明确指示听证范围，即听证员应当围绕哪些焦点问题来了解案情、询问当事人和案件承办人、出具听证意见。这种指示可以是书面的或口头的，但至少在听证员开始评议之前再次向听证员予以明示。二是明确要求听证员出具或发表听证意见时，应当说明理由，而非简单地同意法院判决、无意见

① 张大中、王海:《检察听证应用问题研究》，载《理论与当代》2022 年第 4 期。

或（不）支持监督申请。对于仅有结论没有说理或说理逻辑性不足的，可以要求听证员重新制作听证意见。如果案件有两个或两个以上焦点问题，听证员应分别针对不同的焦点问题提出听证意见并说明理由。

（四）坚持听证透明

听证透明是听证程序公开性的重要表现，包括以下几个方面：

一是听证事项的事先告知。承办检察官应在听证开始之日前的 10 日至 15 日内，向当事人告知听证员的遴选、听证程序、案件争议焦点、举证、质证等事项，以便当事人充分准备听证工作，提高听证的公开性、透明度和效率。在当事人对于听证事项提出质疑时，及时予以回复和改进。

二是听证意见的现场发表。一般情况下，听证主持人应当要求听证员现场发表听证意见，如现场发表听证意见确有难处，应当征询申请人的意见，在申请人坚持现场听取意见时，听证员也应当场告知听证意见及理由。

三是听证意见采纳情况的公开。为强化听证结果的运用，充分发挥听证会实质结果在检察审查结论中的关键作用，承办检察官对于是否采纳听证意见及部分采纳还是全部采纳，不仅应在审查报告中单独予以说明①，还应在（不）支持监督申请书中对听证意见、采纳情况及理由进行表述，向当事人公开；同时，还应单独制作听证意见反馈表，向听证员告知采纳情况及理由。②

---

① 周晓霞、孙玉娜：《民事诉讼监督案件听证的法理基础及制度完善》，载《中国检察官》2023 年第 3 期。

② 宋海、于丽红：《民事检察听证程序实质化探究》，载《中国检察官》2022 年第 15 期。

民事虚假诉讼检察监督机制研究

杨耀明　张　力*

党的二十大报告深刻阐述了中国式现代化的科学内涵、中国特色和本质要求，专门强调“加强检察机关法律监督工作”，在新时代新征程上赋予检察机关法律监督更高要求、更重责任。而面向中国式现代化不断健全民事检察监督机制，就是民事检察工作现代化的最大动力。近年来，随着精准监督理念的持续深化，民事检察监督模式不断优化升级，不再以片面追求数量、粗放式的办案形式出现，民事虚假诉讼检察监督成效凸显就是最佳例证。可见，作为民事检察监督的重点，民事虚假诉讼检察监督机制的完善对于推动民事检察工作现代化具有重要意义。

一、民事虚假诉讼检察监督的基本研判

（一）民事虚假诉讼的界定

学术界早期对虚假诉讼的研究存在“滥用诉权”“诉讼欺诈”“恶意诉讼”等多种分歧，后来逐渐归为两种代表性观点“双方串通说”和“单方故意说”，单方故意是否成立虚假诉讼行为是二者争议的关键

* 杨耀明，甘肃省天水市人民检察院检察长；张力，甘肃省天水市秦州区人民检察院检察官助理，甘肃省检察理论研究人才库成员、民事检察人才库成员。

点。实务中，随着新型案件的不断发生和认识的不断加深，对虚假诉讼的界定逐步形成统一，单方故意或双方串通不是民事虚假诉讼的认定要件，关键要看是否存在虚假因素，是否利用民事诉讼程序达到非法目的。界定民事虚假诉讼的本质要从其特征出发：其一，主观具有恶意。虚假诉讼行为人主观须有恶意，为实现非法目的而采取违背民事诉讼诚实信用基本原则的行为。其二，实施虚假行为。虚假诉讼的手段有伪造证据、虚假陈述等，行为方式主要是提起诉讼。提起诉讼不局限于明知真实的法律关系不存在而凭空捏造的“无中生有”，司法实践中常见的还有改变性质和虚增金额。改变性质行为，即虚假诉讼行为人未按照双方当事人本就具有的真实法律关系属性提起诉讼，而是将其伪造为其他虚假的法律关系提起诉讼。虚增金额行为，即在双方真实的法律关系基础上虚增金额，捏造部分事实提起诉讼。另外，依据“两高”《关于办理虚假诉讼刑事案件适用法律若干问题的解释》第 1 条第 3 款的规定，虚假行为方式还包括“向人民法院申请执行基于捏造的事实作出的仲裁裁决、公证债权文书，或者在民事执行过程中以捏造的事实对执行标的提出异议、申请参与执行财产分配”。其三，侵害法益。一方面，妨害司法秩序。行为人为获取非法利益，采取捏造事实、虚构纠纷等手段骗取诉权，导致法院错误裁判，损害司法权威，本应“以事实为依据，以法律为准绳”的司法审判沦为行为人获利的工具，导致法律和信任危机，“背离了法的秩序价值”[①]。而且，纠正民事虚假诉讼，就必须为了“无中生有”的法律关系再次启动司法程序，浪费司法资源。另一方面，严重侵害国家利益、社会公共利益或者他人的合法权益。行为人提起虚假诉讼的目的除了非法获

① 于海生:《诉讼欺诈的侵权责任》，载《中国法学》2008 年第 5 期。

取第三方的利益，还有骗取银行贷款、逃避税款、夺取配偶财产等。国家经济利益受损表现在国家资产被侵占或侵吞、国家补偿款或国家资金被骗取；社会公共利益受损表现在社会经济秩序和社会管理政策被破坏；第三人的合法权益受损一般是行为人企图通过虚假诉讼转移其财产，导致第三人应得利益被夺取，常见于稀释共同财产、逃避债务纠纷及规避财产被执行等案件。

（二）民事虚假诉讼检察监督的价值

1. 维护受损客体法益

民事虚假诉讼天然地带有隐蔽性，使得受害人往往难以及时发现侵害事实，更无法在法律规定的期限内通过提起诉讼程序维护其权益。另外，第三人若想获得权利救济就必须有证据证明裁判内容确有错误[①]，在证据无法及时收集较为普遍的情况下，这一条件过于严苛。若系当事人恶意串通共同捏造证据，则法院受理第三人撤销之诉或启动再审程序的可能性就更小。《民法典》保留了《民法总则》所确立的诚信原则，但抽象且没有相应惩罚措施的原则性规定无法确保公民及法人恪守诚信，更难以达到预防和制裁虚假诉讼的目的。民事诉讼法对当事人和被执行人妨害民事诉讼的行为规定了相应的惩处措施[②]，但受害人的损害赔偿并没有得到保障。从大量的司法实践中发现，虚假诉讼案件从线索发现到裁判定性的周期时间较长，投入的人力、物力成本较高，但通常帮助利益受损的当事人、案外人挽回或避免的经济损失也较大。所以，每一件民事虚假诉讼检察监督案件的办理，首要的目标就是规范被破坏的司法秩序，维护受损法益。

---

① 《民事诉讼法》第59条第3款。

② 《民事诉讼法》第115条、第116条。

2. 应对法院内部监督的不足

由于审判制度的设置，法院内部监督民事虚假诉讼具有较大局限性。其一，当事人主义使得法院主动发现虚假诉讼的可能性较低。现行民事审判实行当事人主义，其核心理念是"强化当事人处分权，弱化法院职权干预"[①]，在双方当事人恶意串通的情况下，作为中立裁判的法院难以主动查证全案证据的真伪，虚假诉讼易得逞。其二，立案登记制下法官对虚假诉讼的识别有心无力。民事立案制度由立案审查制转变为立案登记制后，大大降低了民事诉讼的门槛，民事案件数量随之也大幅上升，法官的工作量倍增。其三，调解制为虚假诉讼提供了可乘之机。调解是多元化解决纠纷的一个重要方式，对于实现案结事了有重大优势，但司法实践中更多的是将调解尤其是调解协议的达成，视为当事人对自己民事权利的处分，因而法官无须遵循"以事实为依据，以法律为准绳"的裁判原则[②]，且部分地区将案件调解率作为法官业绩考核的内容，使得恶意串通达成调解协议的虚假诉讼很难被发现。

3. 有助于检察机关履行监督职责

从法理上讲，民事诉讼法确立的民事诉讼检察监督原则为检察机关监督民事虚假诉讼提供了法律依据，且检察权的主动性、客观公正性及职权主义特性又恰好弥补了审判权的被动性、程序公正性和当事人主义的固有缺陷，遏制虚假诉讼检察机关具有先天优势。从制度上讲，检察机关监督虚假诉讼同样具有无法比拟的优势：一是获取虚假诉讼线索的途径多元；二是具有调查核实权；三是监督手段多样。所以，检察机关监督虚假诉讼不仅是监督职责所在，更是充分履行法律

---

① 宋朝武:《虚假诉讼法律规制的理性思考》，载《河南社会科学》2012 年第 12 期。

② 李浩:《虚假诉讼与对调解书的检察监督》，载《法学家》2014 年第 6 期。

监督职能的重要手段，在维护司法公平性和权威性的同时让人民群众感受到司法的温度。

二、G 省民事虚假诉讼检察监督实践

（一）数据分析

2019 年至 2021 年，G 省检察机关共受理民事虚假诉讼监督案件 392 件，约占民事检察案件总数的 6.3%。特别是 2019 年 7 月按照最高检的部署开展虚假诉讼专项活动后，G 省民事虚假诉讼监督工作有了较大提升。专项活动期间，共审理虚假诉讼监督案件 161 件，虚假仲裁案件 13 件，提出监督意见 119 件。其中，提出抗诉 36 件，占受理案件线索总数的 22.4%；提出再审检察建议 69 件；提出检察建议 14 件。法院接受并采纳检察机关监督意见 35 件，占提出监督意见数的 29.4%，包括抗诉后改判 5 件，采纳再审检察建议并裁定再审 25 件，回复并采纳检察建议 5 件。2022 年，G 省受理民事虚假诉讼案件 84 件，民事虚假诉讼监督工作稳步推进。

（二）基本特点

一是案件来源以依职权发现为主。如 T 市 Q 区检察院办理的李某某骗取调解书虚假诉讼监督案，就是刑事检察部门在办理李某某组织、领导、参加黑社会性质组织、开设赌场等案中，发现该案可能存在虚假诉讼的情况，将线索移送至民事检察部门办理。二是基层院在案件办理中发挥主力军作用。G 省检察机关办理的虚假诉讼案件中完全由基层院办理以及基层院和市级院共同办理的案件占总数的 90% 以上，虚假诉讼监督工作已经成为基层民事检察工作的重要突破点。三是发生领域相对集中。主要涉及民间借贷领域，部分案件涉及合同纠纷和劳动争议。如 P 市 Z 县检察院办理的负某某与某商业银行金融借

款合同纠纷虚假诉讼检察监督案，Z县检察院认为该案是一起典型的当事人伪造证据、虚构陈述导致法院民事调解书损害社会公共利益、他人合法权益的虚假诉讼案件。经再审检察建议监督，Z县法院进行再审并撤销原调解书。四是行为方式上主要表现为虚构事实、伪造证据、作虚假陈述。通过虚增、虚构债务或虚构法律关系，借用合法的民事诉讼程序规避法律法规虚假诉讼，谋取非法利益，串通损害第三人合法权益。五是双方恶意串通型为主，单方牟利型呈多发态势。恶意串通型案件大多以调解方式结案，具有明显的诉讼特征：当事人多为夫妻、朋友等近亲属关系或者关联企业等共同利益关系；原告诉请司法保护的标的额与其自身经济状况严重不符；原告起诉依据的事实和理由明显不符合常理；当事人双方无实质性民事权益争议；案件证据不足，但双方仍然能主动迅速达成调解协议，并请求人民法院出具调解书。

（三）主要做法

G省检察机关通过“三个强化”积极探索创新稳步开展民事虚假诉讼监督。一是强化组织领导，推动工作发展。省院通过召开专题会议、成立专项活动领导小组、及时下发工作通知、分片指导、实地督查、定期数据通报等方式加强对民事虚假诉讼监督工作的组织领导。市、州检察院均成立由检察长任组长，民事检察部门、相关业务部门、综合业务部门负责人为成员的领导小组，组织、督导、协调辖区内虚假诉讼专项监督活动。B市检察院出台《B市检察机关虚假诉讼办案指南（试行）》，指明虚假诉讼案件的发现途径、归纳虚假诉讼案件的高发领域和情形、规定虚假诉讼调查核实的程序和内容、明确对虚假诉讼涉案人员惩治和教育的方法，为虚假诉讼监督案件办理提供指引，推行监督事项案件办理化工作机制。L市检察院树立全院“一盘棋”

工作理念，积极主动向党委、人大汇报虚假诉讼监督开展情况，同时加强同法院的沟通协调，争取达成共识，努力营造有利于专项活动开展的工作环境。二是强化一体化办案机制，凝聚监督合力。省院以片区指导机制为依托，各市级院统一掌握辖区内的虚假诉讼案件线索，充分发挥枢纽作用，加大对本辖区有关案件的调度指挥，对重大疑难复杂案件，采取交办、转办、督办、请示方式逐案跟进，成立市县一体化办案团队集中突破。全省各级院从涉及“套路贷”、高利放贷、虚假诉讼罪等案件中挖掘案件线索，及时跟进虚假诉讼监督。B市检察院共摸排出扫黑除恶专项斗争期间的虚假诉讼线索37件，立案26件。L市检察院制定了《L市检察机关民事行政检察一体化办案机制》，统一调配全市民事检察办案力量，在办理部分调查取证任务繁重的虚假诉讼监督案件时，全市抽调业务骨干组成专案组调查取证，有效解决了基层院民事检察办理力量相对薄弱的问题。L市Y县检察院办理的张某某等人开设赌场、赌博等案，依靠统一标准甄别区分虚假诉讼刑事犯罪与民事虚假诉讼相关证据，梳理出张某某自2012年以来因索要非法债务而诉至Y县法院的民事案件112件。三是强化主动监督，拓宽案源渠道。针对虚假诉讼隐蔽性强的特点，全省检察机关树立主动监督意识，转变“等案上门”的传统办案模式，突出重点领域，深挖虚假诉讼线索，充分行使调查核实权，通过查询、调取、复制相关证据，询问当事人、案外人和委托鉴定等措施，解决取证难的突出问题，加强依职权监督。L市检察院在办理张某虚假诉讼监督案时，在常规的调阅案卷、询问当事人之外，还积极向相关单位及案外人调查收集证据，并就专业问题专门咨询专业人员及行业协会，不断拓展调查空间，逐层揭开虚假事实。

三、民事虚假诉讼检察监督实践中存在的问题

（一）案件线索获取和甄别难

比照《人民检察院民事诉讼监督规则》（以下简称《监督规则》）第18条的规定，民事虚假诉讼的案件来源包括当事人申请监督、案外人控告和依职权发现三种。和G省的情况一样，实践中，前两种数据占比较少。受害人和案外第三人发觉具有延后性，往往是在法院审理结束后甚至是案件到了执行阶段，才发现其利益因虚假诉讼受到了侵害而向检察机关举报。不仅增加了检察机关收集证据的难度，而且启动再审程序从而纠正虚假诉讼的难度也增大。对于依职权发现来说，尽管依据民事诉讼法的规定，检察机关对民事诉讼全程均可实行法律监督[①]，但由于虚假诉讼本身所具有的隐蔽性和欺骗性，诉前防范很难做到，且法检诉讼信息共享不畅，检察机关无法全面了解案情和证据情况，诉中监督开展也不到位，诉后纠正就成为检察监督的主旋律。目前只有浙江等少数省份建成了虚假诉讼监督智能办案辅助系统，可通过司法文书大数据智能识别和筛选案件线索，大多数省份既没有办案辅助系统，也没有与法院数据共享的渠道，工作基础薄弱。此外，虚假诉讼处于民刑交叉地带，民刑衔接不到位，甚至顺位不明，更加重了依职权监督的滞后性，线索发现困难。由于长期缺乏实践，基层民事检察干警办案经验匮乏，发现不了案件线索的同时，短时间内甄别筛选有价值线索的能力也不足，尤其是对当事人申请监督、案外人控告中大量疑似型虚假诉讼线索的辨别效率不高，往往更愿意办理公安机关移交的线索，办案能力得不到有效提升。

① 《民事诉讼法》第14条。

（二）调查核实权行使不充分

一是具体程序规定不明确。现有法规对调查核实权的规定原则且抽象，没有具体的程序性指导，检察官在行使调查核实权的过程中由于缺乏程序性规定而存在种种疑惑，这从检答网上对民事虚假诉讼案件中如何运用调查核实权的提问居高不下就可以体现。二是刚性保障缺失。《监督规则》中明确规定检察机关调查核实，“不得采取限制人身自由和查封、扣押、冻结财产等强制性措施”。民事虚假诉讼调查核实不一定非得采用强制性措施才能获得相关证据，但现有的调查方式单一，办案中大多只能采取调阅案件、询问当事人及证人，或到相关单位调取证据的方式，实质上必须在他方愿意且配合的情况才能实现办案效果。没有强制措施的威慑保障调查核实的刚性，调查核实过程中困难重重，甚至从法院调阅卷宗这一最基本的调查核实方式往往都会遇到阻碍，影响案件办理进度。三是调取证据的效力不明确。检察机关通过调查核实收集的证据，能否等同于法院依职权调取的证据，能否以及如何作为定案的依据，没有明确的规定。司法实践中，部分法院对检察机关收集的证据设置了较高的采信标准，甚至对部分证据不予质证或采信，影响了检察监督质效。四是调查核实能力欠缺。类似G省的情况，民事虚假诉讼案件的办理主要在基层检察机关，但基层民事、行政、公益诉讼大多合并在一个部门，三个条线只有一个员额检察官且担任部门负责人的情况较为常见，办案力量不足，在应对条线日常工作的同时难以保证有充分的时间进行调查核实，且书面审查模式在部分检察机关仍然根深蒂固，办案人员调查意识和调查能力难以满足民事虚假诉讼监督的要求。

（三）行为方式认定不准确

司法实践中，办案人常见的实体问题有：一是对于“捏造事实”

中部分真实部分捏造的情形存有疑惑，尤其是捏造的事实已经导致真实部分的事实可以被忽略；二是对于“恶意串通”中如何准确认定串通的认识不足，且在司法解释已经回应了“双方串通说”和“单方故意说”的情况下，依然有办案人对一方侵犯另一方情形的认定存在不确定的心理；三是对“妨害司法秩序”与“社会、公共利益侵犯”的关系以及他人利益等民事虚假诉讼法律后果的认定如何把握疑问较多。从理论上来说，大多数类型的民商事案件中均有可能存在民事虚假诉讼行为，但司法解释却无法穷尽所有的具体情形，对民事虚假诉讼行为方式认识不到位，使得办案人员容易迷失在民事虚假诉讼的具体情形之中。①

（四）监督方式单一且缺乏刚性

检察机关对民事虚假诉讼的监督方式主要是检察建议和抗诉两种，其他如将违法人员移送纪检监察机关等方式占比较低。因抗诉必然导致再审的结果，检察官更倾向于抗诉的方式结案。抗诉主要针对的是法院民事判决和裁定，对调解书的抗诉局限于“损害国家利益、社会公共利益”。这就使得大量侵害他人利益的调解虚假诉讼只能通过再审检察建议进行监督，但是否采纳主动权在法院，监督刚性的保障不足。如 2019 年 7 月至 2020 年 3 月 G 省检察机关共提出再审检察建议 69 件，法院接受并采纳 25 件，采纳率仅为 36%。法院收到再审检察建议后，普遍重视程度不够，部分法院不回复或拖延回复，部分法院一概只回复不采纳，甚至还存在以部门名义回复的情形，破坏检察建议严肃性的同时严重降低了监督质效。究其原因，一方面是部分检

---

① 钟剑煌：《民事虚假诉讼监督的困境与应对》，载《新时代民事检察的理论与实践——第十五届国家高级检察官论坛论文集》，中国检察出版社 2019 年版，第 405 页。

察机关片面追求办案数量和考核数据，监督质量不高；另一方面是对虚假诉讼的再审影响法院对办案的考核；最为重要的是对法院的不回复、不采纳，检察机关跟进监督的措施少、力度弱，且民事检察工作在大多数地区仍然处在弱势地位。

（五）外部监督合力未形成

我国当事人主义的民事诉讼模式强调法官的中立和居中评判，在大比例调解结案的形势下，虚假诉讼案件中并不存在真正的庭审对抗，且“高度盖然性”的民事证据认定标准使得民事虚假诉讼的预防、认定和惩治均需要司法机关的联动协作。然而，从G省司法实践来看，尽管基层检察机关在专项行动的推动下对民事虚假诉讼的监督力度明显加强，但尚未与公安机关和法院形成联动机制，基本上处于“孤军奋战”的状态。一是在刑事案件办理与民事生效判决处理的衔接上未达成共识。在刑事案件侦查、审查起诉过程中，法院对于部分涉案民事案件往往以涉及刑事犯罪为由裁定撤销民事判决，部分案件依然维持原状。二是未实现信息共享。检察机关对民事虚假诉讼线索进行梳理，需逐一核实民事案件的判决情况，效率较低。三是惩处不到位。民事虚假诉讼查实后，法院通常的做法是在撤销原判决或调解书后进行改判，很少能够做到依据法律规定对虚假诉讼人进行司法制裁或移送公安机关处理。四是公安机关对虚假诉讼重视不够。公安机关职责较广，办案任务重，对虚假诉讼犯罪侦查积极性不高，导致移送的线索无法及时查处。

四、民事虚假诉讼检察监督机制的优化路径

（一）健全线索发现核查机制

一是加强宣传和舆论引导。充分利用“两微一端”、报纸刊物等

线上线下宣传平台，宣传检察机关监督途径、受案范围、办案流程以及办案成效等，扩大检察机关监督虚假诉讼职能的社会知晓度，让受害人和案外人了解申请监督及控告的途径，并发动群众提供案件线索。二是强化检察系统内外部线索分享。对内，控告申诉检察部门要将 12309 检察服务中心打造成“一站式”为民服务中心，认真对待举报、控告，实现对线索的初步审核，并加强对举报人的心理疏导和隐私保护，打消其疑虑。刑事检察部门在案件办理中注重对民事虚假诉讼案件线索的发现并及时向民事部门移送。对外，检察机关要与法院、公安机关、监察委、律师事务所以及相关行政部门保持经常性联络，便于各方及时掌握虚假诉讼案件情况。三是提升智慧检务水平。运用好最高检部署的民事检察智慧监督平台和中国裁判文书网等平台，提高线索筛选效率。学习浙江省绍兴市检察院民事裁判智慧监督系统“归纳裁判文书要素、提炼监督要点”①，探索运用大数据、信息化手段，为民事检察赋能，实现对海量司法数据的智能比对、瑕疵提示，畅通民事虚假诉讼线索来源渠道。四是明确虚假诉讼甄别标准。从核查主体、内容、审批程序以及核查方式等方面，形成完整的核查机制，以规范的核查程序提高线索甄别的效率和准确性。注重分析案件类型和特点、诉求合理性、原审证据材料、相关人员关系以及资金往来情况，从而发现疑点和异常，破解线索甄别难题。

（二）强化调查核实权

一是细化调查核实程序。进一步完善相关法律规定，对调查核实权的启动程序、范围、措施，相关具有配合义务单位的有效问责机制，以及调查获取证据的证据能力等予以明确，增强可操作性。二是完善

① 范跃红：《监督神器撕开虚假诉讼面具》，载《检察日报》2021 年 2 月 23 日，第 2 版。

调查核实的保障措施。规定检察官经过严格授权程序且在民事调查核实权的权力范围内，可采取查封、冻结、扣押等强制措施收集证据，并强化对现有调查核实措施的实现方式，明确调查核实权的强制性保障措施。对不配合或者妨害调查核实的行为增加不同级别、程度的强制性惩罚措施，增强调查核实权的刚性约束力。三是丰富调查核实方法。注重从客观证据到主观证据的分析路径；注重调查核实不符合经验法则的事实；注重依托大数据分析平台，查询筛选案件及当事人信息；注重外围证据的收集。四是衔接举证规则及证明标准。坚持“以审判为中心”的证据标准，做好与法院的衔接，特别是对检察机关把握不准的问题，以及穷尽调查核实手段也未获取或最终定性的证据法院认定时如何分配举证责任的问题，共同维护司法公信力。

（三）优化监督方式

一是灵活运用抗诉和检察建议。严格依据法律规定，对符合再审条件的，根据具体情形明确提出抗诉或再审检察建议，督促法院改判；对不符合再审条件但法院法律文书或审判程序确有错误的，发出纠正违法通知书或纠正违法检察建议书，督促法院纠正；对法院不及时依法履职等问题，还可同时发出改进工作的检察建议。二是增强检察建议监督刚性。将提出检察建议情况及回复情况在向上一级检察机关备案的同时报请政法委、人大，并定期向党委、政府、人大常委会报告检察建议工作情况，切实提高被建议法院的重视程度和整改力度；定期公布发布检察建议内容及整改情况，通过信息公开的方式借助社会监督的力量督促检察建议落实；对检察建议未被及时回复或采纳的，将相关情况报告上级检察院，并通报被建议法院的上级院，强化跟踪问责；提高检察建议制作质量，注重说理性和可操作性，保证监督准确性。三是统一监督标准。通过座谈、检察长列席审委会以及联席会

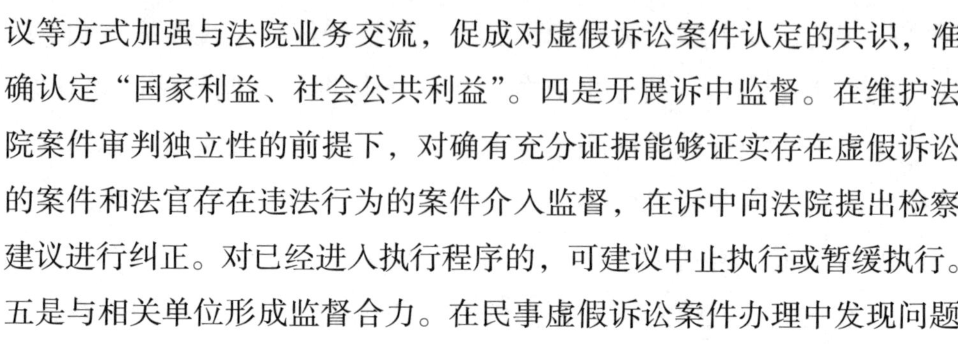

议等方式加强与法院业务交流，促成对虚假诉讼案件认定的共识，准确认定“国家利益、社会公共利益”。四是开展诉中监督。在维护法院案件审判独立性的前提下，对确有充分证据能够证实存在虚假诉讼的案件和法官存在违法行为的案件介入监督，在诉中向法院提出检察建议进行纠正。对已经进入执行程序的，可建议中止执行或暂缓执行。五是与相关单位形成监督合力。在民事虚假诉讼案件办理中发现问题需其他单位惩处的，及时移送案件线索，实现对虚假诉讼的综合治理。

（四）建立外部联动协作机制

一是积极争取党委政法委支持。由党委政法委牵头，政法各单位共同参与，实现各部门协调配合、紧密协作的工作局面。制定防范和惩治虚假诉讼的机制性文件，明确各单位职责和衔接平台；建立政法单位大数据共享信息平台，实现法院裁判文书与检察机关共享，对接检察机关智能办案辅助系统，确定借贷、劳资、婚姻析产以及交通事故损害赔偿等重点案件类别，及时高效地对法院的海量裁判文书进行智能分析，发现案件线索；建立联席会议制度，共同研讨重大案件，协调处理案件办理相关事宜，并定期就虚假诉讼案件监督和查处情况进行交流。二是强化检法联动。注重沟通协商，针对不同案件灵活采取先刑后民、先民后刑或民刑同步程序。探索建立刑事诉讼程序与民事救济程序并行的制度，在及时追究被告人刑事责任的同时，保护民事主体合法权益。三是强化对公安机关的引导。在将虚假诉讼犯罪线索移送公安机关后，民事检察部门可借助调查核实中已经掌握的证据情况以及对案件整体情况的了解，配合刑事检察部门提前介入侦查取证，明确侦查方向和要点，提高侦查效率。同时，将刑事侦查过程中发现的证据补强到民事监督中，做到民刑并进。四是强化与司法行政机关的配合。督促司法行政部门、律师协会加强对律师的管理，规范律师执业行为，避免律师参与虚假诉讼；协助司法行政部门加强对人民调解员的培训，增强其法律意识和证据意识，防止因片面追求调解成功率而给虚假诉讼可乘之机；指导公证机关规范业务办理，要求公证机关将业务办理中发现的伪造证件、文书等虚构事实涉嫌虚假诉讼违法犯罪线索及时向检察机关和公安机关移送。[①]

（五）提升监督能力

一是更新监督理念。在对虚假诉讼保持高压打击力度的同时要注重民事和刑事两种不同法律责任的递进性，秉持公权监督与私权救济相结合的民事检察思维，一方面要加强对法院审判权与执行权的监督，另一方面要加大对权利受损当事人、第三方以及不特定多数人合法权益的救济，尽最大可能做到事前、事中的同步监督，提高监督质效。二是加强专业团队建设。配齐民事条线办案人员，做到每个基层院至少有一个民事检察的专门办案组，选派具有刑事办案经验和民事理论功底的复合型检察官负责。实行上下级院一体化办案机制，省级院加大对下工作指导和与公安机关、法院、司法行政机关等单位的沟通协调，市级院统一管理线索，调用辖区内民事检察人才，统筹虚假诉讼案件办理，形成工作合力。三是增强办案人员调查核实能力。将虚假诉讼案件办理的调查技术和询问技巧作为重点培训内容，注重培养基层民事检察官发现及甄别线索、调查核实、行为方式认定、监督纠错的能力和综合素质。四是统一考核标准。将虚假诉讼监督作为民事条线考核的重要内容，细化考核方案，形成良性考评机制，充分调动民事检察干警工作积极性。

① 刘延梅、王玄玮、谭赟:《虚假诉讼法律监督联动协作机制研究》，载《北京政法职业学院学报》2021 年第 1 期。

虚假调解的审查判断与检察监督*

赵 辉 高嘉澍**

2014年10月，《中共中央关于全面推进依法治国若干重大问题的决定》提出："加大对虚假诉讼、恶意诉讼、无理缠诉行为的惩治力度。"此后，司法机关防范和惩治虚假诉讼的力度明显加大，最高人民法院先后制定和出台《关于防范和防范和制裁虚假诉讼的指导意见》《关于房地产调控政策下人民法院严格审查各类虚假诉讼的紧急通知》，加大对虚假诉讼的识别和打击力度。2019年5月，最高人民检察院首次以"打击虚假诉讼，共筑司法诚信"为主题召开新闻发布会，公布了5件虚假诉讼监督指导性案例。2020年7月，最高人民检察院又向最高人民法院发出"第五号检察建议"，强调加强同法院的沟通协作，加大对虚假诉讼的惩治力度，共同维护司法权威和司法公信力。2021年3月，"两高两部"印发《关于进一步加强虚假诉讼犯罪惩治工作的意见》，标志着虚假诉讼影响社会诚信体系建设的问题正成为各级司法机关合力整治的重点领域，随着司法机关对防范和惩治虚假诉讼工作的重视，虚假诉讼监督工作也成为做强民事检察工作的重要着力点。

---

* 本文系甘肃省人民检察院第六检察部创新实践课题组"民事检察参与引领诚信社会新风尚路径实践"课题中期研究成果。

** 赵辉，甘肃省人民检察院第六检察部主任；高嘉澍，甘肃省人民检察院四级高级检察官。

一、虚假调解的概念及特征

（一）概念

人民法院调解制度是当事人自主行使处分权达成调解协议后由法官行使审判权确认的制度，双方当事人自愿达成的对权利义务处分的合意是法院调解制度的本质特征。我国法院推行“调解和审判相结合”模式，各地法院亦将调解结案率作为重要的办案考评指标，根据最高人民法院历年工作报告，2013 年至 2017 年，人民法院的调解结案率在 23%—33%[①]，民事调解已成为我国作为仲裁之外的第二大非诉争议解决方式。我国民事调解制度依附于“调审结合”模式，调解程序并非独立的诉讼程序，法官既是调解人又是裁判者，法院对当事人自愿达成的调解协议进行确认，这一方面使得法官在调解过程中较难介入双方真实的意思表示，只能通过客观的诉讼过程进行判断；另一方面使得双方当事人的合意在裁判权确认后客观上获得了执行强制力，面对纷繁复杂的民事活动，也容易导致当事人调解自愿原则发生异化，存在双方“恶意串通”，利用司法裁判权获得执行强制力，损害第三方利益的现象，在“调审结合”模式下，这种自愿原则的异化一旦获得司法裁判权的“背书”，将会严重损害司法权威，侵蚀司法公信力。

正是在民事调解过程中当事人之间存在这种虚假处分自身权利义务获得裁判权确认的现象，虚假调解一直以来都是作为虚假诉讼的内容和子概念形式出现，囿于当前刑事虚假诉讼犯罪和民事虚假诉讼没有统一的甄别标准，故而无论是学术界还是实务界对何谓虚假诉讼尚无统一定义。根据最高人民法院《关于防范和制裁虚假诉讼的指导意

① 参见 2013 年至 2017 年最高人民法院工作报告。

见》中对虚假诉讼定义所采取的“要素说”[①]，以及主客观相统一原则，笔者认为，识别何谓虚假调解时应当更加关注双方当事人利用调解自愿原则虚假达成合意的表象特征，界定虚假调解的特征时应当更加强调行为人主观上存在恶意串通的直接故意；客观上存在的诉讼过程的非对抗性，即当事人实施的积极促使法院确认调解书的行为，通常表现为当事人之间或者当事人与审理法官之间主动积极的恶意串通，客观上积极主动实施的对于不真实案情的主张或是伪造虚假诉讼证据；危害后果上，必须以侵害第三方合法权益为必要条件，即对国家利益、社会公共利益或案外第三人合法权益造成了现实的损害。

（二）特征

利用调解自愿原则虚假达成合意获取裁判权“背书”是虚假调解的本质特征，在此基础上进一步厘清虚假调解的表象特征可以识别和确认案件是否属于虚假调解，有利于司法机关围绕核心问题进行调查核实，当前比较一致的观点是，虚假调解的表象特征包含以下三个方面：

1. 诉讼行为上的通谋性和非对抗性

双方通谋性的虚假调解是最为常见的一种虚假诉讼类型。[②]案件当事人通常是亲属、朋友或者具有利益共同体的特殊关系人，并且这种特殊关系为双方恶意串通、伪造证据、虚构事实提供了便利条件；在具体诉讼过程中，双方一般不具有诉讼中的对抗性，特别是针对原

---

① 最高人民法院《关于防范和制裁虚假诉讼的指导意见》规定：虚假诉讼一般包含以下要素：（1）以规避法律法规或国家政策谋取非法利益为目的；（2）双方当事人存在恶意串通；（3）虚构事实；（4）借用合法的民事程序；（5）侵害国家利益、社会公共利益或者案外人的合法权益。

② 杜万华主编：《最高人民法院民间借贷司法解释理解与适用》，人民法院出版社2015年版，第328页。

告方的诉讼请求，较之一般民事纠纷，没有明显的对抗特征，对一方当事人的主张，较易出现当事人自认的情形；最后，该类案件往往能够在较短时间内双方达成和解，且在双方达成调解后在短时间内能够履行完毕。

2. 目的上的非法谋利性

虚假调解的目的主要是利用司法谋取不正当利益。谋取不正当利益的情形可以区分为积极的纯获益行为和消极的逃避行为。常见的情形有：一是虚构法律事实，谋取非法利益，如常见的夫妻一方与他人虚构债务，损害夫妻另一方合法权益的案件；二是签订虚假调解协议转移财产、逃避债务，如债务履行期限届满后双方签订的虚假的以物抵债协议；三是虚构法律事实，逃避法律规定，如虚构交通事故骗取保险理赔的案件。根据 2020 年 11 月最高人民法院召开的防范和惩治虚假诉讼工作推进会上的介绍，虚假调解案件主要为财产纠纷类案件，主要集中在民间借贷、以房抵债、夫妻共同财产分割等纠纷中，虚假调解案件的类型集中化倾向较为明显。

3. 危害后果的涉他性

虚假调解虽然在表面上是为一方或者双方当事人设定义务，但获取的法院生效调解书的法律效力却影响第三人的合法权益或者为自己谋取不正当利益，同时也存在损害国家利益、社会公共利益的情形。因此，判断和识别案件是否系虚假调解，要将案件处分的权利义务是否影响第三方合法权益作为重要的判断标准，如当事人双方通过签订虚假调解协议过户房屋逃避相关税费的案件，虽没有实质影响第三人的合法权益，但使国家利益受到切实的损害，此类案件应当予以纠正。需要说明的是，这里的“损害第三人合法权益”是指除国家利益、社会公共利益之外的案外人利益，除案外人（个人）利益之外，也应当包括集体利益，以农村集体经济组织为例，如村民委员会未经全体村民同意私自签订有关村集体土地承包合同损害村民集体利益的调解协议，为保护集体合法权益，即使村民不以村民委员会名义维护权益，此类案件也应当予以纠正。

二、虚假调解检察监督的现状与困境

（一）民事调解检察监督的制度沿革

根据1991年颁布的《民事诉讼法》第185条的规定，人民检察院对已经发生效力的判决、裁定可以提出抗诉，但是对调解书是否可以提出抗诉未作出具体规定。1999年，最高人民法院《关于人民检察院对民事调解书提出抗诉人民法院应否受理问题的批复》（法释〔1999〕4号）答复："《中华人民共和国民事诉讼法》第185条只规定人民检察院可以对人民法院已经发生法律效力的判决、裁定提出抗诉，没有规定人民检察院可以对调解书提出抗诉，人民检察院对调解书提出抗诉的，人民法院不予受理。"2010年，最高人民检察院《关于加强和改进民事行政检察工作的决定》明确提出，"继续开展民事执行监督、调解监督、督促起诉、支持起诉等改革探索，总结经验，加强规范，确保取得良好效果"。至此，检察机关开始自行开展对调解书的监督。随着2010年后人民法院"调审结合"模式的推广，人民法院调解结案率开始逐年提升，但滥用调解、强制调解、久调不决、虚假调解现象也开始出现，影响到调解制度应有功能的有效发挥，要求对法院调解工作加强监督的呼声开始出现，将法院调解制度纳入检察监督范围是权力接受监督制约的必然要求，2012年《民事诉讼法》第208条（现行第219条）正式将对损害国家利益、社会公共利益的调解书纳入检察机关监督的范围，同时《人民检察院民事诉讼监督规则（试行）》

第 77 条也明确背书对调解书的监督，第 99 条突破《民事诉讼法》第 208 条的规定，对“调解违反自愿原则或者调解协议的内容违反法律的”依照审判程序中审判人员违法行为开展监督。至此，在法律层面上将调解监督纳入了检察机关监督范围。

（二）《民事诉讼法》第 219 条的立法局限

2012 年修改后的《民事诉讼法》第 14 条确立了检察监督原则，明确了人民检察院有权对民事诉讼实行法律监督，明确了民事检察监督贯穿于整个民事诉讼活动。民事调解程序上由法官启动，调解过程由法官主持，法院对当事人达成的调解协议负有审查义务，民事调解制度在遵循当事人意思自治的背后，渗透着国家的审判权，因此，民事调解接受民事检察监督也是应有之义。但是，依据《民事诉讼法》第 219 条的规定，检察机关对调解书进行监督的条件是“损害国家利益、社会公共利益”，该规定虽然赋予了检察机关依职权启动监督的程序，但是在客观上也排除了实践中大量存在的对损害第三人合法权益的民事调解书的监督。故而有学者认为，对第 219 条规定中的“国家利益、社会公共利益”应当采用目的性扩张解释方法，调解书违反法律禁止性规定、损害集体组织经济利益、损害社会弱势群体利益的，也应当视为“损害国家利益、社会公共利益”。[①] 虽然这种观点更契合司法实践的需要，但采用扩张解释的方法明显超越了对法律进行文本解释可以预测的范围，毕竟，在立法话语中，“国家利益、社会公共利益”是有其特定的含义，在立法论上对其进行扩张解释，并不能有效解决实践中的困惑。

另一层面，虚假调解掩盖了大量的违法现象，当事人只是将诉讼

---

① 李浩：《民事调解书的检察监督》，载《法学研究》2014 年第 3 期。

作为投机取巧的“工具”，对诉讼的真相常常很难发现，当前立法中对虚假调解真相的揭露更强调事后的发现和救济，而缺乏事前的预防和补救，特别是对于不损害国家利益和社会公共利益的调解协议案外人来说，只能通过第三人撤销之诉进行救济，对“提出证据证明调解违反自愿原则或者调解协议的内容违反法律的”[①]情形，只能由当事人向法院申请再审，实质上排除了案外人参与原诉在原诉中维护自身权益的救济渠道，这也与审判监督程序的纠错功能不符。与此同时，如果检察机关主动依职权发现或者第三人向检察机关申请监督，却因立法限制很难启动民事检察监督程序。由此可见，当前立法无论是在个人救济还是公权力救济纠正虚假调解方面，都存在些许限制，影响了纠错机制的发挥。笔者认为，损害第三人合法权益的虚假调解和损害国家利益、社会公共利益的调解都是错误的调解，错误的本质都是严重损害司法权威和审判公信力，社会危害性也并不局限于参与诉讼和民事纠纷的当事人之间，对损害第三人合法权益的虚假调解，在无相关当事人申请再审的情况下，检察机关能否进行检察监督在立法上和实践中仍有不同认识，立法上对调解书如何监督这种存在差异化的争议，成为当前防范和制裁虚假诉讼立法亟待解决的问题。

（三）虚假调解检察监督的实务困境

1. 意思自治和检察监督的边界

长期以来，对民事调解检察监督持否定态度的学者认为，调解书虽然经法院确认生效，但是调解书基于双方当事人合意产生而非法官的审判权，这种纠纷的解决基于诉讼参与人在平等地位下达成的意思自治，即使损害第三人利益和“两益”，也应当由该利益的代表以民

① 《民事诉讼法》第212条。

事诉讼进行主张，检察机关监督的对象是审判权，故不应过多介入。[①]这种看法实质上表达了检察机关对人民法院调解活动进行监督时，应当平衡当事人意思自治和公权力监督之间的界限问题。笔者认为，检察机关作为我国宪法规定的国家法律监督机关，保障民事诉讼活动正常进行同样是法律监督的目的之一，具体来讲，保障民事诉讼中的调解制度切实反映当事人真实意思表示，不违反国家强制性法律规定，防止调解活动不违反自愿、合法原则，保障国家利益、社会公共利益以及其他当事人合法权益不因为虚假调解行为受到侵害，同样是检察机关作为法律监督机关的职责所在。另外，从监督效果来看，通过检察监督，保证人民法院调解活动的合法性和有效性也就是充分保障了当事人的意思自治，尊重了当事人对自我权利的处分权，二者在权力行使的目的上没有什么本质的不同。

2. 监督缺位的现象比较普遍

2013 年至 2017 年五年间，全国各级法院以调解方式结案的案件数量占五年间审结一审民商事案件总数的 29.2%；2018 年，全国各级法院以调解结案的案件数量占一审审结民商事案件总数的 25.2%。[②]2013 年至 2017 年，甘肃省各级法院以调解撤诉方式结案的案件数量占五年间全省审结民商事案件总数的比例接近 70%[③]，2018 年该项比例下降至 56.2%，但也超过审结民商事案件总数的一半。与此形成鲜明对比的是，2018 年以后，甘肃省检察机关才正式开始介入对全省法院民事调解案件的监督，2018 年至 2020 年共受理虚假调解案

---

① 廖中洪：《也论调解书检察监督的范围和内容》，载《西南政法大学学报》2015 年第 11 期。

② 参见 2013 年至 2018 年《最高人民法院工作报告》。

③ 指以调解结案方式占审结民商事案件的比例，包括一审、二审、再审审结的民商事案件总数。

件线索 211 件，只占三年间受理民事监督案件总数的 4.4%，与法院以调解方式结案占民商事案件总数的比例存在不小差距，也反映了检察监督的规模与法院调解结案的规模不成比例。造成检察监督规模较小的主要原因有：一是人民群众的申诉救济渠道不畅，如向检察机关申请监督的渠道单一，缺乏便利性，效率也不高，申诉人往往缺乏积极性，使得监督案源紧缺；二是检察机关依职权对调解进行监督的机制不畅，对于案外人未申请再审的虚假调解、检察机关自行发现的虚假调解能否依照《民事诉讼法》第 219 条的规定由检察机关进行监督在实践中法检两院仍缺乏共识；三是检察机关介入和发现虚假调解的能力不足，手段单一，仍然依靠“传统等案上门”，缺乏利用大数据信息化手段发现虚假调解案件线索的能力。

3. 调查取证困难

调解案件遵循当事人自愿，程序较为简便，法官虽然对事实和证据有审查义务，但鉴于虚假调解的诉讼表象和诉讼特点，使得法官对案件真实性的审查判断与民事诉讼“不告不理”“权利自决”等原则在具体个案中较难契合，法官对诉讼真实性启动调查的积极性不强，加之实践中受“调审结合，调解优先”、考核调解结案率等因素影响，使得法官很难守住发现虚假调解的“第一道防线”。检察机关没有“审判亲历性”的先天优势，对虚假调解进行监督时，只能依赖对相关证据和诉讼事实的调查核实和审查判断，虽然《人民检察院民事诉讼监督规则》第 63 条、第 71 条分别规定了检察机关行使民事调查核实权的六项具体内容和被调查对象不予配合的惩戒措施，但因调查手段刚性不足、惩戒措施缺乏刚性，民事调查核实权很难保障和满足检察机关对虚假调解“相关证据和诉讼事实的”审查核实的需要。以双方恶意串通损害第三人合法权益虚假调解案件为例，检察机关对当事人的言词取证对认定“恶意串通”具有十分重要的意义，但在G省针对“恶意串通型”虚假调解当事人所作的56份询问笔录中，没有一例询问笔录被法院作为认定双方恶意串通的证据；相反，囿于惩戒措施有限，当事人不愿配合检察机关询问的现象较为普遍，检察机关启动调查权效果不佳。同时，与此形成鲜明对比的是，在G省L市检察院成功查办的16起虚假调解系列案件中，民事检察部门都采用了公安机关在刑事侦查过程中对相关人员所作的讯问笔录和相关侦查证据，这些证据无一例外都被再审法院采信，这里固然有刑事诉讼中刑事证据证明标准高于民事诉讼证据的客观原因，但民事检察部门取证权力有限也是重要原因。

4. 监督方式刚性不足

根据前文对《民事诉讼法》第219条的立法分析，实践中检法两家对调解书的监督范围的认识存在分歧，根据最高人民法院《关于适用〈中华人民共和国民事诉讼法〉的解释》第407条[①]的规定，损害“两益”的调解书和违反“法律强制性规定”的调解书是并列关系，违反“法律强制性”规定不应当认定为损害“两益”，正是这种立法技术导致的原因，《人民检察院民事诉讼监督规则》第75条将调解书“违反自愿原则或调解协议违反法律的”纳入审判程序监督的规定，这也使得针对该类调解书的监督，检察机关只能采取检察建议的监督方式，而不能采取抗诉（再审检察建议）方式进行监督，这种法检两院认识

① 最高人民法院《关于适用〈中华人民共和国民事诉讼法〉的解释》第407条规定：“人民法院对调解书裁定再审后，按照下列情形分别处理：（一）当事人提出的调解违反自愿原则的事由不成立，且调解书的内容不违反法律强制性规定的，裁定驳回再审申请；（二）人民检察院抗诉或者再审检察建议所主张的损害国家利益、社会公共利益的理由不成立的，裁定终结再审程序。前款规定情形，人民法院裁定中止执行的调解书需要继续执行的，自动恢复执行。”

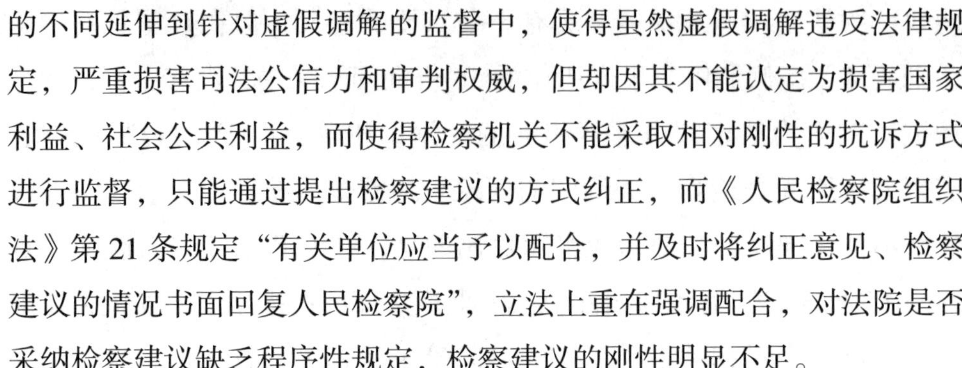
的不同延伸到针对虚假调解的监督中，使得虽然虚假调解违反法律规定，严重损害司法公信力和审判权威，但却因其不能认定为损害国家利益、社会公共利益，而使得检察机关不能采取相对刚性的抗诉方式进行监督，只能通过提出检察建议的方式纠正，而《人民检察院组织法》第 21 条规定“有关单位应当予以配合，并及时将纠正意见、检察建议的情况书面回复人民检察院”，立法上重在强调配合，对法院是否采纳检察建议缺乏程序性规定，检察建议的刚性明显不足。

三、虚假调解检察监督的构建与完善

民事调解检察监督的实务困境凸显了当前民事检察制度不能满足人民群众日益增长的对司法公平正义的需要之间的矛盾，突出表现为民事检察职能不能全面、精准监督人民法院的调解活动。究其原因，如上文所述，集中表现在立法不完善、法律适用狭隘、理论认识分歧、调查手段单一等方面。因此，在进一步构建和完善虚假调解检察监督机制时，应当给予充分重视。

（一）进一步完善相关立法

1. 进一步完善民事调解检察监督的范围

《民事诉讼法》第 219 条确定了检察机关可以依职权监督损害“两益”的调解书，但对于案外人发现调解书内容违反法律强制性规定、调解书损害第三人合法权益等情形，向检察机关申请监督时，检察机关如何处理，现行立法语焉不详。依据《民事诉讼法》第 14 条确立的民事诉讼检察监督原则，对于不损害“两益”的民事调解诉讼活动，同样属于检察机关的监督范围。因此，建议将第 219 条第 2 款所规定的检察机关对于损害“两益”调解书的监督扩展至对整个法院调解活动的监督，同时明确将双方当事人恶意串通、歪曲事实损害第三人合法权益达成的调解书也纳入检察机关的生效裁判监督范围，可以采取抗诉或再审检察建议方式进行监督，即将原来的“损害国家利益、社会公共利益”扩展至“损害第三人合法权益”。在监督的程序启动上除保留检察机关依职权开展监督外，还应当确立当事人或者案外人向检察机关申请监督的权利。

需要说明的是，除将虚假调解纳入监督范围之外，检察机关内部对调解检察监督的范围还存在诸多争论，具体表现在：一是建议将违反自愿原则的调解协议也纳入检察机关生效裁判监督范围，笔者认为，现行最高人民法院《关于适用〈中华人民共和国民事诉讼法〉的解释》第 407 条已经赋予当事人对于违反自愿原则达成的调解书申请再审的权利，且实践中违反自愿原则签订的调解书多系一方胁迫、重大误解、代理人无代理权等情形，基于民事活动意思自治原则，对该类违反自愿原则的主张应当由当事人证明、自己主张，同时为保障民事活动和商事交往的稳定性，在当事人未对生效调解书申请再审的情况下，作为公权力的检察机关也不宜在第一顺位主动依职权开展监督。如果人民法院在促成调解的过程中存在类似强制调解、以裁判结果威胁、启动程序不当等违反自愿原则的审判程序违法行为时，当事人亦可依据《人民检察院民事诉讼监督规则》第 100 条的规定，向同级人民法院提出检察建议，检察机关并未排除对违反自愿原则调解书的救济途径。二是建议将调解协议内容违反法律强制性规定的调解书单独作为检察机关应当监督的情形在立法中予以明确，与“双方当事人恶意串通，歪曲事实达成的损害第三人合法权益的调解书”并列作为民事调解检察监督的范畴。笔者认为，调解过程和调解书应当坚持合法原则，如调解协议违反法律强制性规定，一般不存在损害第三人合法权益情形但存在类似转移财产、规避国家税费等情形，该类案件双方当事人诉

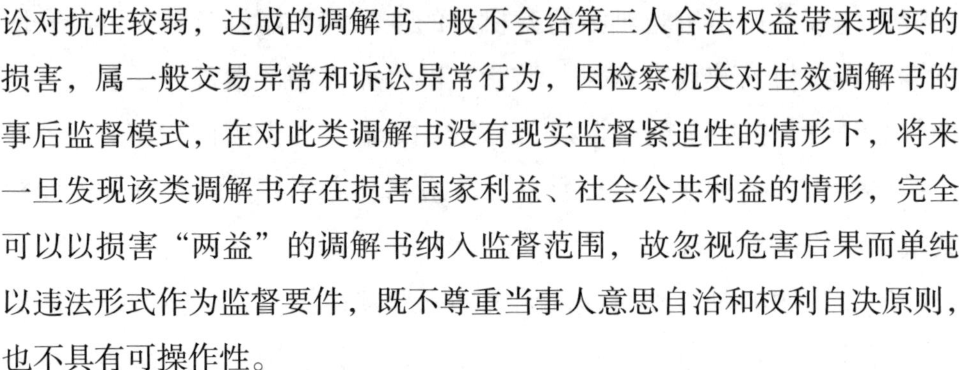

讼对抗性较弱，达成的调解书一般不会给第三人合法权益带来现实的损害，属一般交易异常和诉讼异常行为，因检察机关对生效调解书的事后监督模式，在对此类调解书没有现实监督紧迫性的情形下，将来一旦发现该类调解书存在损害国家利益、社会公共利益的情形，完全可以以损害“两益”的调解书纳入监督范围，故忽视危害后果而单纯以违法形式作为监督要件，既不尊重当事人意思自治和权利自决原则，也不具有可操作性。

2. 进一步增强监督方式的刚性

检察机关对人民法院调解活动的监督属“一体两翼”模式，不仅包含对生效调解书的监督，也包含对调解活动中审判人员诉讼活动违法行为的监督。检察机关不但对生效调解书可以采取抗诉等相对刚性的方式进行监督，也可以依据《人民检察院组织法》第21条的规定对审判人员诉讼活动违法行为采取检察建议的方式进行监督，即对事监督与对人监督相结合。实践中，检察机关对人监督主要集中于法官未尽到应尽的审查义务、疏于审查、明知案件事实存疑不依法履行调查核实、明知当事人恶意串通仍放任等情形，检察机关针对上述违法情形发出检察建议后，人民法院如何回复和采纳缺乏程序性规定，特别是对于审判人员在调解过程中存在的与当事人恶意串通、徇私舞弊等法深层次违法行为，检察建议的效力与检察监督的目的明显不相匹配，使得“一体两翼”模式下对事监督与对人监督不能够有效结合，一旦人民法院对检察建议存在消极对待现象，对人监督的效果不能够有效凸显，而只有把对虚假调解的监督效果最终落实到对参与责任人的追究上，才能增强威慑力，提升监督质效。针对上述问题，笔者建议今后在民事诉讼法修订中应当明确检察建议的效力、回复程序等问题，建议参照“人民法院应当在收到抗诉书之日起30日内作出再审的裁定”的规定，增加“人民法院应当在收到检察建议之日起30日内作出回复，不予采纳检察建议的，应当说明理由并作出合理说明。如无正当理由且无法作出合理说明，应当采纳检察建议，纠正相关违法行为”的规定。

（二）进一步完善和加强案件线索发现机制

1. 广泛推广“互联网＋检察”，加强线索挖掘能力

虚假调解隐匿性较强，案外人发现较难，申诉积极性不强导致检察机关虚假诉讼监督案源来源单一、数量不足。截至2020年底，中国裁判文书网公开文书总量已经突破1亿篇，且以日均8万篇的幅度增长[①]，这是检察机关可以深度挖掘监督案源的基础数据平台。近年来，一些地方检察机关广泛创建办案智能检务辅助系统、智能办案辅助系统搭建专业接口对接基础数据平台，在系统帮助下抽取整合法院办案数据，对数据进行智能分析，对人民调解活动流程和风险节点进行重点研判分析，特别是针对虚假调解易发生案件类型、重点当事人、程序异常等风险节点进行数据抓取和分析，积极助力虚假诉讼案件线索挖掘工作。实践中，浙江省绍兴市人民检察院创建的“民事裁判文书智慧监督系统”，以及该院推行的“智慧监督＋人工审查”虚假诉讼案件发现机制在查办虚假诉讼案件中取得了良好的办案效果，形成了发现和查办民事虚假诉讼的“绍兴经验”。

2. 建立线索发现内外协作机制

内部整合层面，一是建立一体化办案模式，打破办案部门壁垒，整合线索资源。市级院充分发挥枢纽作用，对重大疑难复杂案件线索，必要时采取交办、转办、督办、请示方式逐案跟进。二是建立内部案

① 援引微博“山东高法”2021年3月1日消息，但是从2022年开始，中国裁判文书网公开文书的数量呈逐级法院递减趋势。

件线索移送机制。刑事检察部门发现相关虚假诉讼案件线索应及时移送民事检察部门进行审查，涉及跨区域、涉案人数众多的案件线索，也可以移送上级院，由直接办理或指定异地办理，有效降低办案压力和减少干扰。三是建立刑民一体化查办案件机制，针对可能涉嫌虚假诉讼的重大疑难复杂案件，可以成立既有刑事检察官又有民事检察官组成的办案团队，形成虚假诉讼监督与刑事违法追究的无缝对接，有效破解虚假诉讼线索发现和案件突破难题。

（三）进一步强化调查核实权

虚假调解产生的一个重要原因在于人民法院调查权的缺位与虚化，检察机关因存在缺乏审判亲历性的“天然劣势”，对其行使调查核实权的保障手段上要强于人民法院，这种强化应当突出表现在围绕虚假诉讼的证明标准，丰富调查核实权内容和保障手段上。最高人民法院《关于适用〈中华人民共和国民事诉讼法〉的解释》第 109 条明确规定了对当事人之间恶意串通事实的证明，即要在坚持证明标准高度盖然性规则的基础上，排除合理怀疑。检察机关在查办虚假调解案件中，特别是在“恶意串通”的证明标准上，应当坚持第 109 条的规定，采取排除合理怀疑的证明标准，故而检察机关查办虚假调解案件时，查明“恶意串通”事实和排除合理怀疑是检察机关的主要取证方向。虽然《民事诉讼法》第 221 条赋予了检察机关调查核实权，但未规定当事人或者案外人不配合调查，检察机关没有相应的制裁措施，与此对应，《民事诉讼法》第 114 条却赋予人民法院相关司法处罚权。查明“恶意串通”事实是纠正虚假调解的关键，如立法上不对当事人及案外人拒不配合检察机关调查的法律责任进行明确，就很难揭开虚假调解的“面纱”。

实践中，要从以下三个方面破解检察机关虚假调解取证难问题：

一是推行民事案件卷宗正副卷一并调阅制度，过去检察机关办理监督案件，只能调阅法院审判正卷，对副卷（内卷）人民法院一般不予调取，调阅法院副卷，审查原审调解案件过程和法官参与调解活动全过程，法官行使释明权等情况，有助于审查原审诉讼是否具有实质对抗等问题。二是综合运用多种调查手段，通过查询、查账、鉴定、询问当事人和案外人等措施，审查双方是否存在真实交易，诉讼证据、代理签名是否伪造，特别是应当明确检察机关可以询问主持调解法官，重点审查法官在调解中是否违反自愿、合法原则，是否存在与当事人恶意串通、居中造假等深层次违法行为。三是明确对公安机关涉嫌虚假诉讼犯罪在侦查阶段取得证据的效力问题，依托公安机关的刑事调查取证巩固和完善民事证据链条，采取“以刑助民、以民促刑”的策略帮助民事检察部门取证。

检察机关作为国家法律监督机关，开展虚假诉讼监督工作是检察机关的法定职责，也是国家社会治理能力和治理体系现代化的重要内容，是司法机关积极促进社会诚信体系建设的重要手段。我们相信，随着立法修改、司法适用、制度构建等方面的持续完善，检察机关防范和打击虚假诉讼的工作机制将会进一步发挥积极作用，虚假诉讼的空间将会越来越小，虚假诉讼现象必将得到有效遏制。

Diaocha Yanjiu
调查研究

2023 年湖南省检察机关虚假诉讼监督专项分析报告

周文艺*

2023 年，湖南省检察机关深入贯彻习近平法治思想，认真落实党中央、湖南省委和最高检关于惩治虚假诉讼的决策部署，聚焦虚假诉讼发现难、查证难、监督难问题，全过程、常态化、深层次开展虚假诉讼监督工作，一体推进构建防范、惩治和打击虚假诉讼新格局。

一、案件办理情况及特点

2023 年，湖南省检察机关共办结虚假诉讼监督案件 637 件。其中，提出抗诉 115 件，法院已审结 18 件，抗诉改判 17 件，改判率 94.44%；提出再审检察建议 367 件，法院裁定再审 295 件，再审检察建议采纳率 80.38%；发出审判程序和执行程序违法检察建议 155 件，法院采纳 155 件，采纳率 100%；发出社会治理类检察建议 14 件，采纳率 100%；移送违纪违法犯罪线索 93 件 174 人，已追究司法工作人员党纪政纪责任 15 人、职务犯罪刑事责任 2 人，已追究其他当事人、诉讼参与人刑事犯罪责任 53 人；制定关于虚假诉讼的规范性文件 5 份。湖南省检察机关办理民事虚假诉讼监督案件主要呈现以下特点：

---

* 周文艺，湖南省人民检察院第六检察部三级高级检察官。

（一）办案数量较2022年有所回落，监督类型以裁判结果监督为主

2020年全省检察机关办结虚假诉讼监督案件126件，2021年办结405件，2022年办结1188件，2023年办结637件。随着对虚假诉讼防范与惩治工作的持续发力，虚假诉讼监督案件呈现逐年上升到略有回落的趋势。特别是审判和执行程序涉虚假诉讼监督案件较2022年减少489件，降幅达75.62%，主要原因是与2022年比较未发现较多的系列案。全年共办结生效裁判监督涉虚假诉讼案件482件，占全部虚假诉讼监督案件的75.67%，占全部生效裁判监督案件829件的58.14%，查办虚假诉讼案件成为做强生效裁判监督的重要举措。

（二）案件受理以依职权为主，基层检察院作用凸显

检察机关依职权受理624件，占比97.65%。依职权受理案件中，依托民事智慧检察监督平台移送316件，通过检索中国裁判文书网、审查关联案件等方式自行发现191件，刑案中发现或移送68件，其他单位移送或交办30件，人大专项评查发现19件。从办案主体来看，以基层检察院为主，共办结612件（含提请市院），占全部虚假诉讼监督案件的97.07%，其中提出再审检察建议361件，提请上级院抗诉96件，提出审违和执违检察建议155件；市检察院办结121件，占比19%，以提出抗诉为主；省检察院提出抗诉2件。基层院在虚假诉讼监督工作中的基础性地位充分显现。

（三）诉讼案件以民间借贷纠纷为主，非诉案件值得关注

从案由分布来看，生效裁判监督案件中民间借贷纠纷仍是虚假诉讼的高发领域，共办结266件，占比55.19 %，其后依次是借款合同纠纷55件、房屋买卖合同纠纷33件、债权转让合同纠纷24件等。另有生效裁判确有错误不适用再审程序纠正24件、对人民法院正在审理中案件提出监督意见17件、法官造假案件8件、建议司法惩戒4件。

利用非诉程序申请人民法院强制执行案件 96 件，占全部监督案件的 15.07%，其中虚假仲裁 90 件、司法确认调解协议效力 5 件、虚假支付令 1 件。

（四）案件类型较为集中，系列案较多

虚假诉讼行为人多受非法利益驱动，主要有涉非法放贷案件 190 件、涉“套路贷”案件 37 件、为规避住房限购限售政策案件 57 件、为套取住房公积金案件 14 件等。在全年查办的虚假诉讼案件中，2 件以上的系列案占比 81.46%。

（五）监督质效持续向好，位于全国前列

虚假诉讼监督案件抗诉改判率 94.44%；再审检察建议采纳率 80.38%，审违和执违检察建议采纳率 100%，均高于最高检质量评价指标通报值，且高于全省同类型监督案件，特别是再审检察建议采纳率高于同类监督案件 10.14 个百分点。虚假诉讼监督对于提升检察监督质效具有积极作用。

二、主要做法及成效

（一）坚持服务大局，找准虚假诉讼监督发力点

1. 打击“套路贷”，助力扫黑除恶“打财断血”

全力配合扫黑除恶专项斗争，严厉打击黑恶势力利用虚假诉讼催收“套路贷”、高利贷，侵占他人财产的行为，助力扫黑除恶“打财断血”，共办理虚假诉讼案件 37 件，涉案金额 3500 万余元。如郴州市检察机关办理的何某等人涉“套路贷”虚假诉讼监督系列案，何某等人假借“民间借贷”之名实施“套路贷”违法犯罪，侵占他人财物 180 万余元，因参加黑社会性质组织罪、诈骗罪、寻衅滋事罪等被判处刑罚。对其以虚假诉讼方式催讨债务的行为，民事检察部门向人民法院

提出再审检察建议1件、提出抗诉7件。再如株洲市检察机关办理的王某等人虚假诉讼监督系列案，王某纠集他人组成恶势力犯罪团伙，长期从事高利放贷业务，对几十名借款人通过滋扰、限制人身自由等软暴力方式催收，因寻衅滋事罪、非法拘禁罪被判处刑罚。对其虚增债务提起诉讼的行为，株洲市检察院已监督人民法院再审纠正6件。

2. 聚焦涉企案件，护航优化法治化营商环境

认真贯彻湖南省委政法委在全省政法系统集中开展涉企执法司法提质增效、打击治理侵害企业合法权益行为、优化经济领域政法服务三项优化法治化营商环境专项行动要求，重点聚焦企业破产领域，严肃查办侵害企业财产权的虚假诉讼，共办理涉企虚假诉讼监督案件460件，涉案金额122841.33万元。如常德市检察机关办理的某房地产公司虚假诉讼监督系列案，针对破产管理人反映申报债权中存在虚假诉讼问题展开监督，成功办理虚假诉讼裁判监督案件14件，改判金额超500万元以上的案件3件，改判金额超1亿元。常德市检察院还与市公安局、市中级法院会签了《关于联合防范和打击破产程序中逃废债的协调机制工作指引》，形成监督合力，共同营造风清气正的法治化营商环境。再如，长沙市检察院办理的湖南某科技发展有限公司与刘某民间借贷纠纷案，查明刘某捏造借款合同、虚构债权，损害某科技发展有限公司合法权益的事实。该案诉讼历经六年，经检察机关成功监督后，使得债务缠身濒临破产的民营企业成功减轻债务本金1100万余元。

3. 惩治“职业放贷”，防范化解国家金融风险

未取得放贷资格的个人或企业，向社会不特定对象提供借款，以“砍头息”“服务费”“信息费”“利滚利”等方式收取高额利息，并利用民事诉讼程序将“虚增的债务”合法化，严重扰乱金融管理秩序。

全省检察机关加大对“职业放贷人”所涉民事诉讼的监督力度，开展了涉“职业放贷人”虚假诉讼专项监督，共办结 190 件，涉及“职业放贷人”18 人。如衡阳市检察机关办理的耒阳市某资产经营管理有限公司虚假诉讼监督系列案，孙某等人未取得金融放贷资质，通过“小花旅行”“指上旅行”App 向社会不特定用户放贷，为隐瞒非法放贷事实，签订虚假的债权转让协议由某资产经营管理有限公司受让债权后起诉，仅在耒阳县法院就诉讼 2704 起，目前衡阳市检察院以非法放贷、借款及债权转让合同无效、涉及虚假诉讼为由提出抗诉 17 件。

4. 关注“公积金”，守护国家专项资金管理秩序

住房公积金制度是我国一项重要的住房社会保障制度，提取公积金需符合规定的条件和程序，否则将严重扰乱国家住房公积金管理秩序，损害缴存职工的利益。全省检察机关积极探索“类案推广”监督模式。永顺县检察院率先办理了一起通过虚假诉讼套取住房公积金的典型案例，后湘西州检察机关调查发现，辖区内套取公积金的虚假诉讼呈多发态势，遂集中到公积金中心查询法院执行住房公积金的案件信息，成功办结虚假诉讼案件 12 件，涉案金额 123.28 万元。如凤凰县检察院办理的张某与彭某、滕某申请司法确认人民调解协议效力案，张某作为帮助他人套取公积金的职业人员，先后多次在龙山县、凤凰县、古丈县等地，通过虚构债权债务等方式帮他人违规提取公积金并收取佣金，检察机关查实后建议人民法院撤销原裁定获采纳。根据此类案件“立结案时间短、缺少实质性抗辩、执行标的单一（仅执行住房公积金）、执行数额与公积金余额相当”的特点，省院通过民事智慧检察监督平台甄别并推送监督线索 300 余条，已分发至各地查办。

5. 拓展新领域，全方位防范虚假诉讼

随着对虚假诉讼防范与惩治的不断加强，虚假诉讼从传统的审

判、执行领域逐渐向仲裁、公证、支付令等领域扩张，检察机关积极稳妥探索对新领域、新类型虚假诉讼案件的监督。如湖南省检察院与长沙市检察院联合办理的湖南某投资有限公司与湖南某职业学院合作协议纠纷执行监督案，经调查发现，该投资有限公司伪造银行进账单、工程造价鉴定资料作为证据提交仲裁庭，导致仲裁裁决错误认定工程款数额及利息，遂建议人民法院不予执行仲裁裁决获采纳，为湖南某职业学院挽回经济损失 3000 万余元，其上级主管单位省教育厅专门向省院送来了感谢信。再如张家界市永定区检察院办理的朱某与胡某民间借贷纠纷督促程序一案，双方当事人之间不存在真实的借贷关系，通过虚拟借条、拼凑银行转账记录骗取人民法院支付令，监督后该支付令被撤销，2 人均被人民法院处以罚款。

（二）坚持高质效履职，破解虚假诉讼监督难题

1. 依托大数据赋能，破解“发现难”

针对虚假诉讼监督线索发现难、来源渠道窄、获取不及时的特点，加强大数据运用，依托民事智慧检察监督平台从个案裁判、执行文书中筛查类案监督线索，统一管理、统一研判、统一调度。创新建立的“惠农金融贷款违规发放”监督模型，移送监督线索 125 条，还获评全省检察机关数据监督模型大赛二等奖。2023 年办结的虚假诉讼监督系列案均系平台移送的监督线索，占全部监督案件的 49.45%。

2. 深耕一体化办案，破解“查证验”

对于疑难复杂涉刑民交叉虚假诉讼案件，上下级检察机关之间、刑事与民事检察部门之间，以挂牌督办、成立专案组、专门调查小组的方式，统一管理案件线索、研判调查方向、调配办案力量，实现一体化、“全链条”监督。如郴州市资兴区检察院通过法拍网查询发现某经营部起诉的一起案件存在异常，进一步调查发现，该经营部分别在

长沙、岳阳、郴州、湘潭4个地区7个县区提起诉讼21件，其中在平江县法院的2起诉讼已被刑事判决认定为虚假诉讼，系卢某等人为规避长沙限售政策通过虚假诉讼拍卖房产。资兴区检察院除办理自身案件外，还将线索上报至省院，省院按管辖交办至其他单位后均已成功监督。犯罪线索同步移送至公安机关后，已有当事人、律师19人因虚假诉讼罪被移送起诉。再如株洲市检察院刑事检察部门在审查周某等人非法拘禁、寻衅滋事一案中发现，周某等通过诉讼方式追讨非法债务，遂将线索移送株洲市荷塘区检察院，因涉案民事诉讼多达200余件，且可能涉及漏人漏罪及司法人员违纪违法问题，后由湖南省检察院第六检察部牵头，由省院第一检察部、第六检察部、第十二检察部及荷塘区检察院抽调人员组成专案组共同办理。

3. 紧盯深层次违法，破解“追责难”

坚持“由人及案”“由案及人”互推共进，加大对司法人员、当事人、诉讼参与人虚假诉讼行为的查处力度，深挖虚假诉讼背后的违纪违法犯罪等深层次问题，深层次监督成效显著，民事检察“对人监督”线索移送数、成案率较往年大幅提升。如双峰县检察院民事检察部门在办理湖南省某实业发展有限公司执行异议之诉案中发现，原执行局局长邹某超越职权违法解除被保全财产，财产被解除查封后被迅速变卖，导致政府900万余元债权无法实现。遂将线索移送纪委监委并上报娄底市院，后双峰县纪委监委和娄底市检察院刑事执行检察部门联合成立调查组，双峰县检察院原民事承办检察官全程参与调查、侦查，邹某因受贿罪、执行判决、裁定滥用职权罪已被移送起诉，同时由人及案发现邹某参与8件虚假诉讼案件。再如怀化市检察机关办理的涉“法拍房”虚假诉讼监督系列案，2名法官因滥用职权罪被判处二年、二年六个月不等刑罚，2名房产中介、1名律师因滥用职权罪、虚假诉讼罪择一重罪以滥用职权罪、13 名当事人以虚假诉讼罪被判处相应刑罚。

（三）坚持惩防兼治，提升虚假诉讼监督实效

1. 公检法良性互动，形成司法惩治合力

将加强虚假诉讼法律监督作为整治司法顽疾的重要任务之一，纳入省委政法委加强新时代检察机关法律监督工作专项督查内容，配合省高级人民法院制定虚假诉讼问题整改方案。通过召开联席会议，与湖南省公安厅定期商议虚假诉讼案件查办问题。通过列席法院审委会，充分发表监督意见，促审促判，全年共列席法院审委会 21 次。积极探索诉中监督，检法合力防范虚假诉讼。如保靖县检察院在办案中发现以广东某建设有限公司为被告的 17 件案件涉及虚假诉讼，系肖某冒用夏某等 17 人的名义虚构事实提起的追索劳动报酬之诉，该案法院正在审理中，检察机关查明事实后及时建议法院防范，法院采纳后驳回原告的诉讼请求，并对肖某的虚假诉讼行为予以司法惩戒。

2. 加大普法宣传，提升检察监督品牌

2023 年初评选公布了民事检察虚假诉讼监督典型案件和优秀案件。《检察日报》《法治日报》《学习强国》等媒体多次报道推广湖南民事检察虚假诉讼典型案例、经验做法。如《检察日报 · 民生周刊》先后报道张家界市永定区检察院办理的李某、覃某虚假诉讼监督案，湘潭市检察院办理的山东某建设投资有限公司虚假诉讼监督案等;《法治日报》以《常德检察精准“亮剑”虚假诉讼》为题对常德市检察机关查办虚假诉讼的经验做法进行了宣传报道。

3. 注重人才培养，提高检察监督能力

通过办案实践培养人才，岳阳县检察院副检察长郭东波同志因办理某网络借贷虚假仲裁案等工作突出，被最高检记个人一等功一次，

还在第一届全国检察机关民事检察业务竞赛中获得“业务能手”称号。倡导民事检察干警结合办案经验，深入研究虚假诉讼检察监督难题，提出对策建议。湖南省检察院周文艺撰写的《“部分篡改型”民事虚假诉讼的界定》被最高检民事检察厅《民事检察工作指导》（2023 年第 2 辑）刊发；长沙市雨花区检察院检察长尹跃连撰写的《浅谈对虚假调解案件的检察监督》被《检察日报》采用；长沙市望城区检察院袁志颖撰写的《民事虚假诉讼专业化检察监督的现状与未来》、衡山县检察院易柯撰写的《提升民事虚假诉讼法律监督质效的浅见》在 2023 年全省检察理论研究年会中分别荣获一等奖、三等奖。

三、存在的问题及原因

（一）相关法律适用存在认识分歧

1. 虚假诉讼的界定

“单方虚构”是否构成虚假诉讼，新修改的民事诉讼法已经明确规定构成，自此不成争议，但“部分篡改”特别是“部分虚增”“部分隐瞒”是否构成虚假诉讼存在争议。民事检察部门认为行为人虚构或者隐瞒部分事实导致裁判结果错误，虽不构成刑事犯罪，但仍应再审予以纠正。但有些法院将民事虚假诉讼完全等同于刑事虚假诉讼罪的认定标准，不采纳监督意见。如某区院办理的某小贷公司涉“套路贷”虚假诉讼监督系列案，该区法院以当事人之间存在真实的借贷关系，不构成虚假诉讼为由不启动再审。株洲市检察院跟进监督后，株洲市中级法院已裁定撤销原判，发回重审。同一问题，法院内部之间也存在争议。如某市检察院提出抗诉的蒋某与瞿某、曾某民间借贷纠纷一案，市中级法院再审认为，行为人以虚增借款金额的方式企图获取非法利益构成虚假诉讼，导致人民法院基于捏造的事实作出错误判决，其诉讼请求应予驳回。而某县检察院提出再审检察建议的郭某与张某民间借贷纠纷一案，该县法院审查认为，张某仅隐瞒部分债务清偿的事实提起诉讼，不属于虚假诉讼，不启动再审程序纠正。

2. 刑民交叉程序衔接

检察机关多主张大胆适用"刑民并行"的监督方式，因为刑事案件证明标准远高于民事案件，且诉讼周期较长，根据"两高两部"《关于进一步加强虚假诉讼犯罪惩治工作的意见》第 14 条规定，有些案件无须等待刑事案件的审判结果可以先行纠正，但大多数法院坚持先刑后民，导致监督意见迟迟不被采纳。如某市检察机关监督的罗某涉"套路贷"虚假诉讼监督系列案，A 区检察院、B 区检察院 2022 年向人民法院提出再审检察建议 16 件，人民法院以等待刑事判决为由未启动再审，2023 年一审刑事判决作出后又以等待生效判决为由不启动再审，导致该地区所涉"套路贷"虚假诉讼系列案都不能及时纠正。再如，某市检察院办理的冯某等人虚假诉讼监督系列案，冯某因另案诉讼被人民法院查封房产，其与林某等 4 人恶意串通，将所欠林某等人的普通债权虚构成劳务工资并虚增数额，由林某 4 人向法院提起诉讼后优先分配被查封房产的拍卖款。该案公安机关于 2017 年立案侦查，但至今尚未侦结，检察机关于同年以 4 案系虚假诉讼为由提出再审检察建议，但法院以公安机关尚未侦结为由不启动再审，长沙市检察院已进行跟进监督。

（二）监督线索获取面临新问题

近年来，全省检察机关以虚假诉讼监督为抓手提升民事检察监督质效，虚假诉讼监督数连续三年保持高速发展，结合其他先进省市的办案数据来看，2023 年出现办案数量回落是符合司法规律的。多地反映，已经对人民法院连续五年的裁判文书做了线索排查。近年来，中国裁判文书网上公开的裁判文书越发减少，上传的文书数与实际裁判案件数相差较大，调解、执行、仲裁、公证债权文书等一直未公开，势必会带来监督线索匮乏的问题。自 2022 年底引入民事智慧检察监督平台，已连续试用了两年，原有监督模型排查的线索已基本查办完毕，2023 年虽新研发了一些监督模型，但效果不理想。

（三）调查刚性问题未根本转变

双方当事人“手拉手”骗取人民法院调解书，是最常见的虚假诉讼，但对调解书的监督数量并不突出，仅 141 件，占全部结果监督案件的 29.13%。原因之一是较之单方虚构，双方恶意串通型虚假诉讼更难查办。大量虚假诉讼案件的查办仍然依靠扫黑除恶“套路贷”、非法吸收公众存款、非法放贷等刑事案件的查办，由民事检察部门自行调查成案的占比较小。检察机关力图借助公安机关的侦查力量、侦查手段，将线索移送公安机关，但对于公安机关而言，虚假诉讼案件查办难度大且不属于考核评比中重点关注案件，积极性不高，很多线索移送后久久得不到回复。受制于自身人力有限、调查核实能力不足等原因，民事检察部门更愿意办理如非法放贷类案件，仅需核实放贷人无放贷资质多次放贷即可提出监督意见，对于典型的“无中生有型”案件查办较少。

（四）司法惩戒制裁不到位

惩治虚假诉讼需要建立立体化多层次的制裁体系，涉嫌犯罪的应移送公安机关侦查并追究行为人刑事责任，对于诸如伪造证据、虚假陈述等尚不构成犯罪的虚假诉讼行为，应根据《民事诉讼法》第 115 条、第 116 条规定予以司法惩戒，但人民法院适用惩戒措施普遍较少，不利于遏制虚假诉讼。虚假诉讼属于侵害国家利益、社会公共利益的案件，不适用撤回起诉、调解结案等。有的当事人在虚假诉讼行为被发现后，立即申请撤回起诉，人民法院裁定准许，有的甚至是法官劝告其撤回起诉。有的法院因考虑内部发改率考核等原因，对于检察机关监督的虚假诉讼案件，以组织当事人调解、签订不申请执行承诺书或者以当事人未申请再审为由不依法启动再审程序纠正。如某院办理的温塘镇某煤矿劳动争议虚假诉讼监督案，为套取政府给付的煤矿关闭赔偿金，煤矿执行合伙人刘某隐瞒煤矿已为职工刘某涛等人购买工伤保险并已申领赔偿金的事实提起诉讼5件，导致人民法院错误认定煤矿未为职工购买工伤保险应承担相应赔偿责任，煤矿清算组按照人民法院判决支付赔偿款后，被刘某据为己有。检察机关监督后，人民法院以“鉴于该案已履行完毕，双方当事人无请求再审的意愿，且利害关系人可通过其他途径救济权利”为由不启动再审。

（五）自身办案质量问题较为突出

1. 以虚假诉讼监督不准确

虽然民事虚假诉讼的范围较之刑事虚假诉讼罪的范围要广，但目前出现了民事虚假诉讼的认定过于宽泛的问题，将任意诉讼不诚信的行为归类为民事虚假诉讼。如某检察院办理的江永某置业发展有限公司房屋买卖合同纠纷系列案，16户业主为了让江永某置业发展有限公司多承担每天万分之三的迟延交房违约金，隐瞒该公司曾通知收房的事实。虽然当事人存在虚假陈述、隐瞒事实的行为，但其隐瞒的事实不属于诉争法律关系的要件事实，不构成虚假诉讼，但该院仍勾选了虚假诉讼。再如，某检察院办理的杨某、李某民间借贷纠纷监督系列案，杨某、李某因非法吸收公众存款罪被判处刑罚，但案涉集资款未判决返还被害人或者追缴，14名被害人遂以民间借贷纠纷为由起诉至人民法院并经调解结案。因刑事判决未对案涉集资款予以处置，相关当事人提起诉讼的行为并不构成虚假诉讼，民事检察部门仅以不应受理为由监督而不是以虚假诉讼为由监督。

2. 监督方式适用不当

该方面主要表现为结果监督与审违、执违监督混淆的情况。如某检察院办理的涉某公司系列案，该公司为规避金融监管，捏造为用户垫付消费款的事实起诉，并存在收取“砍头息”“服务费”的情形，导致人民法院认定事实及适用法律错误，属于民事诉讼法规定的再审事由，检察机关发现后应监督人民法院再审予以纠正，但该院仅对审判程序违法进行监督，人民法院也仅做了形式性答复，裁判结果并未纠正。

3. 凑数案客观存在

如某检察院办理的某融资租赁有限公司虚假诉讼监督系列案，该系列案确系虚假诉讼并已向人民法院提出再审检察建议，但该院又以人民法院“证据及事实审查不严，不利于虚假诉讼的防范与整治”“申请执行的判决书系虚假诉讼所得，该判决不应得到执行”为由分别提出审违和执行检察建议，且勾选虚假诉讼。再如，某检察院办理的龙某与张某劳务合同纠纷等 15 案，监督理由均是未依法及时删除失信信息或者其他执行程序问题，但均勾选了虚假诉讼。

四、下一步工作措施及打算

（一）在“新”上下功夫，有效拓展监督线索

1. 创新大数据运用

探索依托全国检察业务应用系统盘活检察机关内部办案数据资源，实现检察机关各层级、各部门之间信息通融、数据共享，线索发现、推送、处理与反馈实现自动推送、线上流转。对外努力打破跨部门“信息孤岛”“数据壁垒”难题，利用政法大平台建设时机，促成两院之间实现信息共享、法律文书联网查询等。严格落实“从业务中来、

到业务中去”的数字检察工作要求，以业务需求为导向，从个案中发现类案监督线索，创新研发新的数字检察监督模型。同时，还可以借鉴其他省份较为成熟的虚假诉讼监督模型，在本省推广运用。

2. 明确新的监督重点

虚假诉讼监督已步入常态化，在继续加大对民间借贷纠纷等传统领域、常见类型虚假诉讼监督力度的同时，将监督重点拓展到执行、保险、金融领域。民事执行领域是虚假诉讼重点易发领域，表现为虚增债务参与执行分配、虚构执行异议阻碍执行、虚构职工债权套取被执行财产或者通过虚假仲裁、违法公证、骗取支付令等申请执行。今后一段时间，逐步将监督重点从财产的确权判决扩张到财产的执行领域。湖南省检察院第六检察部将与省人大执法监督室对接，拟针对人民群众反映强烈的“执行难”问题开展一次专项督查，并适时开展涉执行领域虚假诉讼的专项监督。涉保险领域、金融领域虚假诉讼常见多发，表现为虚构保险事故、虚增理赔项目及金额向保险公司索赔，被索赔后提起诉讼，或者通过虚假诉讼逃废债，导致银行资金不能回收等。湖南省检察院第六检察部于 2023 年底与湖南省保险行业协会、国家金融监督管理总局湖南监管局进行了座谈，认为湖南省人伤险、交强险赔付率过高，存在虚构或虚增理赔事项骗取保险金等现象。下一步将加强协作，通过线索移送、信息共享等方式，加大对保险理赔、金融诈骗、逃废债等虚假诉讼案件的监督，助力推进金融业的稳定健康发展。

3. 加强线索研判与管理

全省各级检察机关应建立线索管理台账，明确专人管理，动态完善登记线索的处理情况、审查结果。完善线索层报备案机制，下级院发现的类案、系列案、跨区域案件监督线索，层报上级院统筹管理，以“经营”的理念统筹线索研判，加强成案可能性分析。线索移送要有成熟的线索移送报告，线索移送后要加强跟踪问效。

（二）在“严”上下功夫，全面提高办案质量

1. 处理好数量与质量的关系

虽然民事虚假诉讼监督连续三年保持高速发展，但仍有大量案件未被发现和查办，与人民群众的期待仍有差距，保持适度的监督规模是做好虚假诉讼监督的应有之义。但鉴于目前民事检察人力资源及监督能力的制约，必须将监督数量控制在合理的区间，否则会影响监督的质量。下一步工作要在确保一定监督数量的同时，更加注重监督质量，实现从“数量”到“质量”的转变。

2. 提升“三项”素能

树立强基推动和人才引领意识，提高民事检察干警线索挖掘能力、调查核实能力和专业审查能力。定期组织开展虚假诉讼监督案件实训课程，学习交流各地先进办案经验，通过“导师带新人”“导师下基层”等活动，以案带训，在实战中传帮带，提高办案人员甄别、查证虚假诉讼的能力和水平。跨层级、跨部门、跨区域挑选有职务犯罪侦查经验、刑事检察经验、民商事专业背景的办案骨干组建专业化办案团队，以点带面，以团队建设带动队伍整体履职能力提升。

3. 加强对下指导

加强案例指导，以精准监督为指引，加强优案培育，下大力气打造一批精品案件，总结推荐成为优秀典型案例、指导性案例。对于评查中发现的不规范的负面典型案例也可以适时予以公布，供学习参考。针对调查核实不会、不专的问题，通过制定《民事虚假诉讼调查核实工作指引》加强指导与规范。建立法律文书备案审查制度，对于系列案、串案、疑难复杂案件通过文书备案审查提升案件质量。

（三）在"深"上下功夫，有力提升监督效果

1. 继续加强深层次监督

以办案为中心，通过办理一批深层次监督案件，监督纠正错误裁判，加大对虚假诉讼行为人的打击力度，追究涉案当事人、诉讼参与人及司法人员的违纪违法责任。压实民事深层次违法行为监督责任，强化调查核实，进一步完善与职务犯罪侦查部门、普通刑事犯罪检察部门的协作配合机制。运用好检察建议权，对于不构成犯罪的虚假诉讼行为人，建议人民法院加强司法惩戒，助力诉讼诚信体系建设。

2. 形成监督合力

积极主动向党委、人大汇报民事审判执行深层次违法行为及虚假诉讼监督情况，努力在专项工作开展、重大影响案件办理等方面争取支持。省级层面，公、检、法、司四部门共同研究签署防范与惩治虚假诉讼工作指南，明确虚假诉讼的内涵与外延，特别是"部分篡改型"虚假诉讼的界定与处理；明确刑民程序衔接流程，细化检察监督、司法惩戒、刑事立案的情形与标准；确立线索移送与反馈、案卷调阅与复制、侦查协作与配合等工作机制；建立常态化的联席会议制度、同堂培训制度；联合发布虚假诉讼典型案例、职业放贷人"黑名单"等。

3. 积极参与社会治理

针对监督中发现的制度不健全、落实不到位及明显的管理漏洞及时提出改进工作、完善治理的检察建议，通过扎紧制度的笼子、压缩虚假诉讼存在的空间，推动办案效果向社会治理转化。目前反映的金融领域违规放贷现象比较普遍，要加强与金融监管部门沟通，建议加强对重点人员和重点领域的金融监管，完善风险防范机制。对新类型虚假诉讼，及时加强防范与治理，与仲裁委、公证处等职能部门建立常态化联系机制，共同防治虚假诉讼。

Dianxing Anli

典型案例

最高人民检察院维护弱势群体合法权益民事执行检察监督典型案例

（2023 年 12 月 4 日）

案例一　内蒙古自治区鄂尔多斯市人民检察院、东胜区人民检察院维护妇女权益执行监督案

【基本案情】

高某与高某燕系夫妻关系。2011 年 8 月 26 日，高某向王某晔借款 150 万元，到期未偿还。王某晔向内蒙古自治区鄂尔多斯市东胜区法院起诉，请求判决高某、高某燕偿还借款本金 150 万元及利息。诉讼中，经王某晔申请，东胜区法院准许高某燕退出诉讼。王某晔与高某达成调解协议，东胜区法院于 2012 年 8 月 16 日作出（2012）东法民初字第 1978 号民事调解书，内容为高某偿还王某晔借款 150 万元及利息。2013 年 7 月 5 日，高某与高某燕登记离婚。

因高某未履行调解书确定的还款义务，王某晔向东胜区法院申请强制执行，该院于 2013 年 9 月 11 日立案执行。同月 13 日，东胜区法院以借款系夫妻共同债务为由，作出（2013）东执字第 2405 号执行裁定，追加高某燕为被执行人。高某燕向东胜区法院提出执行异议，该

院裁定驳回。高某燕不服，向鄂尔多斯市中级法院申请复议，亦被裁定驳回复议申请。

东胜区法院在执行过程中拍卖高某个人所有房产和高某与高某燕共有房产各一套。高某燕申请参与分配共有房产拍卖价款50%的份额，东胜区法院认为高某燕为案件被执行人，拍卖房产所得价款不应当支付高某燕，应当优先支付王某晔，该笔拍卖款向高某燕支付8万元用于保障居住。高某燕认为东胜区法院执行其与高某的共同房产违反法定程序，向东胜区法院提出执行异议，该院裁定驳回。高某燕不服，向鄂尔多斯市中级法院申请复议，亦被裁定驳回复议申请。

【检察机关监督情况】

线索发现　2020年12月14日，高某燕向鄂尔多斯市东胜区检察院申请执行监督，该院予以受理。

调查核实　东胜区检察院通过调取案涉审判、执行、执行异议和复议等案件卷宗，询问案件当事人，向执行法官了解情况，查明东胜区法院在执行过程中直接依据最高人民法院《关于适用〈中华人民共和国婚姻法〉解释（二）》第24条，裁定追加高某燕为被执行人。

监督意见　2020年6月28日，东胜区检察院向东胜区法院发出检察建议书，认为裁定追加高某燕为被执行人缺乏法律依据，建议纠正。2020年9月27日，东胜区法院复函，认为追加高某燕为被执行人适用法律准确，程序合法，且上级法院已作出执行复议裁定，故不予采纳检察建议。东胜区检察院提请鄂尔多斯市检察院跟进监督。2021年3月13日，鄂尔多斯市检察院向鄂尔多斯市中级法院发出检察建议，认为生效调解书并未确认案涉款项为夫妻共同债务，执行程序不应直接改变执行依据，不应将调解书中的个人债务认定为夫妻共同债务，追加高某燕为被执行人，剥夺高某燕诉讼权利，使得高某燕未经审判程序即需承担还款义务，建议予以纠正。

监督结果　2021 年 12 月 13 日，鄂尔多斯市中级法院复函采纳检察建议，启动执行监督程序，裁定撤销东胜区法院（2013）东执字第 2405 号执行裁定。截至 2023 年 2 月，高某燕已通过执行回转程序挽回经济损失 90 万余元。

【典型意义】

审判和执行程序分工不同，执行程序不能替代履行审判职能。2021 年 5 月，最高人民检察院发布了检例第 110 号“黑龙江何某申请执行监督案”，进一步重申了“未经审判程序，不得要求未举债的夫妻一方承担民事责任”的基本规则。本案中，债权人在诉讼中主动申请未举债的配偶一方高某燕退出诉讼，却在执行程序中申请追加其为被执行人，执行法院裁定予以追加，影响了判决的既判力，剥夺了高某燕的诉讼权利。东胜区检察院发出的检察建议未被采纳，提请上级检察院跟进监督，切实保障了检察监督的效力。

需要说明的是，东胜区检察院受理本案时，《人民检察院民事诉讼监督规则》尚未施行。依据 2021 年 8 月 1 日施行的《人民检察院民事诉讼监督规则》第 30 条的规定，当事人不服上级人民法院作出的复议裁定、决定提出监督申请的，由上级人民法院所在地同级人民检察院受理。

案例二　黑龙江省七台河市茄子河区人民检察院维护农民工权益执行监督案

【基本案情】

2013 年 5 月 7 日，某房地产开发公司与某总承包公司签订建设工程施工协议，将案涉工程发包给某总承包公司。2013 年 9 月 10 日，某总承包公司下属公司将上述工程转包给无施工资质的某防腐保温公司。后某防腐保温公司项目负责人王某与黄某军签订建筑施工劳务分包协议书。2015 年 9 月 26 日，王某与黄某军进行工程结算，尚欠 101.3 万元未支付（包含 17.6 万元其他工程款）。黄某军起诉至黑龙江省七台河市茄子河区法院，请求判决某房地产开发公司、某总承包公司、某防腐保温公司支付欠付工程款。茄子河区法院一审判决某防腐保温公司给付黄某军工程款 101.3 万元及利息；某总承包公司与某防腐保温公司在工程款 83.7 万元范围内对黄某军承担连带清偿责任。二审判决驳回上诉，维持原判。

因各债务人均未履行给付义务，黄某军向法院申请强制执行。2020 年 10 月 28 日，茄子河区法院裁定冻结某总承包公司在中国银行某支行账户内存款 84.8 万元。账户冻结后，案外 118 名农民工以该账户系农民工工资专用账户，因账户冻结致使他们拿不到工资，多次到济南市住建局、国家信访局上访。某总承包公司也以该账户系农民工工资专用账户，不应被冻结为由提出执行异议。茄子河区法院认为，执行网络查询系统未显示案涉账户系农民工工资专用账户，在冻结时中国银行某支行未提出异议，遂以证据不足为由，裁定驳回某总承包公司的执行异议。

【检察机关履职情况】

受理情况　2023 年 6 月 6 日，某总承包公司向黑龙江省七台河市茄子河区检察院申请执行监督。茄子河区检察院认为农民工工资专用账户影响不特定农民工的工资发放，依法决定予以受理。

调查核实　茄子河区检察院围绕案涉账户性质，调取中国银行山东省分行关于农民工工资专用账户的相关文件、案涉账户的银行开户材料、账户流水；询问开户银行工作人员、某总承包公司案涉项目负责人和济南市某区住建局相关负责人；登录山东省农民工工资专用账户监管平台后台，对案涉账户的监管平台信息进行调取并截图。公开听证过程中，依法听取了各方当事人对上述证据的意见。查明：案涉账户于 2019 年 10 月 15 日开户，开户时按农民工工资专用账户开户规则申请开立；2020 年 3 月 31 日在山东省农民工工资专用账户监管平台开户并备案，启用后的流水显示均系支付农民工工资。茄子河区法院在 2020 年 10 月 28 日通过执行平台对案涉账户进行冻结时，账户名称未标注“农民工工资专用账户”字样，也未在系统内进行标识，导致案涉账户被冻结。

监督意见　茄子河区检察院认为，虽然银行在开立该账户时存在瑕疵，但并不影响其农民工工资专用账户的性质，执行法院对案涉账户进行冻结，违反《保障农民工工资支付条例》第 33 条的规定。2023 年 8 月 1 日，茄子河区检察院发出检察建议，建议法院解除对案涉账户的冻结。

监督结果　2023 年 8 月 3 日，茄子河区法院采纳检察建议，对案涉账户予以解封。同时，在检察机关引导下，某总承包公司与黄某军达成执行和解，案涉账户解封后，某总承包公司向黄某军支付42万元工程款。

【典型意义】

农民工工资专用账户采用专户管理、专款专用的结算模式，目的在于规范农民工工资支付行为，保障农民工按时足额获得工资。《保障农民工工资支付条例》第33条规定，"除法律另有规定外，农民工工资专用账户资金和工资保证金不得因支付为本项目提供劳动的农民工工资之外的原因被查封、冻结或者划拨"。检察机关在办理本案中，坚持高质效履职，通过多方调查、召开听证会等方式查实本案被法院冻结的银行账户系农民工工资专用账户，导致118名农民工因拿不到工资多次上访，影响社会和谐稳定。为此，检察机关及时制发检察建议，督促对冻结账户进行解封，有效维护了农民工合法权益。

案例三　江苏省常州市武进区人民检察院维护残疾人权益执行监督案

【基本案情】

2007年5月8日上午，江苏省常州市武进区某初级中学初一某班羽毛球课期间，朱某（1993年7月生，13周岁）在观看打球时，被张某港（1992年9月生，14周岁）不慎脱手的球拍击中，左眼受伤，后诊断为左眼钝挫伤、外伤性白内障、虹膜根部离断、继发性青光眼等，构成九级伤残。2008年5月，朱某将张某港及其监护人张某贵、某初级中学起诉至常州市武进区法院，要求各方赔偿损失。该案经过一审、二审，常州市中级法院于 2009 年 6 月 10 日作出（2009）常少民终字第 6 号民事二审判决，认为张某港为无财产的限制民事行为能力人，应由其监护人张某贵承担赔偿责任。根据各方对损害发生的过错程度以及朱某的伤残等级，判决某初级中学、张某贵分别赔偿朱某损失 4.4 万元、2.2 万元。判决生效后，某初级中学支付了赔偿款，但张某贵未按判决履行。

2009 年 7 月 3 日，朱某旺（朱某的监护人）代理朱某向武进区法院申请强制执行。张某贵携全家离开住所地，下落不明。武进区法院经查询发现张某贵无可供执行的财产，遂作出（2009）武执字第 2866 号民事裁定书，裁定终结执行，并在裁定书中明确如申请执行人发现被执行人确有可供执行的财产，可重新申请强制执行。朱某多次向法院申请追加张某港为被执行人并恢复执行，但武进区法院未予准许。

【检察机关履职情况】

受理及审查情况 2021 年 4 月，朱某向常州市武进区检察院申请执行监督，该院予以受理。

武进区检察院经调查核实查明，本案侵权行为发生时，张某港未满 18 周岁，为限制民事行为能力人，法院判决由其监护人张某贵承担赔偿责任。但该案进入强制执行程序十几年，张某贵仍未履行判决确定的赔偿义务，至 2021 年张某港早已经成年，有固定工作、有稳定收入，具有承担赔偿责任的能力。而朱某因案涉侵权行为构成九级伤残，无固定工作及稳定收入，生活困难。朱某及其代理人朱某旺曾多次向武进区法院申请追加张某港为被执行人并恢复执行，武进区法院收到申请后均未依法处理。

监督意见 武进区检察院认为，监护责任是替代责任，不排除侵

权的未成年人自身责任。虽然案涉侵权行为发生时的法律及司法解释未明确未成年人以本人财产优先承担赔偿责任，但侵权人自负其责是侵权责任的基本原则，也符合社会公众对公平正义的普遍认知。经类案检索，武进区检察院发现最高人民法院及广东、重庆等地高级法院均有裁定，将成年后的侵权人追加为被执行人。2021年5月7日，武进区检察院发出检察建议，并附类案裁定，建议法院依法恢复执行，并追加张某港为被执行人。

监督结果　2021年7月28日，武进区法院回函采纳检察建议，立案恢复执行，将张某港追加为被执行人。恢复执行后，朱某与张某港达成执行和解协议，由张某港自2021年9月至2023年3月逐月向朱某支付2000元。2023年3月，张某港按照和解协议全部履行完毕，历时14年的执行案件顺利结案。鉴于朱某系残疾人，生活困难，武进区检察院开通司法救助金申请“绿色通道”，向其发放2000元司法救助金。

【典型意义】

无财产的未成年人造成他人损害的，由监护人承担侵权责任，若监护人一直未履行赔偿责任，侵权的未成年人成年后有经济来源的，可否追加其为被执行人，司法实践尚未统一。《民法典》第1188条规定，“无民事行为能力人、限制民事行为能力人造成他人损害的，由监护人承担侵权责任。监护人尽到监护职责的，可以减轻其侵权责任。有财产的无民事行为能力人、限制民事行为能力人造成他人损害的，从本人财产中支付赔偿费用；不足部分，由监护人赔偿”。由此可见，监护人对无民事行为能力人或限制民事行为能力人侵权所承担的赔偿责任属于“替代责任”。这种责任的产生，是基于侵权人尚未成年且无责任财产可供履行，由监护人承担替代赔偿责任，有利于快速填补受害人损失，也是对监护人尽职的要求。但是替代责任不免除侵权人成年后承担原本应由其承担的赔偿责任。在执行阶段将已经成年且具有经济能力的侵权人追加为被执行人，符合侵权人自负其责的基本法理及社会公众对公平正义的认知。检察机关在办理该案时，准确理解监护责任的内涵，通过类案检索及查询部分高级法院的相关规定，制发检察建议，推动执行法院追加成年后且有收入来源的张某港为被执行人，最终促成侵权人与被侵权人达成和解，实现案件办理政治效果、法律效果、社会效果的统一。

案例四　福建省武平县人民检察院维护残疾人权益执行监督案

【基本案情】

邱某琴与戴某飞系男女朋友关系。2014 年 4 月 21 日，邱某琴（女，1995 年 8 月生，18 周岁）搭乘戴某飞（男，1995 年 10 月生，18 周岁）摩托车外出时，从摩托车上摔下。邱某琴被诊断为重型颅脑外伤、胸部损伤、应激性溃疡，并进行开颅手术。同年 6 月，戴某飞的父母戴某松、陈某英向邱某琴出具承诺书，内容为：关于邱某琴的治疗费用，2014 年 6 月 3 日暂时转借 2 万元，等 2 万元花完后，承诺保证承担后续一切费用。同年 12 月，邱某琴的伤情经福建闽西司法鉴定所鉴定为重型颅脑外伤致左侧偏瘫，伤残等级为“交通”四级；护理等级为部分护理依赖。福建省龙岩市武平县公安局交通管理大队出具道路交通事故证明，载明：现场未发现摩托车车身有碰刮痕迹，驾驶人戴某飞未取得机动车驾驶证，车辆为无牌两轮摩托车。据戴某飞在公安机关的陈述，双方均未戴安全头盔。

2015年3月，邱某琴向福建省龙岩市武平县法院提起诉讼，请求判令戴某飞、戴某松、陈某英赔偿医疗费、残疾赔偿金等费用。武平县法院作出（2015）武民初字第410号民事一审判决，判决戴某飞赔偿邱某琴医疗费、残疾赔偿金等费用共计57万余元；戴某松、陈某英对上述费用承担清偿责任。二审判决驳回上诉，维持原判。

判决生效后，戴某飞、戴某松、陈某英均未履行判决义务。2015年11月13日，邱某琴申请强制执行。武平县法院受理后，采取了查询被执行人财产状况等执行措施。2016年8月25日，在没有执行到任何款项的情况下，武平县法院以被执行人暂无可供执行的财产为由作出（2015）武执字第1096号执行裁定，终结本次执行程序。

【检察机关履职情况】

线索来源　2022年10月23日，邱某琴以戴某松、陈某英存在恶意转移房产及武平县法院在执行过程中存在不作为等情形为由，向武平县检察院申请监督，该院予以受理。

调查核实　武平县检察院先后向武平县不动产登记中心调取戴某松、陈某英房产变动情况登记表；向武平县公安局交警大队查询戴某飞、戴某松、陈某英的车辆登记信息；走访戴某飞、陈某英工作单位了解戴某飞、陈某英工资收入情况，并向戴某飞、陈某英了解近年来家庭收入及支出情况。通过调查核实查明：自2014年起，陈某英一直在当地医院做护工，戴某飞从2016年开始先后在某消防战保大队、某研学基地等处上班，有较固定的工资收入。在此期间，戴某飞与他人恋爱并结婚，购置价值较大金额的金首饰、苹果手机等物品。

监督意见　武平县检察院认为，案涉交通事故造成邱某琴四级伤残，智力低下，无法正常生活，需要家属护理，生活极度贫困。被执行人有一定的履行能力，武平县法院在执行过程中未穷尽财产调查措施，未进一步查清陈某英、戴某飞的工资收入，将该案件认定为无财产可供执行的案件，存在违法情形。2023 年 4 月 11 日，武平县检察院发出检察建议，建议加大执行力度，严格按照最高人民法院《关于严格规范终结本次执行程序的规定（试行）》的相关规定，对被执行人的财产全面开展调查，依法采取强制执行措施。

监督结果　武平县法院采纳检察建议，加大执行力度，多次释法说理，促使被执行人履行赔偿义务。2023 年 5 月 19 日，在法、检两机关的共同努力下，双方当事人自愿达成和解协议，被执行人当场支付赔偿金 25 万元，剩下 35 万元分期支付。

【典型意义】

最高人民法院《关于严格规范终结本次执行程序的规定（试行）》要求要“穷尽财产调查措施”。本案执行法院虽然通过财产查控系统、房产交易所、工商管理局等调查了被执行人的财产状况，但并未查询被执行人的工资收入等情况，未穷尽财产调查措施。武平县检察院践行为民检察的初心使命，将保护残疾人权益贯穿办案全过程，扎实开展调查核实工作，查明被执行人工资收入及家庭开支情况，对本案予以监督。发出检察建议后，持续强化监督效果，促成双方当事人自愿协商达成和解协议，使这件长达近十年的执行案件得到圆满解决。

案例五　山东省东营市垦利区人民检察院维护老年人权益执行监督案

【基本案情】

自 2016 年以来，董某民、冯某红夫妇以投资需要为由多次向陈某华借款。2018 年 12 月借条载明借款 50 万元，2019 年 11 月借条载明借款 30 万元，同年 12 月借条载明借款 10 万元。出具 3 份借条后，董某民、冯某红仅支付借款利息 4.6 万元，借款本金及其他利息未支付。陈某华遂向山东省东营市垦利区法院起诉，该院于 2021 年 3 月 26 日作出（2021）鲁 0505 民初 380 号民事一审判决，判决董某民、冯某红偿还陈某华借款本金 90 万元、利息 3.4 万元。当事人均未上诉，一审判决生效。

因董某民、冯某红未履行生效判决确定的义务，2021 年 5 月 24 日，陈某华申请强制执行，垦利区法院采取相关执行措施后未发现被执行人有可供执行的财产，于同年 8 月 31 日裁定终结本次执行。陈某华系某单位退休职工，每月领取 2000 多元退休金，上述借款系其多年积蓄。为追回欠款，陈某华多方打听董某民、冯某红财产线索，了解到董某民、冯某红曾于 2019 年购买某小区商品房一套，后于 2020 年 8 月撤销该购房合同备案，将该商品房网签备案至其尚在读研期间的女儿董某文名下。购房款系董某民、冯某红赠与董某文，由冯某红缴纳。

2021 年 6 月 28 日，陈某华将董某民、冯某红及董某文起诉至垦利区法院，请求撤销董某民、冯某红对董某文赠与购房款 779868 元的行为。2021 年 12 月 13 日，垦利区法院作出（2021）鲁 0505 民初 1531 号民事一审判决，撤销董某民、冯某红对董某文赠与购房款的行为，董某文返还董某民、冯某红 779868 元。2022 年 1 月 4 日，董某民签收该判决书。当事人均未上诉，一审判决生效。

债权人撤销之诉胜诉后，陈某华仍未获得清偿。陈某华获悉董某民收到董某文返还购房款后将上述款项转移给案外人的情形后，以被执行人涉嫌逃避执行为由，向法院及公安机关反映，均未得到处理。

【检察机关履职情况】

受理及审查情况　2022 年 4 月 25 日，陈某华向垦利区检察院申请执行监督。垦利区检察院调取了相关人员银行流水，查明：2022 年 1 月 1 日，董某民在接收董某文归还购房款后，于同日将约 78 万元分四笔转给案外人吴某强、张某国、郭某军、周某训。经分析研判，董某民可能存在恶意逃避债务行为，垦利区检察院选派具有侦查经验的干警进行询问，吴某强承认董某民转给其的款项并非债务，而是董某民亲戚找其帮忙走账。董某民最终承认其为逃避债务，制造董某文已经履行还款义务的假象，设法应对法院强制执行的事实。

监督意见　垦利区检察院认为，根据董某民的陈述及相关证人证言，结合董某民操作款项转移财产的行为，董某民有恶意逃避债务、拒不执行生效判决的犯罪嫌疑。2022 年 8 月 8 日，垦利区检察院将该犯罪线索移交公安机关。次日，制发检察建议，督促法院依法进一步采取执行措施，推进案件执行。

监督结果　2022 年 9 月 8 日，垦利区法院回函采纳检察建议，进一步采取执行措施。2023 年 2 月 28 日，东营市公安局垦利分局将董某民涉嫌拒不执行生效判决、裁定案移送起诉。审查起诉过程中，检察机关多次向董某民释法说理，督促董某民积极筹措资金，将约 78 万元及时交付执行，陈某华追偿两年之久的债务纠纷最终得到解决，董某民因拒不执行生效判决、裁定罪被法院判处有期徒刑 1 年，缓刑 1 年 6 个月。

【典型意义】

检察机关在办理民事执行监督案件中，发现被执行人有转移财产、逃避履行生效判决确定义务的行为，应当秉持融合履职理念，有效发挥民事检察与刑事检察职能，一方面扎实开展调查核实工作，全面核查被执行人财产情况，发现被执行人有财产而不履行生效判决的，向法院制发检察建议，督促执行；另一方面把涉嫌拒不执行判决、裁定案件线索及时移送公安机关，并做好审查起诉“后半篇文章”，依法严厉打击拒不执行判决、裁定犯罪行为。

案例六　山东省临沭县人民检察院维护妇女权益执行监督案

【基本案情】

2019 年 10 月，殷某某到某家政服务有限公司应聘家政保洁员，双方订立了家政服务协议，约定殷某某经公司培训合格后，按照公司安排为客户提供入户保洁服务，期限为 4 年，公司按月向殷某某结付报酬。同年 11 月，殷某某经培训合格后上岗从事保洁工作。2021 年 12 月，殷某某生育二胎。2022 年 4 月，殷某某产假结束上班后，某家政公司要求殷某某前往位于另一县城的培训地点进行培训，殷某某以处于哺乳期无法前往外地为由予以拒绝。公司认为殷某某未按照公司安排接受培训，遂解除劳动合同，并以双方之间不存在劳动关系为由拒绝支付赔偿金。

2022 年 5 月，殷某某以要求某家政公司支付违法解除劳动合同赔偿金为由，向山东省临沭县劳动人事争议仲裁委员会申请仲裁，该委以申请人主体不适格为由不予受理。殷某某向临沭县法院提起诉讼。临沭县法院审理后认为，殷某某为哺乳期妇女，某家政公司应与其协商工作岗位，并根据哺乳期妇女的特点适当照顾，某家政公司未考虑哺乳期的特点，要求殷某某前往外地培训基地进行培训，有违法律规定。故某家政公司以未按照公司安排接受培训为由与殷某某解除劳动合同系违法解除。临沭县法院于 2022 年 6 月 26 日作出（2022）鲁 1329 民初 1806 号民事判决，判令某家政公司向殷某某支付违法解除劳动合同赔偿金 5100 元。双方当事人均未对该判决提出上诉。

判决生效后，某家政公司未向殷某某支付上述款项。2022 年 11 月，殷某某申请强制执行，某家政公司以受新型冠状病毒感染影响，资金周转困难为由未支付。临沭县法院采取相关执行措施后查明，某家政公司无可供执行的财产，遂于 2022 年 12 月裁定终结本次执行程序。

【检察机关履职情况】

线索发现　2023 年 4 月 25 日，殷某某以某家政公司有能力履行支付违法解除劳动合同赔偿金的义务、执行人员在执行该案过程中违反法定程序为由，向临沭县检察院申请监督，该院予以受理。

调查核实　检察机关调阅本案执行卷宗后发现，执行人员已向被执行人发出执行通知，并责令被执行人报告财产，经核查，某家政公司账户内无资金，无可供执行的房产、车辆、机器设备等财产。同时，检察机关通过询问殷某某、调查走访社区工作人员了解到，被解除劳动合同后，殷某某失业在家照顾两个孩子，无固定收入来源，一家四口仅靠其丈夫打工为生，租住房屋，家境较困难，殷某某希望尽快得到赔偿金，渡过眼前的生活困境。

监督意见　临沭县检察院坚持检察为民，跳出“就案办案”的思维，综合考虑执行数额、双方意愿，耐心细致开展引导和解工作。一方面，临沭县检察院办案人员联合县妇联、殷某某所在社区的工作人员，多次上门与殷某某谈心，将释法说理与情感疏导相结合，引导其灵活索要赔偿金的和解意愿。另一方面，临沭县检察院与县法院协同，与某家政公司法定代表人谈话了解经营状况，因案施策，引导提出定期盘点、分期支付的和解方案。2023 年 7 月 28 日，某家政公司与殷某某达成执行和解协议。某家政公司在经营困难的情形下，积极筹措资金，于 2023 年 9 月全额向殷某某支付执行款项，双方纠纷圆满化解。

【典型意义】

检察机关在办理执行监督案件中，应践行新时代“枫桥经验”，以检察和解积极参与社会治理。本案中，检察机关既着重倾听女职工的合理诉求，使其在维权时感受到体面和尊严，又理解家政公司眼前的经营困难，支持其健康发展，最终促成家政公司两个月内全额支付赔偿金，双方当事人达成和解协议。通过执行监督，将实体权利保障落到实处，切实保障妇女劳动者的合法权益。

案例七　湖北省阳新县人民检察院维护农民工权益执行监督案

【基本案情】

2007年，阳新某公司登记成立，主要经营锰矿石、电解金属锰加工等。自2007年起，闵某、蔡某、喻某等237名农民工先后在该企业打工。2012年7月，该企业因经营和环保问题歇业。

2015年6月，闵某等237人与该企业协商解除劳动合同及补偿事宜。同年8月，该企业与闵某等237人达成一次性补偿安置协议书，但未能依约支付。

2016年7月，闵某等237名农民工推举朱某作为代表向湖北省阳新县劳动人事争议仲裁委员会申请劳动仲裁，该仲裁委于同年7月29日作出仲裁调解书，确定阳新某公司与闵某等237人解除劳动关系并需支付劳动报酬及经济补偿金共计128万余元。

付款期限届满，该公司仍未支付。2017年底，闵某等237名农民工向阳新县人民法院申请强制执行，但一直无法执行到位，同年3月21日，阳新县法院以当事人无财产可供执行终结本次执行程序。

【检察机关履职情况】

线索发现　2020年1月，阳新县检察院在农民工讨薪民事执行专项监督工作中，发现该案涉及农民工劳动权益保障，人数众多且纠纷时限过长，如不妥善解决可能会引发重大社会矛盾，容易产生不良社会影响，遂依职权启动监督。

调查核实　检察机关查明，闵某等237名农民工大部分年龄在50岁到70岁，主要靠零碎打工作为家庭主要收入来源，生活普遍较为困难。听取执行法官对案件的意见和看法，归纳执行难点问题。走访市场监督管理局等单位，了解到该公司曾与阳新县政府签订承租土地建设厂房协议，每年大约有十几万元的租金收益，按照租赁到期前的租金收益计算，可以偿还案涉农民工劳动报酬及经济补偿金。多次与该企业法人沟通协调执行案件偿还欠薪方案。

监督意见　2020年5月，阳新县检察院制发检察建议，认为法院未穷尽财产调查措施，终结本次执行程序违法，建议法院加大执行力度，及时对该企业所获租金采取强制措施，保障农民工劳动报酬及经济补偿金发放到位。同时，做好矛盾化解工作，有效地维护司法公信力，为社会经济健康发展营造良好的法治环境。

监督结果　2020年6月29日，阳新县法院书面回复采纳检察建议，立即恢复本案执行，冻结该企业的土地租金收益，在扣除该公司歇业期间基本人工费后，剩余租金全部用于偿还拖欠的农民工劳动报酬及经济补偿金。经阳新县检察院、阳新县法院协调，该企业与237名农民工达成执行和解协议，128万余元欠款将随土地租金收益分批次支付。2023年6月7日，阳新县法院组织开展涉民生执行案款集中发放活动，为237名农民工集中发放剩余执行案款50万余元，至此，本案农民工劳动报酬及经济补偿金全部执行到位，长达6年的“欠薪长跑”画上句号。该企业也已成功转型为生态环保公司并正常运转，逐步走上正轨。

为进一步深化执行监督效果，2023年6月15日，阳新县检察院与县法院、县司法局、县住房和城乡建设局等九部门会签《关于建立在农民工劳动报酬权益保护专项活动中加强协助配合工作机制的意见》，联动全县范围内与农民工劳动报酬权益保护有关的司法机关、行政机关，通过开展专项监督活动，依法办理农民工申请监督案件，严厉惩治拖欠农民工工资行为，维护农民工合法权益。

【典型意义】

本案系阳新县检察院依法履职，在农民工讨薪民事执行专项监督工作中发现的。在案件办理过程中，阳新县检察院扎实开展调查核实工作。检察建议发出后，考虑到被执行企业为本地招商引资企业，建议法院采取善意文明的执行措施，多次组织和协调双方当事人进行协商，给予被执行企业足够的缓冲时间，最终使该企业避免倒闭并成功转型，在保障农民工工资执行到位的同时，促进企业发展，切实为营造公平、公开、合法、透明的法治化营商环境贡献民事检察力量。

案例八　重庆市江津区人民检察院维护农民工权益执行监督案

【基本案情】

赵某全系重庆市某建筑公司职工。2014 年 6 月 15 日，赵某全在重庆市江津区某中学工地做工时，右手环指被塔吊吊篓夹伤。同年 12 月 10 日，重庆市忠县人力资源和社会保障局认定赵某全为工伤。经重庆市忠县劳动能力鉴定委员会鉴定，赵某全劳动能力为伤残十级，无生活自理障碍。2015 年 5 月 26 日，赵某全向重庆市江津区劳动人事争议仲裁委员会申请仲裁，请求解除其与某建筑公司的劳动关系并由某建筑公司支付工伤待遇等费用。该仲裁委员会于 2015 年 7 月 7 日作出渝津劳人仲裁（2015）第680号仲裁裁决，由某建筑公司一次性支付赵某全工伤待遇和费用共计6.5万余元。

某建筑公司不服该裁决，向重庆市江津区法院提起诉讼，江津区法院于2015年9月15日作出（2015）津法民初字第07010号民事一审判决，判令解除某建筑公司与赵某全之间的劳动关系，某建筑公司支付赵某全各项费用总计6.6万余元。当事人均未提出上诉，一审判决生效。

因某建筑公司未履行判决确定的支付义务，赵某全申请执行。2016年1月20日，江津区法院立案执行，于次日向某建筑公司发出执行通知、报告财产令，并对某建筑公司的财产进行查询。经查询发现某建筑公司的银行账户有余额30万余元，司法冻结数额为200万余元，另查明某建筑公司对某中学有应收工程款。江津区法院于2016年3月16日作出（2016）渝0116执473号裁定书，裁定冻结某建筑公司对某中学的应收工程款6.7万余元，并于同日送达某中学。后因该应收工程款不具备支付条件且某建筑公司暂无可供执行的财产，江津区法院于2016年4月20日裁定终结本次执行程序。后经赵某全申请，江津区法院于2020年5月11日作出（2016）渝0116执473号之二裁定书，裁定将某建筑公司对某中学的应收工程款8.6万余元提取至江津区法院案款账户，该裁定书送达某中学，但某中学未履行协助义务。

【检察机关履职情况】

线索发现　赵某全认为江津区法院在本案执行中存在违法情形，于2021年3月29日向重庆市江津区检察院申请监督。

调查核实　江津区检察院调取江津区法院执行卷宗发现，某建筑公司承建的某中学项目工程款为356.3万余元（不含增项），截至立案执行时某建筑公司已领取305万元。江津区检察院查询某建筑公司在重庆忠县某支行银行账户发现，该账户资金收支频繁且数额较大，其中江津区财政局于2020年9月28日向该账户拨款52.4万余元。进一步调查发现，某中学于2020年9月10日向江津区财政局提交《江津区财政代管资金统筹专户项目用款审批表》，申请将工程款35.2万余元直接支付给某建筑公司。因该审批表中将“重庆市某建筑工程有限责任公司”误写为“重庆市某甲建筑工程有限责任公司”，江津区财政局依据审批表拨付35.2万余元被退回。后江津区财政局于2020年9月28日再次拨付时误将52.4万余元支付到某建筑公司在重庆忠县某支行银行账户中，超出应付工程款数额。

监督意见　江津区检察院认为，江津区法院既未对符合恢复执行条件的案件及时恢复执行，又未对被执行人和协助义务人不履行法定义务的情形及时审查处理，存在违法行为。2021年6月23日，江津区检察院发出检察建议书，建议法院及时恢复本案执行程序，并追究某中学拒不履行协助义务、某建筑公司拒不履行生效法律文书的司法责任。

此外，针对江津区财政局拨付工程款审核把关不严的问题，2021年8月27日，江津区检察院向江津区财政局制发检察建议，建议其追回超额支付给某建筑公司的资金，并进一步加强库款管理基础工作，完善动态监控及纠错补救机制。

监督结果　江津区法院采纳检察建议，于2021年7月7日恢复本案执行程序，并引导双方达成执行和解协议，某建筑公司于2021年7月20日将执行和解协议所确定的9万元案款全部支付完毕。同时，针对某建筑公司拒不履行生效判决的行为，江津区法院于7月19日决定对其罚款5万元；针对某中学拒不协助冻结、划拨财产、扣留被执行人收入的行为，江津区法院于7月23日决定对其罚款5万元。

江津区财政局亦采纳检察建议，追回超额支付资金，并进一步加强教育培训，梳理工作流程，将资金审核内嵌到信息系统中，强化资金拨付审核职能，保障财政资金安全。

【典型意义】

工伤保险制度对保障农民工生命健康权益、维护社会和谐稳定发挥着重要作用。检察机关在办理该类执行监督案件时，应积极回应农民工通过执行程序兑现胜诉权益的诉求。江津区检察院在办理本案时，充分听取当事人意见，全面行使调查核实权，针对执行行为违法问题向人民法院提出恢复执行程序的检察建议，促使被执行人在检察建议发出后与农民工达成执行和解协议，并在一个月内履行协议确定的全部义务，帮助农民工获得被拖欠6年的工伤赔偿款，充分体现检察机关用心用情用力践行为民初心、筑牢民生底线的责任担当。

被执行人拒不履行法定义务或者协助执行义务人拒不履行协助义务时，检察机关应当依法监督人民法院准确适用罚款、拘留等制裁措施，加大对抗拒执行、阻碍执行行为的惩治力度，有效促使其履行法定义务，保障强制执行效果。此外，检察机关在办案中推动行政机关纠错整改，追回多付款项，完善制度规范，有效发挥检察监督在维护国家利益和社会公共利益、助力依法行政方面的积极作用。

Guifanxing Wenjian

规范性文件

陕西省人民检察院
关于民事检察一体化办案团队建设的
指导意见

（2023年10月16日）

为进一步提升民事检察监督质效，有效整合全省民事检察资源，发挥检察一体化办案优势，促进新时代民事检察工作高质量发展，根据《中华人民共和国人民检察院组织法》《人民检察院民事诉讼监督规则》《最高人民检察院关于上级人民检察院统一调用辖区的检察人员办理案件若干问题的规定》等相关规定，结合全省民事检察工作实际，现就民事检察一体化办案团队建设工作，制定如下指导意见。

一、指导思想

坚持以习近平新时代中国特色社会主义思想为指导，全面贯彻习近平法治思想和习近平总书记历次来陕考察重要讲话重要指示，认真落实《中共中央关于加强新时代检察机关法律监督工作的意见》及省委《关于全面加强新时代检察机关法律监督工作为谱写陕西高质量发展新篇章提供法治保障的若干措施》（陕发〔2022〕6号）、省人大常委会《关于加强新时代检察机关法律监督工作的决定》（陕人常发〔2023〕27号），秉持“三个一”工作思路，守正创新、追赶超越，努力提升民事检察监督办案质效，奋力谱写以检察工作现代化服务中国式现代化建设的陕西新篇章。

二、工作目标

以市级检察院为单位，整合市域范围内民事检察业务人员力量，上下一体组建类型化办案团队，以上带下，以老带新，机动灵活，优势互补，合力攻坚，高效能推动重大案件办理、重点工作开展。不断强化省、市级院对下业务指导的针对性、精准性、实效性，形成全省三级检察机关各司其职、上下协同的一体化民事检察监督工作格局，努力实现陕西民事检察有进步、有站位、有品牌，推动民事检察工作高质量发展。

三、办案团队的组建原则、类型、程序和职责

（一）组建原则

全省民事检察一体化办案团队的组建坚持以下原则：

1. 市院统筹，基层参与；

2. 因地制宜，服务办案；

3. 一体履职，提质增效；

4. 培养人才，锻造队伍。

（二）团队类型

各市级院可根据本地区工作实际和办案需要，建立一个或者多个上下一体化的民事检察办案团队。类型包括：生效裁判监督、民事审判执行程序及深层次违法监督、民事支持起诉、民事虚假诉讼监督、涉民营企业纠纷、民间借贷纠纷、建设工程合同纠纷等。

（三）人员组成及组建程序

办案团队由市级院、区县院的员额检察官、检察官助理和书记员组成，团队负责人由市级院的员额检察官担任。市级院参与团队的人

员原则上应当固定，区县院参与团队的人员可根据统筹利用办案力量、锻炼队伍、利于案件办理等工作需要，进行必要调整。

对于涉虚假诉讼等刑民交叉案件、司法人员深层次违法案件以及其他跨检察业务案件，根据办案需要，可以跨检察部门组建办案团队。

组建办案团队应由市级院政治部统一发文，抄送省院第六检察部，由第六检察部转送省院政治部、研究室备案。

（四）团队职责

1. 办理特定类型案件；

2. 编写典型案例；

3. 开展检察理论课题研究；

4. 对特定类型案件质量标准和办案流程进行研究；

5. 结合类案办理制发社会治理类检察建议；

6. 对本地区办理特定类型案件以及开展专项监督活动进行业务指导。

四、团队办案程序

（一）办案情形

案件具有下列情形之一的，可以由办案团队办理：

1. 当事人人数众多、案件重大疑难复杂，可能造成较大社会影响的；

2. 案件涉及不同区县，需要不同区县院协同办理的；

3. 同类型案件数量较多，相关区县院办案力量不足的；

4. 案件不适宜相关区县院办理或者办理确有困难的；

5. 其他需要由办案团队办理的情形。

（二）启动程序

区县院发现案件线索、受理相关案件后，认为存在需要上下一体化办案团队办理的情形，向市级院民事检察部门提出书面申请的，市级院对于受理的案件，认为存在需要上下一体化办案团队办理情形的，均由市级院检察长或者分管民事检察工作的副检察长批准同意后进行办理。

办案团队需要调用辖区的检察人员，应当按照《最高人民检察院关于上级人民检察院统一调用辖区的检察人员办理案件若干问题的规定》办理。

（三）办案流程

办案团队办理的区县院受理的案件，应根据《人民检察院民事诉讼监督规则》第四十一条的规定，由市级院提级办理，案件指定分配至市级院员额检察官团队名下。办案团队办理的市级院受理案件，由团队中市级院员额检察官担任案件承办人。

案件审查办理期间，办案团队人员在团队负责人的指挥下进行阅卷审查、调查核实、案件讨论、文书起草等工作。相关人员的办案权限和责任按照检察官司法办案权责清单的规定设置。

办案团队办理的案件在检察业务应用系统中办理。办案团队中负责审查案件的检察官提出个人审查意见后，由办案团队集体讨论形成团队意见。必要时，可提交市级院检察官联席会议或者检委会讨论。

办案团队对案件的审查处理意见，按照检察官司法办案权责清单和检察业务应用系统办案权限的规定，进行流转审批。案件办理过程中，各类法律文书中案件承办人均应注明为相关办案团体。

五、办案团队的管理与考核

省院对各市院民事检察一体化办案团队进行业务指导，并将各地办案团队组建、运行情况纳入对各市级院民事检察业务评估考核工作。市级院对本辖区一体化办案团队进行管理、考核，可以根据团队办案数量、质量、效率、效果及典型案例培树、经验总结、业务指导、开展调研等情况，进行综合评价并将考核内容纳入市级院评价指标，推动本辖区一体化办案团队规范、高效运行。

办案团队人员奖惩由团队人员所在单位负责，办案团队提供现实表现材料。各市院向省院推荐报送的年度优秀办案团队，原则上应当在已设立并运行的办案团队中产生。

六、工作要求

一是统一思想认识，高度重视办案团队建设。省院民事检察部门要加强对全省民事检察一体化办案团队建设的指导，定期举办业务骨干培训班、组织交流学习，每半年对全省办案团队建设情况进行通报。各市院要加强组织领导，明确完成时限，在对全市民事检察案件数量以及人员力量全面摸底调研的基础上，积极推动建立适合本地区工作需要的一体化办案团队。

二是积极探索创新，实现上下协同共赢。各市院要以一体化办案团队建设为抓手，加强全市民事检察人员力量统筹调度，进一步强化对全市民事检察工作的指挥领导。各县区院要积极选派业务骨干加入办案团队，强化一体化、专业化履职，排除办案阻力，充实人员力量，提升民事检察队伍专业素能。要通过团队化履职，切实加强上下级院协同联动，推动民事检察人员素质、办案效率、监督质效一体提升。

三是强化数据赋能，提升检察监督效能。要强化大数据思维，积极运用各类大数据监督办案模型，发挥团队办案优势，拓展案件线索来源。加大对类型化案件的办理和分析，强化依法履职，通过个案办理推动类案监督，延伸实现社会治理。

四是深化融合发展，凝聚检察监督合力。要以“四大检察”融合发展战略引领办案团队履职，推进各项检察职能在团队办案中整体发挥。积极探索建立跨部门办案团队，强化办案协作，在侦查调查、案件审查、专业咨询、研判会商等方面与刑事、行政、公益诉讼检察部门强化协作，不断提升团队合力攻克重大案件的能力。

五是加强机制建设，争创优秀办案团队。各市院要结合办案实际，逐步完善团队运行的工作机制。把团队成员的管理、培养与民事检察队伍长远建设结合起来，通过实战办案、业务指导、理论研讨等多种方式，发挥好专业化办案团队示范引领作用，大力推动民事检察队伍专业化建设，努力争创全国民事检察优秀办案团队。

《民事检察工作指导》征稿及征订启事

《民事检察工作指导》是由最高人民检察院民事检察厅编辑出版的连续性民事检察业务指导书，以检察机关民事检察干警为主要服务对象，同时为社会各界特别是关注民事检察问题的人士提供参考。本书以指导民事案件办理为导向，及时传递中央和最高检决策部署，及时回应办案一线新情况新问题，为推动新时代民事检察理论研究与检察工作深化发展搭建学习和交流的平台。欢迎广大检察人员、高等院校和研究机构的专家学者以及各界人士积极撰稿、踊跃投稿。

《民事检察工作指导》2024 年出版四辑，每辑定价 60.00 元，四辑总定价 240.00 元（免邮资），面向全国公开发行。具体订购方式及回执附后。

一、征稿内容和方向

稿件主题为民事检察以及相关领域的理论与实务问题研究，包括以下内容：

1. 民事检察及其相关问题理论与实务；

2. 民法典实施背景下相关理论与实务；

3. 民事检察精准监督理论与实务；

4. 民事虚假诉讼监督理论与实务；

5. 民间借贷纠纷理论与实务；

6. 民事和解、民事检察听证等其他相关领域理论与实务问题研究。

二、栏目设置

1.《民事检察工作指导》常设栏目：

【政策与精神】刊载中央和最高检领导有关民事检察工作的重要讲话及贯彻中央和高检院决策部署要求方面的文章。

【本期聚焦】每期确定一个重点专题，集中刊载相关研究成果、实务探讨等文章。

【权威解读】刊载专家学者或高检院相关厅局负责人对涉及民事检察工作的法律法规、司法解释等文件的权威解读文章。

【理论前沿】刊载民事法律制度发展完善中的重点问题和相关理论研究的最新成果。

【实务热点】刊载围绕民事检察办案中的热点问题、引领办案理念和展现业务技能的成果。

【圆桌共话】刊载以圆桌会话的形式，就近期民事检察工作和业务交流碰撞的成果。

【案例指导】刊载检察机关近期办理的具有典型性或影响力的案例分析，或对指导性案例和典型案例解读的文章；

【文书选登】刊载法律分析准确、透彻，逻辑性和说理性较强的优秀法律文书。

2. 根据来稿和工作实际需要，拟设置若干个非常设栏目：

【评案释法】刊载案法结合，围绕案例阐释法理、深入研究法律问题的文章。

【探索争鸣】刊载评述争议理论、观点、学说以及对实践探索创进行研究论证，提出新思想新见解的文章。

【法律人说】刊载法官、律师等法律职业共同体人员就民事检察工作相关问题或案件研究的文章。

【域外检察】刊载外国相关民事检察制度探讨、考察报告等。

【工作动态】刊载反映高检院、省级院有关民事检察工作的重要动态变化方面的文章。

三、投稿要求

1. 稿件内容要符合国家政策精神和意识形态要求，符合司法改革方向，具有时效性。

2. 稿件内容要遵守学术规范，尊重他人的著作权，严禁抄袭、剽窃等侵犯著作权行为，具有原创性。

3. 投稿篇幅一般不超过 8000 字，重要稿件一般不超过 2 万字，稿件内容不涉密。

4. 稿件中应包含以下项目：

（1）标题。标题不超过 20 个字，可分主副标题。

（2）作者署名。作者姓名后加 * 号，作者简介以脚注形式放首页末。依次标明作者姓名、工作单位、职务职称、联系电话、通信地址、邮政编码等。若为基金项目或课题成果，还应标明项目或课题批准的年度、名称及批准号。

（3）正文。文内各级标题应简短（不超过 20 个字）、明确，正文内标题层级一般采用“一”“(一)”“1.”“(1)”的形式。涉及法律加书名号。

（4）注释。文中引用数据和他人观点必须注明出处，采用脚注形式。引用的专著应依次标明作者、书名、出版社、出版年、页码，如王利明:《民法学精论》(上册)，中国检察出版社 2022 年版，第 294—298 页；期刊文章应依次标明作者、文章名、刊名、年、期，如陈兴良:《正当防卫的司法偏差及其纠正》，载《政治与法律》2019 年第 8 期；报纸文章应依次标明作者、文章名、报纸名、年、月、日、版，如王轶:《民法典的中国特色、实践特色、时代特色》，载《光明日报》2020 年 10 月 28 日，第 4 版。

5. 投稿请采用 Word 或 WPS 文档格式，以附件形式发送，如有图片请单独发送，勿粘贴在文档格式中。稿件电子版邮件发送主题和附件文档名均请标明单位名（院名用简称，县和县级市还应标明所属地级市名称）、第一作者名、标题名、发送日期，作者联系方式。文章内文首页左上角请标明拟投栏目。修改后稿件标题和发送主题务必标注新的发送日期，与原稿件以示区别。

投稿邮箱：tengyanjun@gj.pro（内网）

tengyanjun666@163.com

msjcgzzd@126.com

中国检察出版社

2023 年 11 月

《民事检察工作指导》（2024 年）征订回执单

<table>
<tr><td>订购单位名称</td><td colspan="2"></td><td>收书人</td><td colspan="2"></td></tr>
<tr><td>地　　址</td><td colspan="2"></td><td>电　话</td><td colspan="2"></td></tr>
<tr><td>单位统一信用代码</td><td colspan="5"></td></tr>
<tr><td>电子发票接收邮箱</td><td colspan="5"></td></tr>
<tr><td>代　码</td><td colspan="2">书　　名</td><td>定价（元）</td><td>订　数</td><td>金　额</td></tr>
<tr><td>M2024</td><td colspan="2">民事检察工作指导（2024 年 1—4 辑）</td><td>240</td><td></td><td></td></tr>
<tr><td>合计金额</td><td colspan="5">大写：　　万　　仟　　佰　　拾　　元整</td></tr>
<tr><td colspan="6">备注：此款已通过银行于　　　　年　　月　　日汇出</td></tr>
</table>

订购方式说明

第一种：网站订购（www.zgjccbs.com）（不用发传真、款到开票）
1. 网站下单，直接在线支付（微信、支付宝）
2. 网站下单，银行汇款需备注订单编号后 6 位数字
网站订购负责人张惠 010-86423745、18101137669 技术咨询 010-86423763

第二种：微信订购（仅支持微信在线支付）
1. 使用微信扫描右侧二维码可直接在线订购
2. 了解最新书讯请关注“中国检察出版社”微信公众号

第三种：传真订购
书款汇至出版社账号后，请传真订书回执单至 010-68659465

中国检察出版社账户信息
户　名：中国检察出版社有限公司　　**开户行：**建设银行北京西山枫林支行
账　号：11050164860000000056　　**行　号：**105100050751

中国检察出版社联系人：
盛　丹 010-86423727　18101137660（微信同号）传真：010-68659465
（北京、天津、山西、陕西、河北、黑龙江、吉林、辽宁、内蒙古、青海、山东）
董艳芬 010-86423726　18101137661（微信同号）传真：010-68659465
（河南、浙江、江苏、安徽、上海、福建、甘肃、江西、新疆、西藏）
薛建娜 010-86423728　18101137662（微信同号）传真：010-68659465
（广东、广西、海南、重庆、四川、云南、贵州、湖北、湖南、宁夏）